사례를 통해 알기 쉽게 이해하는

사회복지 사례관리의 이해와 실제

최성혁 지음

에듀컨텐츠·휴피아
ECH Educontents·Huepia

“

ECH 에듀컨텐츠·휴피아
Educontents·Huepia

”

< 제목 목차 >

제1장 사회복지실천과 사례관리의 비교 ····· 1

제2장 사례관리에 대한 기초적 이해 ····· 3

1. 사례관리의 개념 ····· 3
2. 사례관리의 필요성 ····· 8
3. 사례관리의 목적 ····· 8
4. 사례관리의 특성 ····· 9
5. 사례관리의 실천원리 ····· 11

제3장 사례관리의 등장배경과 발달과정 ····· 12

1. 사례관리의 등장배경 ····· 12
2. 사례관리의 발달과정 ····· 13

제4장 사례관리의 구성요소 ····· 19

1. 사례관리대상자(=클라이언트) ····· 19
2. 사례관리자(혹은 케이스 매니저) ····· 20
3. 사회자원체계(사회적 관계망 포함) ····· 21
4. 사례관리의 과정 ····· 22
5. 사례관리의 운영체계 ····· 22

제5장 사례관리의 이론적 배경 및 모형 ····· 27

1. 사례관리의 이론적 배경 ····· 27
2. 사례관리의 모형 ····· 33

제6장 사례관리의 표준 원칙과 개입 및 실무원칙 ……41
1. 사례관리의 표준원칙 ……41
2. 사례관리의 개입원칙 ……41
3. 사례관리의 실무원칙 ……43

제7장 사례관리의 기능 및 역할 ……45
1. 사례관리의 일반적 기능 ……45
2. 사례관리의 기능 유형화 ……47
3. 사례관리자의 기능 ……48
4. 사례관리자의 역할 ……50

제8장 사례관리의 실천과정과 실천과정별 주요 내용 ……55
1. 사례관리의 실천과정 ……55
2. 사례관리의 실천과정별 주요 내용 ……56

제9장 사례관리의 실천과정별 주요 요소와 기술 및 서식 작성방법 ……61

1. 접수과정 ……61
1) 접수과정의 주요 요소 ……61
2) 접수과정에서 기록할 사항 ……63
3) 접수과정의 주요 기술 ……64
4) 접수과정의 서식과 그 작성방법 ……65

2. 사정과정 ……71
1) 사정과정의 주요 요소 ……71
2) 사정의 과정 ……73
3) 사정과정에서 기록할 사항(→사정도구들 활용) ……73
4) 사정과정의 주요 기술 ……75

5) 사정과정의 서식과 그 작성방법 ······ 76

3. 기획과정 ······ 81

1) 기획과정의 주요 요소 ······ 81

2) 기획의 과정 ······ 82

3) 기획과정에서 기록할 사항 ······ 82

4) 기획과정에서의 주요 기술 ······ 82

5) 기획과정의 서식과 그 작성방법 ······ 84

4. 실행과정 ······ 85

1) 실행과정의 주요 요소 ······ 85

2) 실행과정에서 기록할 사항 ······ 88

3) 실행과정의 주요 기술 ······ 88

4) 실행과정의 서식과 그 작성방법 ······ 88

5. 점검 및 재사정 과정 ······ 90

1) 점검과정의 주요 요소 ······ 91

2) 점검과정 ······ 92

3) 점검과정의 기록 사항 ······ 92

4) 점검과정의 주요 기술 ······ 93

5) 점검 및 재사정 과정의 서식과 그 작성방법 ······ 94

6. 평가 및 종결 과정 ······ 97

1) 평가과정의 주요 요소 ······ 98

2) 평가과정의 기록 사항 ······ 100

3) 평가과정의 주요 기술 ······ 100

4) 평가 및 종결 과정의 서식과 그 작성방법 ······ 101

[참고문헌] ······ 107

[부록 1] 사회복지실천현장에서의 사례관리 과정 요약 및 서식 ……117

[부록 2] 사회복지실천현장에서의 사례관리 과정 진행 예시 (Ⅰ) (노인 사례) ……150

[부록 3] 사회복지실천현장에서의 사례관리 과정 진행 예시 (Ⅱ) (장애인 사례) ……163

[부록 4] 사회복지실천현장에서의 사례관리 과정 진행 예시 (Ⅲ) (아동·청소년 사례) ……178

< 표 목차 >

〈표 1-1〉 사회복지실천의 개별적 접근과 사례관리의 비교 ·····1
〈표 2-1〉 사례관리의 개념 ·····3
〈표 2-2〉 사례관리 개념에 대한 전문단체 및 국내외 연구결과 ·····4
〈표 2-3〉 사례관리와 개별사회사업의 비교 ·····7
〈표 2-4〉 사례관리의 특성 ·····10
〈표 4-1〉 사례관리대상자의 구분 예시 ·····20
〈표 4-2〉 통합 사례관리팀의 구성과 기능 예시 ·····25
〈표 5-1〉 병리 관점과 강점 관점의 비교 ·····28
〈표 5-2〉 사례관리의 서비스 수준에 따른 사례관리 모형 ·····35
〈표 5-3〉 단계적 사례관리 모형의 특징 ·····40
〈표 7-1〉 사례관리의 주요 기능과 그 내용 ·····47
〈표 7-2〉 Bertsche & Horejsi(1980)의 사례관리자의 직무 ·····49
〈표 8-1〉 사례관리의 주요 실천과정에 관한 학자별 분류 ·····55
〈표 9-1〉 사례관리 실천과정별 주요 및 세부업무와 작성 서식 ·····106

< 그림 목차 >

[그림 2-1] 사례관리의 개념 ·····7
[그림 4-1] 사회복지 사례관리의 과정 및 양식 ·····22
[그림 7-1] 사례관리 개입을 통한 지역사회 통합 역할 ·····47
[그림 8-1] 사례관리의 실천과정 ·····55
[그림 8-2] 개입과 지역사회 자원 및 서비스 체계 ·····58
[그림 9-1] 가계도의 예시 ·····75
[그림 9-2] 생태도의 예시 ·····75

“
ECH 에듀컨텐츠·휴피아
Educontents·Huepia
”

제1장 사회복지실천과 사례관리의 비교

〈표 1-1〉 사회복지실천의 개별적 접근과 사례관리의 비교

	사회복지실천의 개별적 접근	사례관리
개념	스스로 해결하기 곤란한 문제를 가진 개인에게 성격발달과 사회적응을 도모하기 위하여 전문가가 행하는 개별적 의식적인 문제해결과정	복합적인 욕구를 가진 클라이언트의 욕구충족과 사회적 기능 향상을 위해서 그들과 사회자원과의 연결과 조정을 통하여 그들을 보호하는 과정
대상	① 특정한 문제 혹은 문제를 가지고 있는 클라이언트 ② 아동, 청소년, 가족, 여성 등 ③ 대체로 문제 해결이 가능하고 문제가 해결되면 정상적인 기능을 수행하며 생활이 가능하다.	① 만성적인 장애를 가지고 있는 클라이언트 ② 보호가 필요한 아동, 노인, 장애인 등 ③ 장애인이나 발달장애 아동, 노인 그리고 만성정신장애인, 만성신부전증, 만성심장병 등 의존적이고 장애를 가지고 있는 사람 ④ 문제가 다양하고 복합적, 지속적이다. 대체로 완전한 문제 해결이 용이하지 못하기 때문에 정상적인 생활이나 자립생활을 유지하는 일이 어렵다.
문제	사회부적응, 음주, 흡연, 청소년비행, 가족해체, 가정폭력, 부부갈등, 부모-자녀 문제, 학교폭력, 매춘 등 각종 사회-개인적인 문제 등 대체로 한 사람의 클라이언트가 특정한 문제를 가지고 있다.	경제적인 문제, 의료적인 문제, 가정생활을 지속하는 데 어려움, 정보접근 등 사회적 자원의 활용이 용이치 못한 점, 교통과 환경적인 장벽으로 인한 이동문제, 사회적인 낙인 문제로 인한 교육, 고용의 차별과 이들 가족의 문제 등 다양한 문제를 한 사람의 클라이언트가 동시에 가지고 있다.
목적	성격의 발달과 사회적응능력의 향상	① 보호의 연속성 ② 비용 효과성 ③ 접근성/책임성 ④ 일차집단의 보호능력의 향상 ⑤ 사회적 기능의 향상
장소	사회복지기관을 비롯한 상담소, 학교, 가정 등	클라이언트의 가정, 클라이언트가 속해 있는 생활시설, 병원, 요양원, 지역사회재활시설 등

	사회복지실천의 개별적 접근	사례관리
과정	초기접수 → 문제사정 → 개입목표 수립, 개입방법 활용에 의한 개입 → 개입목표 달성 후 종결, 사후관리 등 개입의 시작과 끝이 있다.	① 대상자 발견 → 문제사정 → 개입목표 수립 → 개입 → 개입과정을 모니터링과 재사정 → 과정평가에 의한 환류, 새로운 문제·욕구 발견 → 개입전략의 수정-개입-모니터링-개입 등 재사정과 환류에 의해 새로운 개입이 지속적으로 이뤄진다. ② 대체로 클라이언트에 대한 지속적인 관리가 이뤄지는 특징이 있다. ③ 다만, 소수의 클라이언트만이 기대하는 수준의 재활을 통해 지역사회 내의 자립생활이 가능한 경우 종결이 이뤄진다.
선결조건	실천과정에 클라이언트의 참여와 문제해결 의지	① 공적 자원에서 사례관리를 지원하는 각종 법률 및 제도와 정책적인 기반이 마련되어야함. 예를 들어 각종 연금, 급여, 수당제도 마련, 지역사회보호기금의 활용, 자원활용에 따른 예산 지원, 각종 자립생활지원기금의 확충 등 ② 클라이언트가 사회구성원으로서 사회통합과 정상화가 가능할 수 있도록 사회구성원들의 사회적 성숙이 우선적으로 이뤄져야 함. ③ 사례관리자에 의해 클라이언트의 자신, 가족자원 및 지역사회의 인적, 물적 자원이 총망라되어 개발되고 조직되어 활용된다.
원칙	개별화, 의도적인 감정표현, 통제된 정서적 관여, 수용, 비심판적 태도, 클라이언트의 자기결정, 비밀보장	성장과 변화에 대한 신념, 장점과 잠재력의 강조와 개발, 클라이언트의 자기결정, 책임성과 보호의 연속성, 서비스 제공의 포괄성, 지역사회 자원의 적극적인 개발과 동원, 권리와 비밀보장 등
전문가의 특징	① 특정전문가에 의한 개입이 가능 ② 사회복지사는 상담자 혹은 치료자의 역할이 강조됨.	① 다양한 전문가들에 의한 팀 접근이 요구됨. ② 사회복지사는 클라이언트 차원에서 옹호자와 대변자의 역할이 강조되며 팀 차원에서는 조정자 역할이 요구됨.

※ 출처 : 엄명용 외(2020: 269~270), 사회복지실천과 사례관리의 관계는 이채식 외(2020: 26-27)를 참고바람.

제2장 사례관리에 대한 기초적 이해[1)2)]

1. 사례관리의 개념[3)4)]

〈표 2-1〉 사례관리의 개념

사례 (Case) +	관리 (Management)
•일상적 기능에 초점	•행정적 기능에 초점
•개별 클라이언트의 생물적·심리적·사회적 측면	•사회적 체계 측면
•개별화된 상담 및 치료 가능	•공식적·비공식적 원조망 개발 및 유지, 자원 연결 기능
•관계(치료동맹)에 기반하여 클라이언트 개입	•서비스 연계 및 조정을 통하여 클라이언트 개입
•직접적 개입 형태	•간접적 개입 형태

※ 출처 : 민소영(2008: 2), 주경희 외(2017: 17) 재인용.

1) 미국에서 1970년대 후반부터 사회복지 실천방법의 하나로 인정받기 시작한 사례관리는, 한국에서 2000년대 이후부터 주요한 실천방법으로 부각되기 시작했고, 최근에는 민간과 공공의 다양한 영역에서 사회복지서비스의 주요한 방법으로 인식되기 시작했음(이채식 외, 2020: 15). 민간영역의 경우, 1990년대 지역사회복지 중심으로 사회복지의 방향이 전환되고 재가서비스의 확장이 이루어지던 시기(정순돌, 2005b: 이채식 외, 2020: 15 재인용)에 주로 지역단위 종합사회복지관을 중심으로 사례관리가 도입되었고, 현재는 노인, 장애인 복지 영역뿐만 아니라 지역아동센터, 의료복지, 여성복지 그리고 건강 및 다문화 가정지원센터(최근 가족센터로 통합)와 같은 가족관련 시설에서도 사례관리는 필수사업이 되고 있음(이채식 외, 2020: 15). 한편, 공공영역에서는 2006년 주민생활 지원 기능의 전달체계 개편 과정에서 전국 3,000여 개에 이르는 읍·면·동에서 동일한 매뉴얼로 사례관리를 수행하기 시작하였고, 현재는 시·군·구의 희망복지지원단에서 민간과 공공 인력을 확대 배치하여 사례관리를 수행하고 있음(민소영, 2015; 213-239).

2) 사례관리가 시간 소모적이고 비효율적이라는 전통적 사회복지실천에 대한 대안으로 등장한 것이라고 보는 관점도 있는데(Gursanky, Harvey, & Kennedy, 2003; 이채식 외, 2020: 16 재인용), 사례관리의 출발로 볼 수 있는 자선조직협회(COS)의 활동이 클라이언트가 '체제의 부정행위', 즉 중복 서비스를 제공받는 것을 방지하는 것이 목적이었다고 밝힌 연구들이 이를 증명하는 등 사례관리는 클라이언트의 삶의 질을 향상하려는 목표와 함께, 공급자의 관점에서 보호 비용을 조절하고 효율성을 극대화하려는 다소 모순된 목표를 동시에 지향하고 있음(Woodside & McClam, 2006; 이채식 외, 2020: 16 재인용).

3) 사례관리의 개념은 학자마다 그리고 실천 주체, 대상자, 목적, 장소 등에 따라 형태나 내용을 달리 정의하고 있음. 구체적인 개념에 대한 합의가 이루어지지 않은 채 사례관리의 필요성만 강조하면서 미시적 차원의 치료적 개입방법에서 거시적 차원의 자원조정 방법에 이르기까지 실천 영역에서 적용되어 왔음(주경희 외, 2017: 15; 이채식 외, 2020: 16-17). 이처럼 사례관리에 대한 용어 및 개념상의 혼란이 있는 이유를 사례관리 활동 수준의 다양성을 고려하지 않기 때문이라고 하면서, 체계 내에 다양한 수준의 서비스 제공자가 존재하며 이들은 각기 사례관리의 다양한 측면을 선택적으로 반영하고 있음을 지적하였음(O'Connor, 1988: 97-106). 또한 다양한 영역에서 대상자의 욕구, 서비스의 목적, 서비스 제공자의 역할 등에 따라 다양하고 포괄적으로 적용되어 왔기 때문임(Vanderplasschen et al., 2004).

4) Woodside & McClam(2003)은 사례관리의 개념이 '클라이언트와 서비스의 연계, 그리고 과정의 모니터링'에서 "클라이언트가 최적의 사회적 기능을 강화할 수 있도록 하기 위한 사정, 상담, 교육, 설계, 그리고 옹호의 기술을 포함하는 창조적이고 협력적인 과정"으로 변화하여 왔다고 함(양정남 외, 2009: 15 재인용).

1) 사례관리 전문단체 및 학자들의 개념 정의

〈표 2-2〉 사례관리 개념에 대한 전문단체 및 국내외 연구결과

전문단체/연구자	개념
미국사회복지사협회 (NASW, 2013)	다양한 사회복지서비스들을 계획하고 실행하고 모니터링하는 과정. 사회복지사들이 전문가팀 활동을 통해 클라이언트에게 다양한 서비스를 제공하고 조정할 수 있도록 함.
미국사례관리자협회 (CMSA) 영국사례관리자협회 (CMSUK)	클라이언트와 그의 가족의 복합적 욕구를 충족시키기 위해 사정, 계획, 실행, 조정, 평가, 점검하는 협력적인 과정임. 의사소통과 자원을 활용함으로써 클라이언트 삶의 질을 향상시키고 비용효과적 성과를 촉진시킴.
한국사례관리학회 (2015: 21)	만성적, 복합적 욕구가 있는 클라이언트와 가족의 사회적 기능회복을 위해 운영체계를 확립하고, 이를 기반으로 체계적 사정과 지역사회의 다양한 자원을 활용하여 지속적이고, 효과적인 사회복지서비스를 제공하는 통합적 실천방법
Barker(1987)	복합적 문제와 장애를 가지고 있는 클라이언트의 이익을 위해 적절한 시기에 다양한 기관에 속한 실천가가 전문적 팀워크를 위해 적절한 형태의 서비스를 계획하고 실행하고 검토하는 일련의 과정
미국사례관리협회 (2002)	질적이고 비용효과적인 결과를 증진하기 위하여 의사소통과 가용한 자원을 이용하여 개별적 건강요구와 만나도록 서비스를 사정, 계획, 중재, 조정, 감시, 평가하는 협력적 과정
Weil & Karls (1985: 2)	지지적, 효과적, 효율적 및 비용 효과적인 방식으로 서비스망 내의 일련의 논리적인 단계 및 상호작용의 과정이며 접근성, 보호의 연속성, 책임성을 보장하는 수단
Johnson & Rubin (1983)	지지망접근에 가까운 개념으로서 개별사회사업의 방법과 재가차원의 기본원조 그리고 비공식적 · 공식적 차원의 사회자원에 대해 지역의 수준에서 파악하고 결합하는 과정
Moxley(1989: 17)	다양하고 복합적인 욕구를 지닌 클라이언트를 대상으로 사례관리자 .사례관리팀이 공식적 · 비공식적 지원망과 클라이언트의 기능과 복지를 최대화하기 위해 고안된 활동을 조직하고, 조정하며, 유지하는 것
Frankel & Gelman (2004: 4)	도움이 필요한 사람에게 개인적 자원과 지역사회 자원의 연결을 통해 그들을 돕는 방법이며, 환경과 상호작용하는 개인을 조장하거나 촉진하는 체계적인 문제 해결과정
Woodside & McClam (2006: 3)	복합적인 욕구를 가진 대상자들에게 다양한 서비스를 효과적으로 전달하기 위한 실천전략

전문단체/연구자	개념
Moore(1990)	클라이언트의 욕구를 충족시키기 위해 비공식 보호체계 및 공식 보호체계의 활동을 통합하여, 클라이언트가 잠재력을 최대한 발휘할 수 있도록 지원하며 사회환경 내에서 효과적으로 상호작용할 수 있도록 촉진하는 것
Rothman(1992: 3)	지역사회에 거주하는 장기보호를 요하는 클라이언트를 대상으로 개별적인 상담, 치료와 옹호를 제공하며, 다양하고 지속적인 보호를 제공하기 위하여 지역사회 기관 및 비공식적인 자원망과 연결시키는 대인서비스의 실천방식
Baker & Intagliata (1992)	클라이언트 옹호, 서비스 조정, 자원 통제, 서비스 구입 등을 통합적이고 효율적인 개입을 통해 기관이 클라이언트를 책임지는 활동
Vourlekis & Greene (1992)	클라이언트의 욕구를 충족시킬 서비스를 지지적이며, 효과적이며, 효율적이며, 비용효과적인 방법으로 제공할 수 있도록 서비스 연계망 안에서 상호작용과정
Roberts-DeGennaro (1987)	특별히 위험 대상 표적인구를 위하여 지역사회복지실천의 노력과 직접적인 서비스 실천인 개별접근이 혼합되어 있는 실천
Austin(1983)	클라이언트에게 다양한 서비스를 전달하는데 목적을 둔 일련의 연속적으로 관련된 직무들로 구성되어 있는 체계적인 문제해결과정
O'Connor(1988)	사회복지실천의 '핵심기술들' 중의 하나로 정의, 사례계획의 실행과 관련된 직접적인 실천 활동
정순둘(2005b: 13-14)	한 사람의 사례관리자가 복합적인 욕구를 가진 클라이언트에게 다양한 서비스 자원 또는 공급체계를 연계시켜 클라이언트가 사회생활상의 어려움을 극복할 수 있도록 돕는 사회복지실천의 한 방법
권진숙・박지영 (2009)	생태체계적 관점을 기반으로 만성적이고 복합적인 문제를 가진 개인 및 가족과 함께 일하면서, 그들과 자원 제공자들의 기능을 향상시키고자 하는 것이며, 이를 통해 환경 속에서 자신에게 필요한 서비스와 자원을 스스로 획득하고 사회적 기능을 원활히 수행할 수 있도록 돕는 통합적 접근방법
오혜경(1995: 57)	노인, 장애인 등 복잡한 욕구를 가진 사람들 그리고 정신적·신체적 장애로 인하여 현대사회의 고도로 전문화되고 분화된 각종 서비스와 민간단체, 이웃사람들의 지원을 스스로 활용할 수 없는 사람들을 대상으로 해서 욕구에 맞는 서비스를 제공받을 수 있도록 도와주며 이들 주변의 모든 가능한 자원을 발견하고 스스로 활용할 수 있도록 하기 위한 일련의 원조 또는 서비스 네트워크에서 이루어지는 상호협동적인 활동
박미은 외 (2011: 1-16)	복합적이고 만성적인 욕구가 있는 클라이언트 및 그 가족을 대상으로 그들의 사회적 기능 회복 및 삶의 질 향상을 위해 협력적 운영체계를 기반으로 체계적인 사정과 지역사회 자원을 활용하여 지속적이고 효과적으로 사회복지서비스를 제공하는 통합적인 실천방법

※ 출처 : 주경희 외(2017: 17-18), 김성경(2019: 13), 이근홍(2020: 15-17) 등을 참조, 정리.

2) 상기 논의를 통한 개념 정의 및 소결

① 상기 논의를 통한 개념 정의(양정남 외, 2009: 17-18; 최은정 외, 2020: 18-22; 박미은, 2021: 11-17; 최영대, 2021: 11-12)[5].

㉮ 사례관리는 복합적 욕구를 가진 사람들의 기능화와 복지를 위해 공식적·비공식적 지원과 활동의 네트워크를 조직·조정·유지하는 활동임.

㉯ 사례관리는 특별한 대상을 위하여 지역사회복지실천의 노력과 직접적 서비스 실천인 개별 접근이 혼합되어 있는 실천활동임.

㉰ 사례관리는 사회기능상의 문제를 가진 개인의 기능 회복 및 증진을 유발할 수 있도록 개인과 주변환경을 변화시키기 위해 지속적이고 통합적으로 개입하는 방법임[6].

㉱ 사례관리는 클라이언트와 클라이언트 집단을 위한 모든 원조활동을 조정하는 절차를 의미하는 것으로, 이러한 절차를 통해 기관 내의 많은 사례관리자들은 전문적 팀워크로 클라이언트에게 필요한 서비스를 제공하려는 노력을 조정하여 제공범위를 넓혀 감.

㉲ 사례관리는 전형적으로 사례발견, 종합적·다차원적 평가(재평가 포함), 기관 간의 서비스를 조정하는 지역사회 프로그램이나 단일한 거대조직 안에서 이루어짐.

② 소결 : 복합적이고 다양한 욕구와 문제를 지닌 클라이언트를 대상으로, 그들의 욕구와 문제를 해결하고 사회적 기능을 증진시키기 위하여 그들이 필요로 하는 보호와 서비스를 효과적으로 제공받을 수 있도록 공식적 보호체계와 비공식적 보호체계를 통합·조정·관리하는 과정[7][8][9]

---

5) 사례관리는 간접적 서비스 차원에서는 서비스 연계와 서비스 조정의 개념을 강조하여 정의되고 있는데, 즉 서비스 전달체계의 접근이 어려운 복합적·만성적 욕구를 지닌 클라이언트에게 서비스의 연계와 조정으로 클라이언트의 다양한 욕구를 충족시킬 서비스의 제공을 보장하고자 하는 동시에, 직접적 서비스 차원에서는 클라이언트 및 가족과 사례관리자가 맺는 치료적이고 지속적인 원조관세가 기본 바탕이 되어, 이 관계를 중심으로 클라이언트의 문제해결과정이 진행되고 사례관리자는 원조관계의 유지와 발전을 위해 치료적이고 직접적인 서비스를 수행함(이채식 외, 2020: 20). 사례관리의 직접적 실천 특성과 간접적 실천 특성에 대한 구체적인 내용은 이채식 외(2020: 24-26)을 참고하기 바람.

6) 사례관리가 기존 전통적 개별사회사업과 다른 점은, 기관의 서비스와 프로그램에 기초한 서비스 제공보다는 클라이언트의 욕구에 초점을 두고 기관의 범위를 넘어서 지역사회 차원에서 보다 적극적인 서비스 제공과 점검을 강조하는 과정이라는 것임(양정남 외, 2009: 17).

7) 서비스 전달체계의 요소들을 연결하고 조정하는 것을 통하여 개인의 보호를 위한 욕구를 충족시킬 수 있는 포괄적인 프로그램(comprehensive program)을 확실히 제공할 수 있도록 하기 위한 하나의 기제(mechanism)임(전미사회복지사협회(NASW), 1984, 1992). 사례관리는 복합적인 욕구를 가진 사람들의 기능을 향상시키고 복지를 위해 공식적, 비공식적 자원과 활동의 관계 망을 조직, 조정, 유지하는 것임(Moxley, 1989). 사례관리는 통합적이고 효과적이며 효율적인 방식으로, 필요한 서비스를 제공받도록 보장하는 과정으로 다양한 기관과 직원들이 제공하는 서비스를 클라이언트를 대신하여 계획(planning)하고, 찾고(searching), 점검(monitoring)하게 되는데, 이 과정에서는 일반적으로 한 기관이 클라이언트에 대한

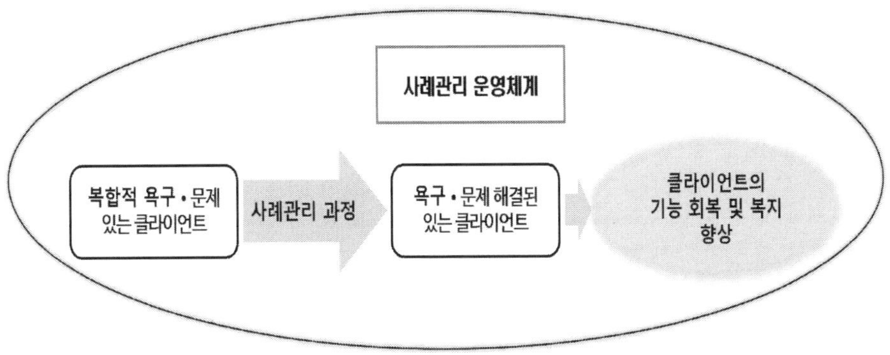

[그림 2-1] 사례관리의 개념(김성경, 2019: 15 재인용)

〈표 2-3〉 사례관리와 개별사회사업의 비교

사례관리	비교항목	개별사회사업
복합적 욕구	문제(욕구) 영역	주로 한 가지 영역의 문제
클라이언트가 속한 체계 전반	체계 영역	주로 클라이언트와 그 가족
다양한 분야의 전문가와 협력	전문가 영역	주로 한 명의 전문가의 활동
미시적 역할+조정・연계・옹호 등 다양한 역할 포괄	전문가 역할	주로 상담, 치료 등 미시적 역할
적극적 참여자	클라이언트 역할	서비스 수혜자 혹은 이용자
사례관라지와 협력적인 동반자	원조관계	전문가와 클라이언트의 관계

※ 출처 : 박미은(2021: 19), 최소연(2022: 19)

책임을 지고 클라이언트를 위해 서비스를 조정하고, 클라이언트를 대변하고, 자원을 통제하고, 서비스를 구입하는 사례관리자를 선정하게 됨(Baker & Intalgiata, 1992). 사례관리는 한 번에 여러 원조자들로부터의 원조(assistance)가 요구되는 많은 문제로 인해 그들의 생이 만족스럽거나 생산적인지 못한 사람들을 돕는 과정임(Ballew & Mink, 1996). 사례관리는 사정, 계획, 조정, 전달과 모니터링을 통하고 적절하고 책임성 있는 서비스로의 접근성을 용이하게 함으로써 클라이언트 중심의 서비스통합을 달성하기 위한 과정이며 전문적 서비스임(Kumar, 2000).

8) 사례관리는 다양하고 복합적이며 장기적인 욕구와 문제를 가진 클라이언트를 대상으로 사례관리자가 클라이언트의 욕구를 충족시키고 문제를 해결하며 사회적 기능을 향상시키기 위해서 클라이언트와 사회자원과의 연결과 점검을 통하여 클라이언트에 대한 서비스를 개별적, 연속적으로 관리하는 대인서비스의 실천방법임. 특히, 황성철(1995: 275)은 사례관리에 대해 '복합적이고 다양한 욕구를 가지고 있는 복지대상자에 대하여 면밀한 사정과 사례계획을 바탕으로 지역사회의 공식적 또는 비공식적 자원을 활용하여 서비스를 전달하고 이를 종합적으로 점검 및 관리함으로써 비용 효과적인 서비스 제공이 가능하기 때문에 사례관리가 사회복지계에서 새로운 서비스 전달방식으로 간주되고 있다고 하였음.

9) 사례관리의 개념에 대해서는 권육상(1999: 179), 한국전문대학사회복지교육협의회(2005: 321~323), 김봉순 외(2011: 213~215), 김혜영 외(2014: 290~291), 엄명용 외(2020: 267~269), 박정란(2021: 10-14), 최소연(2022: 14-16) 등을 참고하기 바람.

2. 사례관리의 필요성(kirst-Ashman & Hull, 1999: 581)[10)11)]

① 제약이 가장 적은 환경에서 클라이언트를 유지시키는 방향으로의 관심 증대

② 탈시설화의 목적

③ 가능하면 오랫동안 노인들을 가정 안에서 유지시키고자 하는 목표

④ 클라이언트에 대한 의료 및 여타 형태의 케어에 드는 비용 절감의 노력

⑤ 활용가능한 자원들을 미처 깨닫지 못하고 있는 클라이언트들의 권익에 대한 증가된 관심

⑥ 일부 클라이언트들은 제한된 능력으로 인해 보통 의뢰절차를 수행할 수 없다는 사실을 인식

⑦ 환경이 클라이언트의 문제에 어떠한 식으로 관여되는가에 대한 초점의 증대

⑧ 실천에서의 의료 모델에 대한 초점의 감소

⑨ 휴먼서비스 프로그램들의 확대 및 이로 인한 서비스의 복잡성 증가

3. 사례관리의 목적[12)13)14)](양정남 외, 2009: 18-20; 민소영, 2010, 주경희 외, 2017: 19~20 재인용,

---

10) 1970년대 이후 복합적인 욕구를 가진 인구의 증가와 탈시설화의 영향, 기존 서비스의 단편성, 비용 억제의 필요성, 사회적 지원체계와 지원망의 중요성 등 사회복지를 둘러싼 사회경제적 상황이 변화되기 시작했는데, 이러한 환경적 변화 속에서 중복적인 문제와 욕구를 가진 클라이언트에게 적절하게 서비스를 제공할 수 없는 지역사회 여건에 대한 반성과 대책으로 사례관리 연구의 필요성이 부각되기 시작했던 한편, 또 다른 현실적 측면에서는 신자유주의 기조의 도래와 더불어 1990년대 중반부터 정착, 확대된 사회복지기관 평가, 사회복지 비용의 효율성 도모 등 이른바 '맞춤형 복지', '통합적 서비스', '중복 서비스 방지' 등 사회복지서비스에 대한 비용 통제적 기조의 반영, 그리고 사회복지사의 전문적 정체성을 도모할 수 있는 새로운 접근방법에 대한 갈증 등을 그 필요성으로 볼 수 있음(이채식 외, 2020: 16).

11) 사례관리는 여러 분야에 걸쳐서 복합적인 서비스를 받는 대상자들에게 효과적인 서비스를 전달하기 위한 주요 실천전략의 핵심요소로 인정받아 오고 있는데, 즉 재가복지 영역, 정신보건 영역, 직업재활 영역, 노인복지서비스 영역, 성장장애 영역 등에 존재하는 다양한 욕구들을 가지고 있는 대상자들을 충족시키기 위해서 서비스를 조직하고 주택, 고용, 정신보건, 사회적인 서비스, 건강보호와 같은 다양한 서비스를 모아 조정하고, 관리 및 통제를 해야 할 필요성이 제기되는 것임(서울복지재단, 2006: 7-8). Moxley(1989)는 사례관리가 필요하게 된 이유로서 다음의 항목을 제시하였음(김만두, 1993: 30-37 요약). 첫째, 탈시설화의 영향으로 클라이언트가 시설에서 벗어나 지역사회에 기반을 둔 프로그램으로 이동하거나, 자신의 가족에게 되돌아가게 되어 지역 내에서 이들의 욕구를 충족시킬 수 있는 서비스 제공을 위한 포괄적인 체계구축이 필요하게 되었음. 둘째, 지역사회 서비스의 지방분권화로 인해, 기관들간의 경계 전반에 걸쳐 각 기관들의 서비스를 조직하고 통합함으로써 지방분권화에 따르는 부정적 영향들을 완화시킬 수 있는 전문가(혹은 팀)의 활동이 요구되었음. 셋째, 정신지체, 정신질환, 신체장애, 심한 의료적 문제를 지닌 여러 유형의 복합적 욕구를 가진 인구의 증가로 이들의 다양한 욕구를 충족하기 위해 다양한 영역의 서비스들이 상호관련성을 가질 수 있도록 체계망을 구축하여 지원 서비스를 제공하는 예방적 기능수행이 필요하게 되었음. 넷째, 다양한 영역에 걸쳐 분산되어 있는 기존 서비스의 단편성을 조정하고 통합할 수 있는 역할이 요구되었음. 다섯째, 대인서비스 실천 전문가들 사이에서 클라이언트의 삶의 질에 대한 사회적 지원체계와 사회적 망의 영향력에 관한 인식이 지속적으로 증가하였음. 여섯째, 부족한 자원의 한도 내에서 서비스 전달의 효과를 최대화함과 동시에 대인서비스 전달의 비용을 억제하려는 관심이 증가하여 대인서비스의 비용효과성에 대한 인식이 확대되었기 때문임.

12) Johnson & Yanca(2001: 359)는 사례관리의 목적을 '서비스의 지속'과 '최대한의 기능 도모'로 분류하고 있음. 김성경(2017: 17~18)은 사례관리의 목적을 ①클라이언트의 욕구충족과 문제해결(문제해결,

우국희, 2016: 17~19; 엄명용, 2020: 270~272; 이채식 외[15], 2020: 28-31; 최은정 외, 2020: 23-26; 이근홍, 2020: 19-21; 박미은, 2021: 20-22; 최영대, 2021: 13-14)

① 보호의 연속성 보장(Barker, 1995: 79; Test, 1979: 15-23)

② 서비스 전달의 효과성과 효율성 증대(Rothman, 1992: 7)

③ 서비스의 접근성과 책임성의 증대

④ 클라이언트의 가족과 같은 일차 집단의 보호능력 향상

⑤ 클라이언트의 생활기술과 자기보호능력의 향상

⑥ 비공식적, 공식적인 지원체계의 통합과 이로 인한 비용효과성[16]

4. 사례관리의 특성[17][18]

치료 및 역기능의 예방보다는 욕구충족과 서비스의 연속적 제공에 더 중점을 두지만, 욕구가 제대로 충족되지 못하였을 경우 발생하는 문제를 해결하는 것과도 관련), ②서비스 제공의 연속성 보장(장기적인 욕구와 문제를 가진 클라이언트를 대상으로 하기 때문에 클라이언트가 필요로 하는 서비스를 일시적으로 제공하기보다는 연속적으로 제공), ③서비스 전달의 비용효과성 증진(사례관리는 한정된 사회자원 내에서 서비스 전달의 효과를 최대화하면서 대인서비스 전달의 비용을 절감하려는 데 관심이 집중), ④클라이언트의 사회적 기능 향상(클라이언트가 자신의 욕구를 충족시키고 문제를 해결하며 자립할 수 있도록 사회적 기능을 향상시키는 것) 등으로 제시하고 있음.

13) 사례관리의 목적에 대해서는 Moore(1990: 444-448), Nelson(1982: 137-143), 권육상(1999: 180), 한국전문대학사회복지교육협의회(2005: 323~324), 양정남 외(2009: 18-20), 김봉순 외(2011: 215~216), 김혜영 외(2014: 291~293), 한국사례관리학회(2015: 22-24), 최소연(2022: 16-18) 등을 참고하기 바람.

14) 서울복지재단(2006: 10)은 사례관리는 서비스 전달 측면과 실천적 측면에서의 다양한 목적을 달성하기 위해 노력하는 사회사업적 접근방법으로서, 우선 서비스 전달체계 측면에서의 목적을 다음과 같이 정리함.
①포괄적인 서비스 보장 : 특정 시점에서 클라이언트가 가지고 있는 욕구와 문제를 해결하기 위해 포괄적인 서비스를 조정하여 제공함.
②서비스의 연속성 보장 : 시간의 경과에 따라 변화하는 클라이언트의 욕구를 충족시킬 수 있도록 즉각적이고 포괄적인 서비스를 지속적으로 제공해 주는 등 보호의 연속성을 보장함.
③클라이언트의 접근가능성(accessibility) 역량 강화 : 클라이언트가 다양한 서비스 체계와 협상하는 것을 원조해 줌으로써 서비스를 쉽게 활용할 수 있는 능력을 배양함.
④서비스의 책임성 제고 : 서비스의 단편화로 인한 서비스 접근의 장애들을 극복하고 클라이언트에 대한 전반적인 책임을 짐으로서 책임성(accountability)을 제고할 수 있음.
⑤서비스의 적정성 확보 : 서비스가 클라이언트의 욕구에 적합하고, 적절한 방법으로 제공될 수 있도록 보장함으로써 서비스계획의 효율성을 향상시킴(Intagliata, 1992: 28-29).

15) 이채식 외(2020: 28-31)는 사례관리의 목적에 대해, 사례관리 방법의 특성에 초점을 맞춰 제시하고 있는 학자인 Intagliata(1982)과 Woodside & McClam(2006)의 견해를 종합하여 제시하고 있으며, 더 구체적인 내용에 대해서는 이근홍(2020: 18-21)을 참고하기 바람.

16) 이 목적에 대해서는 kirst-Ashman & Hull(1999: 580)를 참고하기 바람.

17) 사례관리는 복합적이고 다중적인 문제를 가진 개별 클라이언트의 욕구에 초점을 두고, 기관의 전반적인 목적보다는 소비자의 전반적인 목적에 기반을 둠. 즉 프로그램에 기반을 둔 서비스라기보다는 개별화된 서비스 계획에 기반을 둔 클라이언트 중심적인 실천이라고 말할 수 있음. 따라서 그 특징으로는 ①지역사회를 기반으로 보호서비스 및 지지를 활용하는 하나의 체계적인 지원방법이고, ②각종 사회자원의 동원과 원조관계망의 효율적인 연계와 조정에 관심을 두는 활동이며, ③서비스보다는 욕구 중심

① 복합적이며 장기적인 욕구와 문제를 가진 클라이언트를 대상
② 클라이언트의 욕구충족, 문제해결 및 서비스 제공에 초점
③ 욕구를 충족하고 문제를 해결하며 사회적 기능을 향상시키기 위해 서비스의 연속성을 보장
④ 서비스의 효과성과 효율성을 높이기 위해 포괄적 서비스 제공, 서비스 조정과 점검
⑤ 비공식적·공식적 지원체계의 다양한 서비스 활용, 지역사회 자원의 개발, 확보, 동원, 활용에 주안점
⑥ 제공되는 서비스에 대한 사정, 점검 및 평가를 위해 경계 범주

〈표 2-4〉 사례관리의 특성

구분	특성
기초	개별사회복지실천에 기초를 두고 있음.
대상자	다양하고 복합적인 욕구를 지닌 클라이언트 및 그의 가족
목적	클라이언트의 복합적 욕구충족, 사회적 기능·삶의 질·복지 향상
목표	클라이언트의 역량 강화, 상호작용 능력 향상, 통합된 서비스 제공, 보호의 지속성 보장, 질 높은 서비스 제공, 사례관리의 책임성 증진
실천기반	사례관리 운영체계와 서비스 전달체계
특성	다차원적 특성 : 직접적 실천 및 간접적 실천, 미시적 특성 및 거시적 특성, 수평적 특성 및 수직적 특성
주요 활동	사정, 서비스 계획, 서비스 실행, 점검, 지역사회 자원 연결을 통한 통합적이며 지속적으로 서비스 제공

※ 출처 : 김성경(2019: 21), 이근홍(2020: 17-18)

적, 다시 말해 클라이언트를 융통성이 없는 기관의 서비스에 맞추기보다는 클라이언트의 욕구에 서비스를 융통성 있게 배정하는 것을 강조하는 활동이고, ④복합적인 욕구를 가진 클라이언트에 대한 지속적인 책임과 비용-효과성을 강조하는 활동이며, ⑤연속적인 기능들을 시간 순서적으로 수행하는 문제해결의 과정임. 또한, 사례관리는 ⑥클라이언트에 대한 포괄적, 총체적, 장기적 보호서비스를 제공하는 전문적 활동 등임. 사례관리의 특성에 대한 내용은 우국희(2016: 13~14), 이채식 외(2020: 28)를 참고하기 바람.

18) Skidmore et al.(2000)는 사례관리의 특성을 다음과 같이 제시하고 있음(양정남 외 2009: 20-21).
①사례관리는 클라이언트와 사회복지사 간의 신뢰와 치료적 관계에 기반을 둔 사회복지실천과정임.
②클라이언트에 대한 개념은 환경 속의 인간을 이해하는 이원적인 사회복지 초점을 활용함.
③다양하고 복합적 문제와 장애를 가진 클라이언트에게 서비스의 연속성을 보장해 주는 것이 목적임.
④질병이나 기능 상실을 동반하는 정서적인 문제를 개선하기 위해 임상적인 개입을 시도함.
⑤서비스 전달을 연계하는 중개와 옹호와 같은 사회사업기술을 활용함.
⑥경제적, 의료적, 사회적, 개인적 보호욕구를 포함하여 장기적인 보호서비스를 필요로 하는 지역사회 클라이언트를 대상으로 함.
⑦최소한의 제한적인 환경에서 서비스를 제공하는 것을 목적으로 함..
⑧개입의 범위를 결정하는 데 있어 클라이언트의 기능적인 역량과 지지망에 대한 활용을 요구함.
⑨자기결정의 원리, 인간 존엄성, 의사결정에 대한 상호책임의 개념 등 확고한 사회복지 가치를 가짐.

5. **사례관리의 실천원리**(김만두, 1993: 271-278; 권진숙·박지영, 2010: 65-67; 한국사례관리학회, 2015: 41-43)

① 사례관리자는 클라이언트의 수준에서 일함.

② 사례관리자는 체계적 관점을 유지함.

③ 사례관리자는 행정적 과정과 기술을 이용함.

④ 사례관리자는 임상적 과정과 기술을 이용함.

⑤ 사례관리자는 서비스를 통합적으로 제공하기 위해 노력함.

제3장 사례관리의 등장배경과 발달과정[19]

1. **사례관리의 등장배경**(Conroy, 1977: 44-46; Moxley, 1989: 13-15; Whittaker & Garbarino(eds.), 1983: 5; Whittaker & Tracy, 1989: 1; 김만두, 1993: 30-37; 장인협, 1995: 28; 이근홍, 2008: 37-48, 2020: 27-31; 한국사례관리학회, 2015: 45-51; 최은정 외, 2020: 11-14; 최영대, 2021: 15-22)[20]

① 탈시설화의 영향 : 1960년대 초 미국에서는 정신지체인과 정신장애인을 대단위 수용시설에서 퇴소시켜 지역사회로 돌려보내는 탈시설화 정책이 전개되었고 시설 수용시에는 거의 모든 서비스들이 시설을 중심으로 집중되어 있었기 때문에 각각의 클라이언트를 위한 별도의 서비스 관리를 할 필요가 없었지만, 이들이 지역사회에 거주하게 되자 지역사회 전체에 분산되어 있는 서비스를 통합적으로 제공하는 서비스 관리체계의 필요성이 나타나게 되었음.

② 복잡하고 분산된 서비스 체계 : 사회복귀를 위한 재활서비스는 클라이언트의 생활전반에 걸친 서비스를 제공하는 것이지만, 기존의 서비스는 특정 서비스를 매우 한정된 범위에서 특정 인구에게 제공하는 형태로 이루어져서 서비스의 단편성과 분산화가 문제점으로 제시되었는데, 특히 공공부문에서 민간부문으로 서비스 전달체계가 점점 바뀜에 따라 서비스 사이의 조정역할 장치가 거의 없는 상태가 되었으며 아울러 서비스 망이 점차 고도로 복잡해지고 분산됨으로써 서비스가 중복되는 현상이 나타나기도 하고 서비스 간 연계성이 부족하게 되었기 때문에 사례관리는 이러한 서비스의 연계성을 확보하고자 나타남.

③ 클라이언트와 그 가족에게 부과되는 과도한 책임 : 지역사회 내의 적절한 환경자원의 미비는 클라이언트와 그 가족들에게 많은 책임을 부과하였고 그 결과 클라이언트와 그 가족들에게 과도한 스트레스가 발생하게 됨에 따라 클라이언트를 위해 환경자원들을 개발하고 연결하는 기능을 할 수 있는 서비스에 대한 욕구가 증가하게 됨.

④ 다양한 문제와 욕구를 가진 클라이언트의 증가 : 클라이언트는 지역사회에서 생활하기 위해

19) 사례관리의 등장배경과 발달과정의 전반적인 내용에 대해서는 Moxley(1989; 주경희 외, 2017: 21~23 재인용); 권육상(1999: 180~181), 한국전문대학사회복지교육협의회(2005: 327~328), 양정남 외(2009: 35-45), 김봉순 외(2011: 219~222), 우국희(2016: 27~30), 엄명용 외(2020: 266~267), 이채식 외(2020: 32-36), 이근홍(2020: 27-37), 박정란(2021: 14-19), 최소연(2022: 19-29) 등을 참고하여 요약, 제시하였음.

20) 현대 사회는 사회경제적 변화, 인구구조 변화, 가족해체와 같은 가족구조의 변화와 함께 각종 사고와 재해 등으로 사회적 기능에 심각한 문제를 지닌 노인, 장애인, 아동 등 사회적 취약계층이 다양해지고 있는 동시에, 이들의 욕구도 다양하고 복잡해짐에 따라 서비스 지속적 변화가 필요하게 됨. 과거 서비스를 필요로 하는 이들에 대한 접근은 단절된 의료·사회·심리서비스와 비체계적 조정, 서비스 접근 가능성 제한, 욕구와 서비스의 격차와 같은 제반 문제를 안고 있었기 때문에, 클라이언트에게 포괄적·장기적인 서비스를 제공하기 위해 서비스 통합·조정을 위한 새로운 서비스 전달방식이 필요하게 되었던 것인데, 특히 탈시설화와 지방분권화로 인해 지역사회 기반 서비스가 필요해져, 1970년대 중반 이후 지역사회를 중심으로 서비스 체계를 통합·조정하는 사례관리가 등장하게 되었음(양정남 외, 2009: 35).

생활 전반에 걸친 다양한 욕구와 해결해야 할 문제들을 가지고 있는데, 그 문제들을 해결하기 위해서는 지역사회에서 살아가는 데 필요한 서비스를 조직화함으로써 그 욕구를 충족시키는 활동이 요구됨.

⑤ 서비스 비용 억제 : 자원이 한정된 상황에서 서비스 전달의 효과를 최대화하는 노력은 항상 중대한 관심사이고, 따라서 제한된 자원 내에서 서비스 전달의 효과를 최대화하면서 서비스의 비용과 중복을 점검해야 하는 전문기술의 필요성이 요구되었으며, 사례관리는 보호의 계획을 총괄적으로 관리하고 비용을 억제하는 수단으로 적합하다고 평가됨.

⑥ 기존 서비스의 단편성 : 복잡하고학소 다양한 욕구를 가진 클라이언트가 존재하고 증가하는 반면, 기존의 서비스들은 범주로 분류되어 단편적인 서비스를 제공하게 됨으로써 클라이언트의 욕구가 충족되지 못하는 상황이기 때문에 사례관리의 필요성이 대두됨.

⑦ 사회적 자원체계와 지원망의 중요성에 대한 인식 증가 : 대인서비스의 경우 클라이언트의 삶의 질을 높이기 위한 사회적 지원체계와 지원망의 영향이 매우 크다는 인식이 확산되었고, 공식적 지원체계에서 제공하는 서비스와 비공식적 사회적 지원체계가 공급하는 서비스에는 양적 혹은 질적 차이가 존재한다는 것을 인식하게 되었고 공식적이고 전문적인 서비스와 비공식적인 지원체계와 지원망을 조정, 통합하는 사례관리의 방법이 중요하게 됨.

2. **사례관리의 발달과정**(양정남 외, 2009: 39-45; 김봉순 외, 2011: 216~219; 주경희 외, 2017: 23~26, 우국희, 2016: 31~43)

1) 사례관리의 기원[21)22)]

① 1863년 미국 매사추세츠 주의 자선국이 설립되어 공공 대인서비스를 조정하고 빈민들과 병자들의 보호에 사용된 공공기금을 보존하려는 노력을 최초의 선례로 보고 있음(Weil & Karls, 1985: 4, 29-72).

② 1877년 미 자선조직협회(COS)는 다양한 자선단체들의 서비스 중복을 방지, 자원을 효율적으로 활용하기 위해 자선단체들의 구호활동을 조정하였고(Leiby, 1978: 114), 클라이언트가 서비스에 접근하여 이용할 수 있도록 중재자와 옹호자의 역할을 하였음(양정남 외, 2009: 39).

---

21) 사례관리의 기원에 대한 자세한 내용은 이근홍(2020: 31-32)을 참고하기 바람. Green(1992: 11)은 사례관리의 기원을 19세기의 인보관과 자선조직협회의 활동에서 찾기도 함.

22) 사례관리는 1960년대 이후의 사회경제적 배경과 대인서비스 전달의 구조와 방법의 변화에 영향을 주는 여러 가지 요인으로 인하여 대인서비스 전달의 새로운 방법의 필요성이 제기됨에 따라 등장하게 되었고, 탈시설화로 인한 지역사회에 기반을 둔 서비스의 필요성, 클라이언트의 지속적인 증가와 욕구의 복합화・장기화, 사회복지서비스 공급주체의 다양화와 서비스 중복과 낭비, 사회복지비용의 삭감과 대인서비스 비용의 절감 노력 등을 해결하기 위해 1970년대 중반 미국에서 등장하게 되었음(이근홍, 2008: 37-48).

③ 1889년 시카고에 헐 하우스(Hull House)가 설립[23]된 이후 지역의 이주자들과 저소득 가족을 대상으로 그들이 필요로 하는 서비스를 제공하기 위해서 초보적인 서비스 조정체계를 개발(Woodside & McClam, 2003; 양정남 외, 2009: 39-40 재인용)

④ 1901년 Mary Richmond는 클라이언트의 복합적 욕구를 해결하기 위해 서비스 기관의 협력과 조정이 필요하다는 점을 지적하면서, 초기 사례관리를 개념화하고 사례관리의 모델을 개발하였으며 체계적 정보수집, 자원봉사자 훈련, 다학문적 분야의 전문가들의 협력, 서비스에 대한 이해나 사례회의(case conference)의 개발을 강조하였음(Weil & Karls, 1985: 4, 29-72).

⑤ 1920년대 중반 공동모금회(community chest) 운동은 사회계획협의회와 기관연합회에 의해서 수행(Bertsche & Horejsi, 1980: 94)

⑥ 1950년대 동안 사례조정은 복합적인 문제를 가진 가족에게 더욱 효과적인 접근방법을 발전시키는데 주요 관심사가 되었으며, 그러한 조정장치로서 사례회의의 활용이 보편화(Bertsche & Horejsi, 1980: 94-98)

⑦ 1960년대에는 시민운동과 빈곤과의 전쟁으로 서비스에 대한 권리의식이 증대되어 클라이언트가 적극적 서비스 소비자(consumer)로 변화하였고[24], 클라이언트에 대한 중개와 옹호의 역할이 발전하였음(Netting, 1992: 160-164).

2) 미국 사례관리의 발달과정[25]

① 1970년대에 와서는 정신보건과 발달장애[26][27], 후천성면역결핍증(AIDS)에 걸린 사람들을 위한

---

23) 인보관 운동으로 1889년 Jane Adams와 Ellen Starr가 설립한 헐 하우스(Hull House)는 영국의 토인비홀(Toynbee Hall)을 모델로 삼고 있는데, 헐 하우스는 사람들에게 시민으로서의 삶을 알려 주어, 지역사회주민의 삶을 개선하고, 이를 위한 활동을 지원할 목적으로 설립되었음(양정남 외, 2009: 39-40)

24) 1960년대 대인서비스의 상대적인 증가로 인하여 수많은 프로그램들이 나오게 되었으며, 이러한 프로그램들에 대한 비평과 서비스를 증진하기 위한 전략 등이 나타났음(이근홍, 2020: 32). 이러한 프로그램들은 서비스망이 아주 복잡하고 단편적이며, 중복되어 있고, 조정되어 있지 않았기 때문에(Intagliata, 1982: 655), 복합적인 욕구를 가진 사람들이 단편적인 프로그램에 의해서 그들의 욕구와 문제의 한정된 측면만을 해결하는 결과를 가져오고 있다는 인식이 나타나게 됨(Rubin, 1992a: 6). 그 결과, 다양한 대인서비스를 하나의 조정된 관리적인 방향으로 대치하려는 노력이 나타났으며, 서비스를 통합・조정할 수 있는 프로그램들을 확립하려는 중대한 시도가 있었는데, 이러한 프로그램들이 사례관리의 선구자적 역할을 하게 되었음(이근홍, 2020: 32).

25) 미국 사례관리의 발달과정에 대한 자세한 내용은 한국사례관리학회(2015: 52-56), 이근홍(2020: 33-34), 박미은(2021: 38-40)을 참고하기 바람.

26) 특히, 발달장애인들은 사회서비스의 클라이언트들 중에서 가장 어려움을 겪고 있었으며, 이들에 대한 공정한 배려가 필요하게 되었음(Linz et. al., 1989: 3).

27) 사례관리의 발달을 촉진한 또 다른 힘은 정신보건과 발달장애 분야의 탈시설화 운동인데(이근홍, 2020: 33), 정신보건체계는 사람들을 시설에서 지역사회로 이동시키기 시작했으며, 이 시기 동안 지역사회에 기반을 둔 대인서비스 프로그램이 확대되었지만, 1970년대 동안 심각한 복합적인 욕구를 가진 이전의 시설생활자들이 지역사회에서 편히 살아가는 것만은 아니었으며, 불결하게 살거나, 그들의 이웃에 의해 거절당하고 고통당하며 산다는 증거가 나타나기 시작했음(Rubin, 1992a: 6-7).

서비스, 장기보호, 노인서비스, 아동복지 등의 다양한 영역에 대인서비스가 확대, 보급되었지만, 이 시기에 급격 증가한 대인서비스 프로그램들은 서비스망이 복잡하고 단편적이어서 조정되지 않고 중복되는 문제가 자주 발생하게 되었음(Intagliata, 1982: 655). 그로 인해 복잡한 욕구를 가진 클라이언트에게 단편적인 서비스만이 제공되어 욕구 충족에 한계가 있다는 점들이 지적되기에 이르렀고(Rubin, 1992a: 5-20), 이에 따라 서비스 체계의 통합과 조정을 통해 서비스의 공정성과 효과성을 높여야 할 필요성이 대두되었음(양정남 외, 2009: 40-41; 이근홍, 2020: 33)[28]

② 1974년 이후 미국정신보건연구소(NIMH)는 지역사회 지원체계(CSS, the Community Support System)라는 '서비스 통합 개념'을 시험, 개선하기 위해 19개 주(州)에서 실시하는 시범사업을 지원하였고, 조정의 힘과 권위를 부여받아 서비스 통합을 시행하는 지역사회 지원체계의 주요 기관들은 우선 지역사회 내의 만성 정신장애인의 욕구를 사정하고 그들에게 필요한 서비스를 제공하기 위해 기관 상호간의 연계와 협상을 추진하며 서비스 간 격차를 해소하기 위해서 새로운 서비스 구성요소들을 개발하게 되었음(Rubin, 1992b: 138-150). 이 시기에 눈에 띌만한 내용으로, 1974년 발달장애법과 1975년 장애아동교육법의 제정을 통하여 사례관리 접근방법을 공식화하면서 사례관리가 발달하기 시작하였음(이채식 외, 2020: 39; 이근홍, 2020: 33)[29].

③ 1970~1980년대 많은 주에서 사례관리에 관한 법률을 제정하기 시작하였고, 사례관리서비스 항목을 포함하고 있는 많은 연방정부의 법률들이 통과되었음. 특히, 1980년대는 사례관리가 미국의 모든 주(州)로 확산되면서 발전을 가속화하였음(양정남 외, 2009: 41)[30].

④ 1984년 전미사회복지사협회는 '기능손상자를 위한 사회복지실천 사례관리의 기준과 지침'을 제정하였으며(NASW, 1992: 24), 1985년 통과된 COBRA(Consolidated Omnibus Budget Reconciliation)에서는 선택적 의료서비스로서 사례관리를 제공하도록 권장하였으며, 1987년 특별교육법과 1988년 가족보호법에서도 사례관리 조항을 포함하고 있음. 또한, 1988년 FSA(Family Support Act)는 수혜자의 경제적 자립도를 증진시키는 것을 목적으로 사례관리를 권장하였고, JOBS(Job Opportunity and Basic Skill Training Program)도 사례관리에 대한 조항

28) 1970년대 정신보건 분야에서도 탈시설화 정책으로 지역사회로 이동한 클라이언트에 대해 지역사회 기반의 포괄적 서비스가 제공되지 못한 것이 대대적으로 밝혀지면서 시설보호에서 지역사회보호로의 변화에 대한 부정적 인식이 증가하였고(Bachrach, 1981: 1449-1456), 이러한 상황을 해결하기 위해 클라이언트의 접근성을 높이고 포괄적인 서비스를 제공할 필요성이 대두되었고 결과적으로 서비스의 통합과 조정이 가능한 사례관리가 발달하기 시작하였음(양정남 외, 2009: 41).

29) Rose & Moore(1995: 335)는 사례관리는 1980년대 초부터 정신건강, 발달장애, AIDS환자를 위한 서비스 등의 대인서비스 분야에서 급부상하였다고 함.

30) 1980년대에 만성질환을 앓고 있는 노인의 증가로 시설보호에 의한 의료비 지출 증가의 문제가 발생하면서 가정과 지역사회에서 그들을 보호하도록 하는 프로그램들이 개발되었고 사례관리의 대상이 장애인에서 노인으로 점차 확대되었음(Linz et al., 1989: 1-20).

을 포함하고 있었음(양정남 외, 2009: 41-42). 이러한 프로그램들에서 사례관리의 목적은 만성적으로 복지프로그램에 의존하고 있는 자녀를 둔 가족이 교육, 훈련, 고용을 보장받을 수 있게 하는 것이었음(Skidmore et al., 2000; 양정남 외, 2009: 42 재인용).

⑤ 1990년대에는 사례관리가 급성장하게 되었는데, 장기보호를 필요로 하는 복합적인 욕구를 가진 클라이언트들에게 서비스에 대한 접근성과 이용 가능성을 높이고, 보호의 연속성을 보장하며, 비용 효과성을 증대시키고, 책임성 있게 서비스를 전달하는 효과적이고 적절한 대인서비스의 전달방식이 되었음(이채식 외, 2020: 40)

⑥ 2000년대에 들어서면서 사례관리자의 역할이 서비스의 연결과 점검 등과 같은 간접적인 실천뿐만 아니라 직접적으로 서비스를 제공하는 실천을 포함한 이중적인 역할로 확대되었음(Woodside & McClam, 2006: 4)

3) 영국 사례관리의 발달과정[31][32][33]

① 1959년 정신보건법을 제정, 병원 입원을 줄이고 지역사회시설을 활성하고자 하였음(양정남 외, 2009: 42; 이채식 외, 2020: 41; 이근홍, 2020: 35).

② 1968년은 지역사회에 대한 관심이 높아지던 시기로서, 지역사회로의 출발점이 된 시봄보고서(Seebohm Report)를 통해 단편적으로 이루어지고 있는 사회서비스의 체계화 및 통합화의 필요성을 제기하였음(이근홍, 2020: 35). 이를 위해 서비스를 총괄하는 새로운 지방부처가 필요하다고 보고, 정부 주도형의 사회복지서비스 발전을 계획하였으며, 영국 정부는 시봄보고서를 토대로 1970년에 지방자치단체의 사회서비스법을 제정하여 사회복지서비스를 통합하는 사회서비스부(Social Service Department)를 신설하였음(석재은, 2000: 53; 양정남 외, 2009: 42; 이채식 외, 2020: 41)[34].

---

31) 영국 사례관리의 발달과정에 대한 자세한 내용은 이근홍(2020: 34-36), 박미은(2021: 41-42)을 참고하기 바람.

32) 영국의 사례관리는 'case management'가 아닌 'care management'를 사용하였고, management의 대상이 '이용자(케이스)'가 아니라 '제공되어야 할 케어'라는 인식에 기초하고 있으며, 전통적으로 커뮤니티 케어(community care)를 중시하고 있음. 영국의 사례관리는 산업혁명 이후 주요 사회이슈로서 사회통제의 분위기에 기초한 '일반 시민과 격리된 시설수용'으로 인해 인권문제가 대두됨에 따라, '지역사회 기반'으로의 인식이 전환되게 되었음. 영국 사례관리의 주요 특징은 커뮤니티 케어(community care)법과 care management 시스템에 의한 니즈(needs) 지향형 접근 중시, 포괄적 서비스로 효율성을 향상시키는 것임(석재은, 2000: 52-53).

33) 영국의 사례관리에 대한 구체적인 내용은 석재은(2000: 51-62)을 참고하기 바람.

34) 그러나, 시봄보고서(Seebohm Report)에서 제시한 전략은 지역사회보호, 지방정부의 재정 및 사회보장 관련 부서들의 정책을 조정할 중앙정부 차원의 지도력 결핍, 사회서비스 검사관의 지방당국에 대한 점검 역할의 부족, 보건국과 지방당국 사이의 관리 문화의 차이, 공동 점검을 위한 균형적인 체계의 부재 및 기관 상호간의 기획의 성공이나 실패에 대한 책임성 분할의 결여 등으로 인하여 성공적이지 못하였음(이채식 외, 2020: 41; 이근홍, 2020: 35).

③ 그러나, 1970년대 오일쇼크로 인한 경제불황으로 정부 중심의 지역사회보호는 큰 변화에 처하게 됨(足立正樹, 1998; 14). 국민보건서비스(NHS)의 의료비용 삭감과 다양한 욕구를 지닌 대상자들의 증가로 NHS와 지방자치단체의 연대를 모색해야 했지만(석재은, 2000: 53), 경제불황에 의한 의료비용 삭감으로 서비스 비용이 줄어들면서 지역사회보호로의 중요성이 강조되었음에도 불구하고 서비스 간 조정이 제대로 이루어지지 않아 통합적 서비스가 제공되지 못하는 실정이었음(Bauld et. al., 2000: 391-404; 석재은, 2000: 53). 결국, 대처정부의 사회복지 비용의 삭감, 지역사회보호의 강조, 그리고 민영화 정책 등은 비용효과성 달성의 취지와 달리. 사회보장비 증가와 시설보호 편중의 결과를 초래하였음(足立正樹, 1998; 14).

④ 1988년 Griffithe 경, 지역사회보호 개혁방안 「지역사회보호: 행동을 위한 지침」 제안(Onyett, 1992: 28; 석재은, 2000: 54-55; 이근홍, 2020: 35-36)

㉮ 사회복지서비스에 경쟁원리 도입, 대상자의 욕구한 부합한 보호패키지를 제공하기 위해 사례관리 방식 도입 주장

㉯ 이 제안은 사회보장비를 삭감하고자 했던 신보수주의 진영의 논리에 호응하고, 지역사회보호로의 중심 이동이 가능하였음.

㉰ 이를 위해, 시설보호 지원을 중단하고 지역사회보호 전달체계와 재원조달의 대안적 모형 제시함.

- 지방정부의 조정자 역할 강조, 서비스 제공자에서 서비스 구매자로의 역할 전환 요구
- 사례관리의 개념 도입하여 대상자의 욕구에 따라 유연하게 사회복지서비스를 제공할 수 있도록 재정통합을 촉구하였음.

⑤ 1989년 영국 정부는 Griffithe 경의 제안을 수용하여, 지역사회보호 백서인 “Caring for People” 발간함(석재은, 2000: 55; 이근홍, 2020: 36).

㉮ 보건과 사회적 보호 제공에 시장원리를 적용하여, 효율성을 증대시키는 경쟁과 부적절한 서비스 배제에 기반을 둠.

㉯ 국민보건서비스와 지방 정부의 서비스 제공에 관한 사고(思考)에 큰 변화를 예고하고 정부 차원에서 사례관리를 채택하는 계기가 되었음.

㉰ 1990년 국민보건서비스와 지역사회보호법(National Health Service and Community Care Act)을 제정하는 밑거름이 되었음[35].

⑥ 현재 영국에서 사례관리는 지역사회보호 정책의 수행에서 중심적인 위치를 차지하고 있으며 지역사회보호를 적절히 실천하는 결정적 수단임(Payne, 1995: 51; 이채식 외, 2020: 42).

---

35) 국민보건서비스와 지역사회보호법(National Health Service and Community Care Act)은 지역사회보호에서 경제적 서비스의 제공뿐만 아니라, 기관 상호간의 협력을 통해 서비스의 단편화를 극복하여 효율적 서비스 제공을 촉진하기 위한 시도이며, 결국 보호시장의 도입 및 지방자치제의 서비스 구매자로서의 역할 변화와 사례관리의 도입을 주요 내용으로 하고 있음(Bauld, 2000: 7).

4) 한국 사례관리의 발달과정[36][37]

① 1990년대 초에 사회복지학 및 간호학 분야에서 관심(이근홍, 2020: 36)

㉮ 이 시기는 사회복지가 재가・지역사회복지로의 전환을 준비하던 시기로서, 1993년에는 노인복지법이 개정되면서 재가복지가 사회복지의 한 분야로 자리잡았음(이채식 외, 2020: 37).

㉯ 본격적으로 재가복지서비스가 제공되면서, 사례관리가 이 분야의 중요한 실천방법임을 인식하기 시작하였음(이채식 외, 2020: 37).

② 1995년 정신보건법(제13조 제1항)에서 사례관리를 지역사회정신보건 사업의 필수사업으로 지정하였고, 사회복지관의 경우 소년소녀가장세대를 지원하는 경우와 장애인과 노인을 대상으로 하는 재가복지서비스 분야에서 사례관리 적용을 위한 노력이 활발하게 이루어졌음(정순돌, 2008: 이채식 외, 2020: 37 재인용).

③ 1990년대 중반부터 2000년대에 들어와 몇몇 문헌들이 출간되고 많은 논문이 출간되어 사례관리에 관한 학문연구가 활발히 전개되고 있음[38][39].

---

36) 한국의 사례관리는 1990년대 민간부문에서 시작되어 2000년대 중반 이후 공공부문으로 확대되는 과정으로 진행되어 왔음. 1990년대 학계를 중심으로 간호학, 사회복지학 분야에서 소개되기 시작하여 1995년 정신보건법에서는 사례관리가 정신질환자를 대상으로 하는 지역사회 정신보건사업의 필수 사업 중 하나로 지정되기에 이름(이채식 외, 2020: 15). 최근 사회복지관의 주요 기능 또한 기존의 6대 기능에서 3대 기능 - 사례관리 기능, 서비스 제공기능, 지역조직화 기능 - 으로 변경되었고, 사례관리 기능에는 사례발굴, 사례개입, 서비스 연계가 핵심 사업분야로 자리매김하였음(이채식 외, 2020: 15). 공공부문에서의 사례관리는 2006년 서비스 행정체계가 주민생활지원서비스 전달체계로 개편되면서 등장함으로써 과거 공공부문에서의 복지행정이 대상자의 자산조사와 급여지급 등의 업무를 중심으로 이루어졌으나 전달체계의 개편으로 상담, 서비스 연계 등의 사례관리 기능이 중요한 역할로서 자리매김하였음(이채식 외, 2020: 15). 2012년부터는 복합적 욕구를 가진 대상자에게 통합사례관리를 제공하는 전담조직으로서 '희망복지지원단'을 설치하였고(민소영, 2015: 213-239), 공공부문에서는 빈곤여성 가구주 대상의 사례관리(2006), 취약계층의 임산부 및 0~12세 아동을 대상으로 하는 드림스타트사업(2007), 치매노인 사례관리(2010) 등 대상에 따른 사례관리시스템이 점차적으로 확충되어 오고 있음(우국희, 2016: 38~43; 주경희 외, 2017: 25~26; 김성경, 2019: 49~53). 한국 사례관리의 발달과정, 즉 사례관리 개념의 등장, 사례관리의 태동, 공공과 민간 영역에서의 사례관리 전개 등에 대한 구체적인 내용은 최소연(2022: 24-29)을 참고하기 바람.

37) 우리나라 사례관리의 발달과정에 대한 자세한 내용은 이근홍(2020: 36-37)을 참고하기 바람. 특히, 한국사례관리학회(2015: 56-58)과 박미은(2021: 43-49)에서 자세히 소개되어 있으니 참고하기 바람.

38) 한국의 공공부문 사례관리에 대한 구체적인 내용은 엄명용 외(2020: 285~292)를 참고하기 바람. 특히, 엄명용(2020: 288~289)은 공공사례관리체계와 그 활동에 대한 내용을 표로 요약, 제시하고 있음.

39) 현재, 우리나라는 사회복지제도와 정책 분야에서 사례관리에 대한 인식이 높아지고 있음에도 불구하고, 자원 개발, 기관 및 자원 연계 등에 대한 전문적이고 실천적인 모델이 거의 없는 실정이고, 지역사회자원이 부족하고 사례관리자의 활동을 보장하는 기관의 환경도 부적절한 상황이며, 영국의 경우 사례관리자가 대상자의 욕구에 따라 유연하게 보건・복지서비스를 제공할 수 있는 환경등르 마련하기 위해 많은 노력을 기울여 왔던 반면, 우리나라의 경우 의료인력은 민간시장 영역에서, 사회서비스는 공적・비영리영역에서 주로 맡고 있는 상황에서 포괄적이고 통합적인 서비스 제공이 단순히 사례관리자라는 인력을 통해서 실현되기에는 어려움이 있을 수 밖에 없는 실정임(석재은, 2000).

제4장 사례관리의 구성요소[40]

1. 사례관리대상자(=클라이언트)[41][42][43][44][45]

① 복합적인 욕구와 문제를 지니고 있으면서 이를 스스로 충족시키거나 해결하지 못하는 원조를 필요로 하는 대상자

② 이들은 대개 지역사회내에서 그들이 필요로 하는 사회자원체계의 존재를 알지 못하거나, 사회자원체계와의 연결에 어려움을 갖고 있거나, 또는 사회자원체계의 이용방법을 알지 못하는 사람들

③ 사례관리 대상자는 생계, 주거, 의료, 교육, 고용 등 복합적인 욕구를 가지고 있어 사례관리가 필요하다고 판단되는 개인 혹은 가족 → 지역사회에서 신체적·정신적·경제적·사회적 문제를 복합적으로 가진 아동, 청소년, 장년, 장애인, 노인, 가족 등의 클라이언트[46]

---

40) 사례관리 구성요소의 전반적인 내용에 대해서는 이근홍(1996: 34-35), 장인협·우국희(1997: 63), 정순돌(2005a; 주경희 외, 2017: 27~29 재인용), 서울복지재단(2006: 11), 양정남 외(2009: 33), 정순돌(2010: 2010: 22), 김봉순 외(2011: 228~232), 권진숙 외(2012: 17), 한국사례관리학회(2015: 117-143), 김성경(2019: 22~33), 엄명용(2020: 272~275), 이채식 외(2020: 44-49, 85-97), 이근홍(2020: 39-56), 최은정 외(2020: 94-115), 박정란(2021: 25-29), 박미은(2021: 74-95), 최영대(2021: 41-47), 최소연(2022: 35-58) 등을 참고하여 요약·제시하였음.

41) 클라이언트(client)는 복지서비스에서 일반적으로 사용되고 있는 보편적 용어이고, 환자(patient)는 의학적 용어이며, 소비자(consumer)와 고객(customer)은 관리적인 기원과 다시 방문한다는 함축적 의미를 가지고 있는 새로운 일반 명칭인데, 최근 사회복지서비스 대상자를 일컫고 있는 클라이언트나 소비자와 고객이라는 용어는 기존 대상자들을 더 이상 의존적인 존재로만 파악하지 않으려는 의미를 내포하고 있음(이채식 외, 2020: 44).

42) 사례관리를 필요로 하는 클라이언트라 하면, 대부분 복합적인 욕구를 가지고 있고, 하나 이상의 사회자원을 필요로 하지만 자원의 소재와 이용방법에 대해 잘 모르는 사람을 말함. 다음과 같은 사람은 이러한 특징을 가진 사람이라고 할 수 있는데, 예를 들면 복합적인 신체적, 정신적 장애를 가진 클라이언트나, 서비스가 충분히 제공되고 있지 않거나, 복합적인 서비스를 필요로 하는 클라이언트, 행정서비스 이외에 비공식적인 지원을 필요로 하는 클라이언트, 가족원의 도움이 충분히 제공되고 있지 못한 클라이언트, 받고 있는 서비스가 부적절한 클라이언트, 시설입소가 검토되고 있는 클라이언트 등을 말함.

43) 김성경(2019: 23)은 사례관리의 대상자를 ①일반 사례관리 대상자, ②집중 사례관리 대상자, ③위기(긴급) 사례관리 대상자 등으로 분류하고 있는데, 일반 사례관리 대상자는 문제와 욕구의 심각성이 상대적으로 낮아 단순한 서비스 연계를 통해 지원이 가능한 대상자와 가족이고, 집중 사례관리 대상자는 복합적 문제를 가지고 있으며 문제와 욕구의 심각성이 높아 사례관리자의 집중적인 개입이 요구되며, 다양한 자원과 서비스를 지속적으로 필요로 하는 자립능력이 현저히 떨어지는 대상자와 가족이며, 위기(긴급) 사례관리 대상자는 복합적인 문제와 욕구가 심각하고 긴급하여 일상생활 수행의 어려움이 있고, 다양한 자원의 긴급한 개입이 요구되는 대상자와 가족임.

44) 클라이언트는 대부분 복합적인 욕구를 가지고 있어, 하나 이상의 사회자원을 필요로 하지만 자원의 소재와 이용방법에 대해 잘 모르는 사람을 말한다. 현재 사회복지관을 중심으로 지역의 저소득층 가족, 아동, 청소년, 노인 등 신체적·정신적·경제적·사회적 문제 등 복합적 문제를 가진 다양한 클라이언트들이 대상이 됨(김만두, 1993; 서울복지재단, 2006: 11 재인용).

45) 사례관리 대상자와 관련한 구체적 내용에 대해서는 우국희(2016: 77~97), 이채식 외(2020: 44-45)를 참고하기 바람.

46) 노인 등 사례관리의 주요 대상에 대한 구체적 설명에 대해서는 우국희(2016: 79~97), 이근홍(2020:

〈표 4-1〉 사례관리대상자의 구분 예시

구분				설명
		위험도	사례구분	
행정구역에 거주하는 지역주민 전체	위기가정(빈곤, 조손, 한가정, 학대 등)	위기 개입	긴급 개입 대상	복합적인 문제를 가지고 있으며, 문제와 욕구가 심각하고 긴급한 개입을 요구하는 서비스 이용자와 그 가족
		고위험	집중 개입 대상	복합적인 문제를 가지고 있으며, 문제와 욕구의 심각성이 높은 서비스 이용자와 그 가족
		저위험	일반 개입 대상	복합적인 문제를 가지고 있으나, 문제와 욕구의 심각성은 상대적으로 낮은 서비스 이용자와 그 가족
	잠재적 사례관리 대상			사례관리 서비스를 받지 않고 있는 지역 주민

※ 출처 : 권진숙・박지영(2009)의 내용을 재인용한 이채식 외(2020: 98)을 인용함.

2. 사례관리자(혹은 케이스 매니저)[47)48)49)50)]

① 사례관리에 관한 전문적인 지식과 기술을 소유하고 클라이언트와 사회자원체계와의 연계, 통합, 조정, 관계유지 등을 제공하여 클라이언트의 복합적인 욕구를 충족시켜 사회적 기능 회복과 삶의 질을 향상시킬수 있도록 하는 전문가로서, 보편적으로 사례관리를 실천하는 기관이나 단체에 종사하면서 사례관리의 기능을 수행함(이채식 외, 2020: 45).

② 클라이언트를 위한 아웃리치(out-reach)와 확인, 욕구 사정, 서비스 혹은 치료 계획, 클라이언

40-47)을 참고하기 바람.

47) 사례관리자는 사례관리의 가장 중요한 구성요소로서 앞에서 말한 두 가지의 구성요소를 효과적이고 체계적인 방법으로 연계하는 역할을 수행함. 여러 가지 서비스 공급 주체에 의한 사회자원을 클라이언트가 활용하여 욕구를 충족해 나갈 수 있도록 촉진하고, 조정하고, 연결시켜 나감으로써 클라이언트 자신의 능력을 향상시키고, 서비스 공급주체들의 능력 또한 발전시키는 것이 사례관리자의 역할임.

48) 미국사회복지사협회(NASW)에서은 사례관리자를 "직접적 실천 및 간접적 실천을 통해 복합적인 욕구를 가진 클라이언트에게 질 높은 서비스를 제공하고 연계함으로써 클라이언트의 기능과 복지를 최대화하는 전문사회복지사" 로 규정하고 있음. 즉 사례관리자는 클라이언트와 그의 가족의 욕구를 사정하고, 그 욕구를 해결하기 위해 서비스를 계획하고, 실행하며, 조정하고, 점검하며, 평가하고, 클라이언트를 옹호하는 다양한 서비스의 패키지를 제공하는 전문가라고 할 수 있음. 우리나라에는 아직 정의 없으며, 사회복지사의 기능 중 하나로 보고 있음(김성경, 2019: 23~24).

49) 사례관리자는 사례관리의 가장 중요한 구성요소로서 클라이언트와 사회자원이라는 두 가지의 구성요소를 효과적이고 체계적인 방법으로 연계하는 역할을 수행함. 여러 가지 서비스 공급주체에 의한 사회자원을 클라이언트가 활용하여 욕구를 충족해 갈 수 있도록 촉진, 조정, 연결시켜 나감으로써 클라이언트 자신의 능력을 향상시키고 서비스 공급주체들의 능력 또한 발전시키는 것이 사례관리자의 역할임(김만두, 1993; 서울복지재단, 2006: 11 재인용).

50) 사례관리자와 관련한 구체적 내용에 대해서는 우국희(2016: 106~116), 이채식 외(2020: 45), 이근홍(2020: 47-49)를 참고하기 바람. 특히, 본 서의 본문에 제시되어 있지 않은 사례관리자의 전문적 정체성 논의와 자격에 대한 내용은 최은정 외(2020: 53-59)에 자세히 설명되어 있으니 참고하기 바람.

트와 적절한 자원과의 연계 혹은 의뢰(referral), 서비스가 제대로 전달되고 사용되었는지를 확인하기 위한 모니터링을 효과적으로 수행함(이채식 외, 2020: 45).

② 능력부여자, 중개자, 촉진자, 옹호자, 동원자, 조정자, 지도감독자, 행동변화자 및 평가자 등 역할 수행

[사례관리 구성요소로서의 사례관리기관] (이채식 외, 2020: 48-49; 이근홍, 2020: 49-50)
- 사례관리기관은 체계 및 조직의 수준에서 서비스 조정과 연계를 책임지는 역할을 담당함.
- 탈시설화 이후, 지역사회 기반 서비스 전달에 다양한 기관들이 참여함에 따라 이들 서비스 공급기관들을 조정·관리할 핵심 기관이 필요성이 증대되고 있는데, 서비스의 통합과 조정을 효과적으로 달성하기 위해 한 지역사회 내에 사례관리기관이 하나의 기관으로 존재하는 것이 일반적임.
- 영국의 경우, 잉글랜드 남동부의 은퇴노인 거주 지역에서 1970년대부터 시작되었던 '켄트 케어매니지먼트 프로젝트(Kent Care Management Project)'가 노인을 위한 사회적 서비스 전달체계의 개선을 통한 비용의 효율성과 원활한 사회적 보호의 제고를 위한 목적으로 실시되었는데, 이 때의 사례관리는 단일기관인 '지방정부 사회서비스국' 중심으로, 잘 훈련된 소속 사회복지사 2명이 사례관리자의 역할을 책임지고 담당하였음(행정보조요원과 한 팀 구성).
- 우리나라의 경우, 사례관리기관으로 단독 지칭되는 기관은 없으나, 최근 들어 시·군·구를 비롯한 대부분의 사회복지시설·기관·단체 등에서 사례관리를 다양한 형태로 실시하고 있음. 그러나 사례관리기관은 기존의 조직내에 편입되어 있는 경우가 대부분으로서, 자원 동원이나 연계, 옹호가 적극적으로 이루어지지 못할 가능성이 높기 때문에 독립된 부서로서의 체계를 갖추는 것이 필요함.

3. 사회자원체계(사회적 관계망 포함)[51][52][53]

① 클라이언트의 욕구와 문제를 해결하기 위해 동원할 필요가 있는 자원

② 가족, 친척, 이웃, 친구, 동료, 자원봉사자, 지역의 단체, 조직, 법인, 행정기관, 개업의를 포함한 영리기관, 본인자신 등

51) 클라이언트의 욕구를 충족시키는 사회자원은 인적·물적 서비스를 제공하고 지원하는 다양한 자원의 공급주체를 말함. 이러한 사회자원은 공급주체가 누구인가에 따라 분류가 가능함. 이들 중에는 가족구성원, 친척, 친구, 동료·이웃, 자원봉사자 등과 같은 비공식자원과 행정이나 법인 등의 공식자원이 있음. 이러한 여러 가지 공급주체에 따른 사회자원을 대상자가 활용하고, 각 사회자원이 가지고 있는 장점을 살려서 욕구를 충족시키는 것이 사례관리의 특징이라 할 수 있음.

52) 클라이언트의 욕구를 충족시키는 사회자원은 인적·물적 서비스를 제공하고 지원하는 다양한 차원의 공급주체를 의미함. 가족, 친척, 동료, 이웃, 자원봉사자 등의 비공식적인 부분과 행정가, 행정기관, 공공복지시설, 법인 등 공식적인 부분이 있음. 클라이언트 문제를 해결하기 위해서는 비공식적 체계와 공식적 체계를 조정하고 통합하여 필요한 서비스를 제공하기 위해 사회적 자원을 동원하는 것임(김만두, 1993; 서울복지재단, 2006: 11 재인용).

53) 사회자원체계와 관련한 구체적 내용에 대해서는 우국희(2016: 98~106), 이채식 외(2020: 45-48), 이근홍(2020: 50-53), 박정란(2021: 56-61)를 참고하기 바람.

③ 유형(우국희, 2016: 100~105; 김성경, 2019: 25; 이채식 외 2020: 45-48)

㉮ 개인내적 자원 : 클라이언트의 강점 및 능력

㉯ 사회자원

㉠ 비공식적 자원 : 가족, 친척, 동료, 이웃 등이 제공하는 인적·물적 서비스

㉡ 공식적 자원 : 공공기관, 행정기관, 복지관, 법인 등이 제공하는 인적·물적 서비스

4. 사례관리의 과정(이근홍, 2008: 208; 최덕경 외, 2012; 김성경, 2019: 27; 엄명용, 2020: 275~285; 이근홍, 2020: 53-55; 최소연, 2022: 55-58)[54]

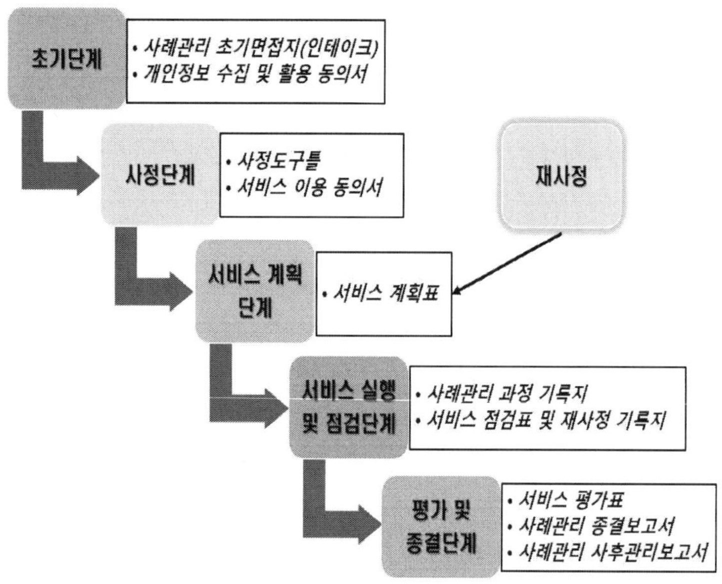

[그림 4-1] 사회복지 사례관리의 과정 및 양식(김성경, 2019: 27 재인용)

5. 사례관리의 운영체계[55][56]

54) 사례관리의 과정에 대한 학자별 분류는 한국사례관리학회(2012a: 122~123)을 참고하기 바람. 그리고, 사례관리의 실천과정에 대해서는 많은 학자들에 의해 다양하게 논의되어 왔는데, 대표적인 학자들은 Weil & Karls(1985: 29), Moxley(1989: 20-22), Rothman(1991: 522-525), White & Goldis(1992: 170-173), Gursansky, Harvey, & Kennedy(2003: 62-78), Frankel & Gelman(2004: 20-30) 등이 있고, 이러한 학자들의 견해를 중심으로 사례관리의 과정을 요약하면, ①사례발견, 사전적격심사 및 계약을 하는 접수, ②클라이언트의 욕구, 문제, 능력 및 사회자원에 관한 자료를 수집·분석·종합하는 사정, ③결과목표를 설정하고 세부목표의 우선순위를 결정하며, 서비스 계획을 수립하는 기획, ④클라이언트와 서비스를 연결하고 서비스를 이행하며 서비스를 조정하는 실행, ⑤서비스의 전달을 점검하고 재사정하는 점검 및 재사정, ⑥결과 평가, 종결 및 사후관리를 실시하는 평가 및 종결 등으로 나눌 수 있음(이근홍, 2020: 54).

55) 사례관리 운영체계는 이용 대상자의 발굴과 의뢰 또는 연계를 활발하도록 하고, 이용 대상자를 원조하

① 사례관리실천과정이 잘 실행될 수 있도록 지원하는 지원체계[57]

② 유형

㉮ 내부 운영체계(기관 내부조직)

㉠ 사례관리자(이채식 외, 2020: 86-87)

- 서비스 이용자와 가족을 대상으로 초기 정보 수집 및 사정, 개입 계획의 수립과 조정 및 점검, 평가, 종결 등 사례관리의 전 과정을 총괄하는 실천 전문가
- 서비스 이용자와 사회 자원을 효과적이고 체계적인 방법으로 연계하는 역할 수행
- 서비스 공급 주체에 의한 사회자원을 서비스 이용자가 활용하여 욕구를 충족해 갈 수 있도록 촉진, 조정, 연결시켜 나감으로써 서비스 이용자의 능력을 향상시키고 서비스 공급 주체들의 능력 또한 발전시키는 역할 수행

㉡ 사례관리팀(이채식 외, 2020: 87-88)

- 서비스 이용자의 문제와 욕구가 매우 복합적이고 다양한 전문성을 요구하기 때문에, 전문가로 구성된 팀의 활동은 매우 중요함.
- 사례관리 대상자에게 제공되는 맞춤형 통합 서비스를 설계, 실행, 점검 및 평가하는 임상적 역할 수행, 복지관 내부적으로 사례관리가 효과적으로 운영될 수 있도록 하기 위해 사례관리 내부 운영체계의 구축을 위한 기관 정책 건의, 사례관리 연관 부서와의 협력, 기관 내부의 자원 조직화, 수퍼비전[58] 체계의 구축, 사례회의 등 주도
- 사례관리팀장, 사례관리자, 준사례관리자, 시간제 사례관리자 등으로 구성이 바람직하나,

는데 있어 서비스 제공자 간 협력을 강화하도록 하며, 지역사회자원을 원활하게 동원할 수 있도록 하기 위해서 효율적으로 구축해야 함(이채식 외, 2020: 85). 이러한 측면에서, 사례관리기관 내부 자원 뿐만 아니라 외부 자원과 연계된 사례관리 운영체계는 서비스 전달체계로서의 기능을 수행할 수 있게 됨(이채식 외, 2020: 85).

56) 사례관리의 운영체계에 대한 구체적인 내용은 우국희(2016: 116~120), 김성경(2019: 28~33) 등을 참고하기 바람. 특히, 최근 이채식 외(2020: 85-107)에서는 사례관리의 운영체계에 대해서 지면을 많이 할애하여 상세히 기술하고 있기 때문에, 이에 대해서 상세한 공부가 필요한 경우에는 참고하기 바람. 또한, 최소연(2022: 44-49)은 공공 및 민간 영역의 사례관리 운영체계를 예시를 통해 구체적으로 설명하고 있으니 참고하기 바람.

57) 사례관리가 원활하게 이루어지기 위해서는, 사례관리팀을 포함한 기관의 내부 운영체계의 정비와 더불어 이용 대상자의 삶과 밀접한 관련이 있는 지역사회 서비스 제공자와 자원망을 조직화할 필요가 있고, 더 나아가 사례관리 수퍼비전을 제공할 수 있는 자문체계와 사례관리 실천을 조정할 수 있는 컨트롤센터를 운영하는 것이 필요함(이채식 외, 2020: 85).

58) 사례관리활동에 있어서 요구되는 수퍼비전에 대해서는 최은정 외(2020: 116-119)를 참고하기 바람.

필요한 경우, 기관 내부의 다른 전문가가 사례관리팀에 포함될 수도 있음.

㉢ 전문 수퍼바이저(이채식 외, 2020: 91-92)

- 사례관리 실천에서 사례에 대한 임상적인 자문과 컨설팅, 행정적 판단 및 지도, 사례관리에 필요한 교육 및 훈련, 지역사회자원의 활용과 관련한 수퍼비전, 사례관리자의 소진 예방 및 극복을 위한 지원 등의 역할 수행
- 이론적·실천적 전문성을 가진 대학교수나 현장 전문가로 기관장이 1년 단위로 위촉하고 기관의 사례회의에 월 1회 이상 참석하여 정기 자문을 제공하는 것이 바람직하며, 경우에 따라서는 인접한 기관들을 하나로 묶은 네트워크 조직의 전문 수퍼바이저를 임명할 수 있음.

㉯ 외부 운영체계(기관 외부조직)

㉠ 통합 사례관리팀(또는 통합사례관리협의회)(이채식, 2020: 89-91)[59]

- 구성
  - 공공과 민간의 다양한 주체가 참여하는 것이 바람직하며, 다학제적 전문가가 참여할 수 있도록 개방성을 높여야 함.
  - 사례관리조직 내부의 사례관리팀, 공공과 민간의 지역사회 서비스 제공 기관, 서비스 이용자의 삶에 영향을 미치는 전문가 또는 관련 인물 등이 포함됨.
  - 예시) 주민자치센터, 정신보건센터, 보건소, 지역아동센터, 아동보호전문기관, 노인보호전문기관, 병원 의료사회복지사, 종교단체 등의 조직에 근무하는 전문가
- 참여 기관
  - 통합 사례관리팀에 참여하는 기관은 상호 협약을 체결함으로써, 기관 간의 상호협력을 강화하고 협력이 지속될 수 있도록 노력해야 함.
  - 협약의 내용은 협약의 목적, 상호간의 의무와 역할 및 권리 등을 명시하고, 기관 간의 협약이 실제적으로 운영될 수 있도록 사례관리 업무를 담당하는 실무자를 지정하고 네트워크 업무를 공식적으로 인정할 필요가 있음.

---

59) 복합적인 욕구를 가지고 있으며, 다양한 서비스가 필요한 사례관리 서비스 이용자는 지역사회 내 다양한 서비스 조직과 연관되어 있는 경우가 대부분인데, 예를 들면 사회복지관의 재가 대상 노인의 경우, 대부분 주민자치센터로부터 공공 서비스를 받고 있는 동시에 보건소로부터도 방문간호 서비스를 받고 있을 가능성이 높기 때문에, 개별 기관의 사례일 뿐만 아니라 관여되어 있는 기관들이 협력해야 하는 공동의 사례이기도 함(이채식 외, 2020: 88-89). 따라서, 이러한 서비스 이용자를 효과적으로 원조하기 위해서는 지역사회 내의 기관들이 협력적으로 활동하는 통합 사례관리체계의 구축 및 활용이 필요함.

- 운영과 기능(아래 <표 4-2> 참고)

<표 4-2> 통합 사례관리팀의 구성과 기능 예시

구성	기능
•종합사회복지관 사례관리팀	•사례에 대한 정보 공유
•종합사회복지관 내부 지원체계	•임상적·행정적 협의 및 의결
•지역사회 서비스 제공기관의 실무자	•자원의 공유
•전문 수퍼바이저	•사례 개입을 위한 역할 분담
•사례관리 서비스 이용자의 욕구와 선호 충족에 도움이 되는 조직이나 인력 등	•전문적 실천을 위한 자문 •주 사례관리기관 조정 등

※ 출처 : 권진숙·박지영(2009)의 내용을 재인용한 이채식 외(2020: 91)을 인용함.

ⓛ 통합 사례관리 지원단(이채식, 2020: 94-96)

- 통합 사례관리 지원단 설치 방식
  - 공공부문의 독립된 센터 방식
    - ➡ 시·군·구 사례관리 업무 담당부서인 '주민생활지원과' 담당하지만, 수행 인력으로 민간 전문가를 채용하여 사례관리의 전문성을 유지하고 있음.
    - ➡ 지역사회 차원에서 각종 복지업무가 사회복지과와 밀접한 관련이 있으므로, 각 시·군·구의 사회복지과는 사례관리 지원 업무에 적극적으로 협력함.
    - ➡ 대표적인 예 : 경기도의 무한돌봄센터
  - 공공 또는 사례관리 사업 주체의 위임을 받은 민간 사례관리 지원단
    - ➡ 사례관리의 전문성을 지닌 단체 또는 전문가로 구성된 사례관리 지원단을 구성하고, 행정적·교육적·기술적 자문과 지원의 역할을 수행함.
    - ➡ 대표적인 예 : 인천광역시 종합사회복지관의 특화사업의 일환인 "인천광역시 사회복지관협회와 사례관리연구회의 사례관리 지원사업", 우리아이 희망네트워크, 위스타트(We-Start) 등
- 광역시 단위와 군·구 또는 권역 단위에 설치되어 통합 사례관리팀을 조정하는 기능[60]을 수행하며, 개별 기관이 사례관리 실천을 하는 데 필요한 행정적·재정적 지원을 담당함.
- 사례관리 수행 인력에 대한 교육·훈련, 자문과 컨설팅, 사례관리 사업에 대한 평가와 연구 조사 등 다양한 지원 기능을 담당

60) 사례관리가 필요한 서비스 이용자와 접촉했을 경우, 그 서비스 이용자의 주거 지역과 호소 문제 및 욕구의 특성을 고려하여 적절한 사례관리 체계로 이 사례를 의뢰(referral)하는 조정 기능을 의미함.

㉢ 지역사회 자원망(이채식 외, 2020: 96-97)

- 사례관리의 핵심은 서비스 이용자의 문제와 욕구 해결에 필요한 공적·사적 자원망을 연계하고 조정하는 활동
- 사례관리기관은 내부 자원에 대한 조직화는 물론 지역사회, 나아가 국가 단위에서 활용할 수 있는 공적·사적인 자원망을 조직화해야 하며, 지역사회자원을 조직화할 때는 업무의 효율성을 위하여 기존에 조직화되어 있는 자원망을 최대한 활용해야 함.

제5장 사례관리의 이론적 배경 및 모형

1. 사례관리의 이론적 배경(우국희, 2016: 123~147; 주경희 외, 2017: 33~40; 김성경, 2019: 55~60; 이근홍, 2020: 21-25; 최영대, 2021: 23-33; 최소연, 2022: 61-69)

1) 생태체계이론[61]

① 의의 : 인간이 환경과 끊임없이 상호작용하는지에 대해 포괄적인 시각을 제시하며, 사회복지 실천에서 인간에 대한 통합적인 개념 정의나 이론적 근거를 뒷받침해주는 사회복지 실천분야에서 가장 영향력이 있는 관점

② 유형

㉮ 일반체계이론(Compton & Galaway, 1984: 145-146; 이근홍, 2019: 301, 2020: 22-23) : 전체와 전체를 이루는 부분들 간의 관계의 중요성을 강조하는 체계이론을 기반으로 하여, 개인, 가족, 사회 등 사회의 모든 구성물들이 하나의 체계이며 각 체계를 기준으로 체계 내부와 체계 외부, 즉, 체계와 환경과의 상호작용에 그 초점을 둠.

㉯ 생태이론(Gitterman & Germain, 1976: 601-602; 이근홍, 2019: 294, 2020: 21-22) : 개인과 개인을 둘러싸고 있는 환경이 서로 밀접한 관계에 기반하여 유기적인 상호작용을 지속한다는 기본전제하에 클라이언트와 그의 환경을 이해

③ 사회복지사례관리자가 생태체계이론을 적용한 주요한 실천 원칙

㉮ 실천과정은 사례관리자-클라이언트의 신뢰성과 관계에 기초

㉯ 사례관리자는 위기에 처한 클라이언트와 일할 때 환경 속의 개인이라는 이중적 초점 활용

㉰ 개인과 환경 사이의 적합성을 증진시킬 수 있는 개입방법 모색

④ 사례관리 실천에의 영향 : 클라이언트의 문제를 사정하고 문제해결을 위해 개입하는 데 있어서, 개인의 심리체계, 개인의 경제·사회체계, 가족 및 기본 체계인 '미시적 범주', 지역사회 자원개발, 자원연계, 서비스체계 통합인 '중범위 범주', 지역 및 사회 재구조화, 지역정책 변화/옹호인 '거시적 범주' 를 모두 고려하여 그들 범주간의 상호작용을 활성화 영향

61) 생태체계이론(관점)에 대한 구체적인 내용은 한국사례관리학회(2015: 25-26), 우국희(2016: 123~129), 이근홍(2020: 21-23), 최은정 외(2020: 63-65), 박미은(2021: 50-53), 최영대(2021: 24-27), 최소연(2022: 61-63)을 참고하기 바람.

2) 강점관점(이윤로, 2007: 209; 한인영 외 공역, 2006: 30; 한국사례관리학회, 2015: 26-28; 최소연, 2022: 66-69; 이근홍, 2020: 23; 최은정 외, 2020: 65-67; 박미은, 2021: 53-56; 최영대, 2021: 27-28)

① 의의 : 강점 지향의 실천은 사회복지사로서 클라이언트의 강점과 목표를 성취하기 위해 필요한 자원들을 탐색하고, 발견하며, 개발해 가는 것을 돕고, 클라이언트가 꿈을 실현해 나갈 수 있도록 원조하며, 클라이언트들이 가지고 있는 두려움 또는 사회적으로 억압받는다는 느낌을 떨쳐낼 수 있도록 도와주는 방법

② 인간행동과 인간경험에 대한 강점이론의 세 가지 가정

㉮ 사람들은 어떤 어려움에 처하더라도, 그리고 본인들이 가지고 있는 자원들이 무엇이든지 개인들은 자신들의 삶을 아주 잘 관리해 왔다는 것

㉯ 삶의 어려움에도 불구하고, 사람들은 생존해 왔으며, 그들은 자신들의 삶의 여정(journey)으로부터 무언가를 배워 오고 있다는 것

㉰ 변화는 도움을 주는 사람이 개인의 열망, 인식, 강점을 알고, 클라이언트 안에 이런 것들이 있다고 믿을 때에만 가능하다는 것

③ 사회복지사례관리자가 강점 관점을 적용한 주요한 실천 원칙

㉮ 클라이언트의 자기결정권, 그리고 병리보다는 강점을 강조

㉯ 클라이언트의 동기는 강점을 인식할 때 강화

㉰ 사례관리자는 문제에 초점을 두기보다 문제를 이겨나갈 수 있는 힘과 역량에 초점을 두고 사정

㉱ 사례관리자는 클라이언트와 목표를 함께 설정하고, 클라이언트의 목표를 이루는데 도움이 되는 자원을 효율적으로 활용하도록 돕는 협력자

〈표 5-1〉 병리 관점과 강점 관점의 비교[62]

	병리 관점	강점 관점
개인	사례(진단에 따른 증상의 소유자)	독특한 존재(강점, 재능, 자원의 소유자)
초점	문제	가능성
클라이언트의 진술	전문가가 회의(懷疑)적으로 재해석	클라이언트를 있는 그대로 인정(수용)

62) 병리 관점과 강점 관점에 대한 구체적 설명은 이경아・하경희(2018: 12-18)를 참고하기 바람.

	병리 관점	강점 관점
성장기의 상처	성인기 병리의 예측 인자	약하거나 강하게 할 수 있는 인자
치료의 핵심 및 자원	전문가의 치료 계획, 지식과 기술	개인, 가족, 지역사회의 참요와 그들의 장점, 능력, 적응 기술 활용
클라이언트의 삶의 전문가	사회복지사 등 전문직(계층적 관계)	협력적 관계
개인의 발전	병리에 의해 제한적	개방적
원조의 목적	부정적 결과 및 증상의 영향 감소	삶을 함께 하며 가치를 확고히 함

※ 출처 : Saleebey(1996: 296-305), 양옥경・최명민(2005: 115) 등의 내용을 정리함.

③ 사례관리 실천에의 영향

㉮ 클라이언트의 개별화 촉진

㉯ 사례관리자가 조언가가 아닌 파트너로서의 관계를 촉진

㉰ 클라이언트의 역량강화 뿐만 아니라 사례관리자와 지역사회 모두의 역량 강화를 가능

④ 강점관점에 대한 몇 가지 우려들

㉮ 강점관점은 긍정적인 사고를 조장하는 것에 불과하며, 개인이 처한 비극을 재구조화하며 지나치게 순진무구하고 낙천적이라는 것

㉯ 개인들이 가지고 있는 문제가 아주 심각하고 지역사회 자원이 결여되어 있는데도 불구하고 이를 무시한다는 것

3) 임파워먼트관점[63](장인협・우국희, 2007: 107-108; 한인영 외 공역, 2006: 539; 엄명용 외, 2011: 525; 한국사례관리학회, 2015: 29-30; 이근홍, 2020: 23-24; 박미은, 2021: 57-59; 최영대, 2021: 28-30)

① 의의 : 클라이언트에게 자신감, 가치감을 제공하고 환경에 대한 대처능력과 통제력 등을 스스로 갖출 수 있도록 인식을 심어줌으로써, 클라이언트로 하여금 자신의 삶에 대한 결정과 행동에 있어서 힘(power)을 가질 수 있도록 원조

② 임파워먼트 실천의 영역

㉮ 개인적 차원(personal level) : 자신의 강점, 통제력 등에 주관적 감정에 대한 임파워먼트

63) 임파워먼트관점에 대한 구체적인 내용은 우국희(2016: 129~141)을 참고하기 바람.

㈏ 대인관계의 차원(interpersonal level) : 클라이언트가 타인에게 영향을 미치는 능력을 의미하는데, 이와 같은 능력은 성별, 교육수준 등 사회적 지위 또는 새로운 기술 및 지위의 습득을 통해 결정

㈐ 사회구조적 차원(social-political level) : 사회구조와 클라이언트 개인의 관계를 의미, 사회구조적 변화는 개인의 자원동원능력을 향상시킴으로써 자신의 역량을 강화하고 변화를 촉진할 수 있기 때문에, 사회복지사는 구조적 변화를 통하여 클라이언트의 역량이 강화될 수 있도록 지원

③ 사회복지사례관리자가 임파워먼트 모델을 적용한 주요한 실천 원칙

㈎ 클라이언트가 자신감, 가치감을 심어줌으로써 자신의 힘을 느끼게 함.

㈏ 클라이언트의 개인내적 역량, 대인관계역량을 강화시키는데 초점

㈐ 클라이언트가 정의한 문제를 수용

㈑ 사회문제 이슈에 대해서 클라이언트의 의식을 고양

㈒ 사례관리자는 클라이언트와 협력 · 신뢰 · 힘에 대한 인식을 공유

㈓ 클라이언트를 위해 자원을 동원하거나 그의 권리를 옹호

4) 네트워크이론(한국사례관리학회, 2015: 32-35; 이근홍, 2020: 24-25; 최은정 외, 2020: 68-70; 박미은, 2021: 69-72; 최영대, 2021: 30-33; 최소연, 2022: 63-65)

- 자원, 기술, 사회관계, 지식, 신뢰 등을 서로 공유할 수 있는 사람들 또는 단체의 공식적 혹은 비공식적 관계의 망으로 유대 또는 연대
- 제한된 자원으로 클라이언트의 문제와 다양한 욕구를 해결하고자 하는 사례관리에서 네트워크는 매우 중요한 요인이 됨.

① 사회교환이론(한국사례관리학회, 2015: 33-34)

㈎ 의의 : 인간의 행동에는 항상 비용과 편익이 따르고, 행위자는 행동에 의해 생기는 비용과 편익 그리고 자신의 사회적 자산, 기술, 지위, 조직 등에 바탕을 두고 행동한다는 점에 입각한 이론

㈏ 초점

㉠ 인간은 생애과정을 통하여 물질적 · 비물질적 자원을 서로 주고받는 거래를 통해 상호간관계를 맺거나 지속한다고 봄.

㉡ 사회적 교환 : 교환당사자사이의 신뢰를 토대로 하여 상호간에 보상의 의무가 생기는 관계

㉢ 교환 자원 : 물질적 자원뿐만 아니라 심리사회적 보상 등 비물질적 자원까지를 모두 포함.

㉰ 사례관리 실천에의 영향 및 한계

㉠ 영향 : 서비스의 중복 누락 및 분절화를 방지, 자원의 효과적 활용 측면에서 사회복지조직들간의 네트워크 구성 목적을 설명하는데 매우 유용한 이론적 토대를 제공

㉡ 한계 : 조직간 이루어지는 상호작용을 보상과 대가라는 경제적 개념으로 파악

② 자원의존이론(주경희 외, 2017: 39-40; 최영대, 2021: 32-33)

㉮ 의의 : 조직이 처한 환경과 권력조직간 협력의 이유를 설명하고, 네트워크 활동이 왜 일어나는지, 어떤 조직들이 네트워킹을 활발하게 하는지를 설명하는데 유용한 이론

㉯ 한계

㉠ 조직간 관계를 자원의 소유에 따른 의존관계로만 분석

㉡ 네트워크에서 이루어지는 관계에서 발생하는 다양한 요소들까지 파악할 수 없음.

㉢ 사회복지분야의 사회적 관계와 네트워크간의 연계를 설명하는데 있어 한계

③ 사회자본이론(한국사례관리학회, 2015: 34; 박미은, 2021: 66-68; 최영대, 2021: 31-32)

㉮ 의의

㉠ 지속적인 네트워크 혹은 상호대면이나 인정이 제도화된 관계, 즉 특정한 집단의 구성원이 됨으로써 획득되는 실제적인 혹은 잠재적인 자원의 총합

㉡ 사회자본이론에서 조직간 네트워크는 참여자들의 신뢰에 기초하여 자발적인 연대를 구성함으로써 형성되는 것으로 간주

㉯ 사례관리 실천에의 영향 : 네트워크는 사회자본 구성의 한 요소이며 사회자본이론에서 조직간 네트워크는 사회를 구성하고 있는 다양한 요소들간의 신뢰와 협동을 토대로 형성되며 이는 지역사회의 역량을 강화시키고 지역사회 발전을 돕는 토대가 될 수 있음.

㉰ 한계

㉠ 사회자본에 대한 개념과 측정이 어려움.

㉡ 사회자본의 영향력과 기대효과가 명확하지 않음.

5) 사회지지망이론(Barker, 1995: 355; Moxley, 1989: 44; 조휘일 외, 2008: 301-302; 이팔환 외 공영, 1999: 287-288; 이근홍, 2020: 24-25)[64]

① 의의 : 가족이나 이웃, 친지, 민간 자원단체 등의 비전문적 서비스가 중요한 사회자원이 됨을 인식하여 그들이 갖고 있는 숨겨진 능력들을 개발하여 지원해나가는 사회적 관계를 강조하

64) 사회지지망이론에 대한 구체적인 내용은 우국희(2016: 141~147)을 참고하기 바람.

는 이론

② 사례관리 실천에의 기여

㉮ 사회환경의 지지는 클라이언트의 스트레스를 완충하는 작용

㉯ 비공식적 자원의 개입은 공식적 서비스를 보완, 궁극적으로는 사회적 비용을 절감 가능함.

㉰ 일반적으로 전문가의 도움보다는 비공식적인 가족, 친구, 이웃의 도움을 보다 선호하고, 또 이러한 원조가 사회복지 대상자에게 보다 긍정적인 효과를 갖는다는 연구결과 제기됨.

㉱ 사례관리에서 공식적 지지 뿐 아니라 비공식적 지지도 중요

③ 사회복지사례관리자가 사회지지망 이론을 적용한 주요한 실천 원칙

㉮ 클라이언트의 사회적 관계망에 대한 정보를 체계적으로 수집

㉯ 클라이언트를 도와줄 수 있는 공식적 · 비공식적 지지자를 확인할 뿐 아니라 그들을 지지하고 교육

㉰ 클라이언트가 자조집단 또는 조직화된 집단 등 다양한 집단에 참여하도록 지지 및 격려

6) 해결중심 모델(이경아 • 하경희, 2018: 24)

① 의의

㉮ 클라이언트가 가지고 있는 강점과 능력에 초점을 두고 당면한 문제를 해결해가기 위한 해결책을 구축한 모델

㉯ 면접은 실천가들이 클라이언트들이 이미 가지고 있는 자원들에 초점을 맞추고 클라이언트에 대한 넓고 다양한 관점을 유지하면서 클라이언트의 참여를 장려하고 그들의 역량을 강화하는데 구체적 방법 제공

② 사회복지사례관리자가 해결중심 모델을 적용한 주요한 실천 원칙

㉮ 과거보다 현재 중심으로 클라이언트가 현재 원하는 것에 주목함.

㉯ 사례관리자는 클라이언트의 협력자로서 활동한다. 즉 클라이언트가 원하는 삶의 모습을 탐색하기 위해 그들과 파트너쉽을 형성함.

㉰ 클라이언트는 지속적으로 배우고 성장하며 변화하는 존재라고 인식

㉱ 클라이언트의 욕구에 초점을 두며, 서비스 과정은 단기적

㉲ 클라이언트의 모든 면을 고려하기 보다는 해결이 필요한 주요 문제에 초점을 맞추는 개입과정을 중시

2. 사례관리의 모형[65)66)]

사례관리를 실천하기 위한 모형들이 학자에 의해서 제시되지만 경험적 지지를 받는 사례관리의 방법은 그리 많지 않으며, 사례관리는 직접적 개입에 의한 문제해결도 있지만 기본적으로 클라이언트에게 필요한 서비스를 제공하기 위해 클라이언트는 물론 가족, 지역사회 등 공적영역에서의 자원까지 동원을 연계하기 때문에 클라이언트가 살고 있는 지역의 자원보유정도와 연계가능성에 따라 다양한 실천모형을 활용할 수 있음(서울복지재단, 2006: 22).

1) 사례관리의 서비스 수준에 따른 모형(황성철, 1995: 285~289)

① 단순형

---

65) 외국 학자들의 사례관리 실천모형을 살펴보면, Rose(1980: 339)와 이봉주 외(2008: 215)는 사례관리과정을 분석하여 서비스가 제공되는 정도에 따라 ①최소모형, ②조정모형, ③포괄모형으로 나누고 있고, Moore(1992: 418-423)는 지역사회의 자원보유정도와 서비스통합 정도에 따라 사례관리자의 역할이 규정됨을 전제로 ①배분모형, ②마케팅모형, ③개발모형, ④중개모형을 제시하고 있으며(이정규, 1998: 8-9)가 구체적으로 설명하고 있음. 특히, 이근홍(2008: 261-265)은 사례관리자의 역할을 기준으로 ①중개모형, ②개발모형, ③판매모형 등으로 구분함.), Weil & Karls(1985: 44-56)는 누가 사례관리자의 역할을 맡느냐에 따라 ①일반적 모형, ②일차적 치료자 모형, ③학제적팀 모형, ④가족모형, ⑤지지적보호모형, ⑥자원봉사자 모형, ⑦종합서비스센터 모형으로 분류하고 있고, Quinn(1993: 137-139)은 서비스 제공기관의 형태별로 ①독자기관모형, ②직접 서비스기관 내의 특수단위 모형, ③특수 단위시설 또는 복합기능 기관모형, ④조합모형, ⑤보험사례관리 모형으로 구분함. 또한, Woodside & McClam(2006: 60-70)은 사례관리기관이나 사례관리자가 처해 있는 여건과 상황에 따라 사례관리의 구조와 기능이 달라질 수 밖에 없다는 점에 착안하여, ①역할 기반 사례관리 모형, ②조직 기반 사례관리 모형, ③책임 기반 사례관리 모형으로 분류, 제시하고 있음(이 부분은 한국사례관리학회(2012b: 103-104)을 참고하기 바람). 한편, Cline(1990: 14-18)은 서비스 제공기간에 따라서 ①의료보호모형, ②재해보호모형, ③장기보호모형 등으로 구분하고 있고, Loomis(1992: 161-162)는 사례관리의 목적에 따라서 ①사회적 모형, ②일차적 보호모형, ③의료사회적 모형 등으로 구분하고 있으며, 이근홍(2008: 261-265)은 사례관리자의 역할에 따라서 ①중개모형, ②개발모형, ③판매모형 등으로 제시하고 있고, 마지막으로 Rose & Moore(1995: 337-338)는 사례관리의 중심초점에 따라서 ①클라이언트 중심모형, ②제공자중심모형으로 구분하고 있음. 여기서는 부가적으로 이근홍(1996: 134-150, 2015: 89, 2020: 55, 83-88)과 이채식 외(2020: 81-82)의 견해를 소개함(Weil & Karls(1985: 44-56)과 같이 사례관리자가 누구인가에 따라 분류).
①가족보호모형(family care model) : 재가노인에게 적절하며 노인에게 1차적으로 가족이 보호를 제공하는 것을 토대로 하며, 가족이 적절한 서비스를 제공하지 못할 때 보충적으로 사례관리자가 직접적 또는 간접적으로 서비스를 제공함.
②지역사회지원 모형(community support model) : 노인에게 보호를 제공할 가족이 없는 독거노인 또는 노인부부 가족 내에서 한쪽 배우자가 다른 배우자를 부양할 신체적, 정신적 능력이 부족한 노인을 대상으로 친구, 친척, 이웃, 지역사회주민, 자원봉사자, 자조집단, 지역사회내의 공식지원망 등을 통하여 그들에게 서비스를 제공하는 것임.
③포괄모형(comprehensive model) : 한 사람의 전문가가 책임을 지고 욕구와 문제를 해결해 줄 수 있는 사람과 노인을 연계시켜주며, 계속적으로 다양하고 포괄적이며 적절한 서비스를 제공받을 수 있도록 하는 것임.

66) 사례관리의 모형에 대해서는 본 서의 본문에 제시되어 있는 내용과 아울러, 한국사례관리학회(2015: 91-108), 최은정 외(2020: 70-87), 최영대(2021: 33-41) 등을 참고하기 바람.

㉮ 사례관리의 근본적 목적을 클라이언트와 지역사회의 자원 및 서비스와 연계시키는데 초점
㉯ 사례관지라는 주로 중재자의 역할을 수행하며, 최소한 클라이언트의 욕구의 인식 및 사정, 사례계획 및 서비스 연계 그리고 전달한 서비스의 효과성을 점검 등 기능 수행
㉰ 보편적으로 100 case 미만을 담당
㉱ 가장 기초적인 업무는 준전문가나 비전문가에 의해서도 수행될 수 있으며 전문가 집단과 팀을 형성하여 여타 전문가와 공동으로 사례관리를 하는 것도 효과적일 수 있음.
㉲ 사례관리자는 독자적인 판단능력과 소양이 부족하므로 전문가의 엄격한 슈퍼비전이 반드시 필요

② 기본형
㉮ 클라이언트와 서비스 연계를 도모할 뿐만 아니라 클라이언트의 동기 부여 및 자조 능력의 배양을 포함한 상담서비스를 제공
㉯ 사례관리의 핵심적인 기능을 포함하므로 적극적 클라이언트 발굴, 개별사회사업에 필요한 사정 및 사례 계획, 서비스 제공, 서비스 점검의 기능과 클라이언트의 기술습득을 위한 정보 제공 및 교육의 기능 수행
㉰ 일반적으로 30 case 정도를 맡는 것이 적당

③ 종합형
㉮ 클라이언트와 서비스의 연계를 도모하기도 하지만, 클라이언트의 문제 상황과 행동을 치료하는 데 강조점을 둠.
㉯ 서비스는 전문가에 의해 수행되는 것이 보편적이고 바람직하며, 기존의 전통적인 서비스 전달체계와는 별도의 독립된 부서를 공식화하여 사업을 전개하는 것이 전문가의 책임과 권위가 인정되고 개별적 접근을 가능하게 함.
㉰ 10-20 case 내외의 담당사례를 한정하는 것이 바람직

④ 전문관리형
㉮ 사례관리자는 관리자로서의 과업과 책무를 수행
㉯ 대부분의 사례관리자는 서비스 계획, 조정 그리고 점검의 기능을 수행하지만, 의사결정, 자원배분, 또는 통솔의 기능은 어느 정도 관리자적인 책임과 전문적인 권위 및 능력이 수반될 때 수행될 수 있음.
㉰ 전문적인 영역에서 보다 잘 적용

<표 5-2> 사례관리의 서비스 수준에 따른 사례관리 모형

구 분	단순형	기본형	종합형	전문관리형
목적	•간접서비스	•간접서비스 •기초상담, 조언	•간접서비스 •심층상담 · 치료	•직접 · 간접서비스 제공 •관리자 역할
기능	•욕구인식 · 사정, •사례계획과 서비스 연계 · 점검	•사례발굴, 사정, 사례계획 및 서비스 연계, 상담, 서비스 점검	•Rothman의 15가지 기능 수행	•기본적인 사례관리 기능과 자원배분, 통솔, 의사결정 기능 포함
사례관리자 역할	•자원과 서비스 중개자	•중개자, 상담자, 교육자, 지지자, 서비스점검자	•자원 · 서비스중개자, 상담가, 치료자,교육자, 옹호자	•연계자, 상담자, 치료자, 교육자, 관리자
사례관리자의 교육 및 전문성	•준전문가 · 비전문가 •훈련된 자원봉사자	•준전문가, 전문가	•전문가	•특수 분야별 전문가
사례관리자의 위치와 수퍼비전	•기존 조직과 업무수행부서에서 수행 •전문가에 의한 엄격한 수퍼비전	•기존의 조직 내에서 수행, •전문 수퍼비전이 필요	•독립된 사례관리부서, •최소한의 수퍼비전	•독립된 팀 형성 •수퍼비전이 필요 없음
사례량	•비교적 많음 (100사례 정도)	•적절한 사례 (30사례 내외)	•비교적 적은 사례 (10~20사례)	•최소한의 사례 (10사례 미만)
개별/팀접근	•팀 접근 가능 •주로 개별적 접근	•개별적 접근	•개별적 접근	•팀 접근
업무 자율성 및 권위정도	•자율적 결정권 없음 •전문가와 협의 요망	•어느 정도 자율성이 보장	•자율적인 의사결정이 보장	•자율성 보장 •공동결정 요망

※ 출처 : 황성철(1995: 289) 내용 정리

2) 강점관리 모형(우국희, 2016: 51~53)

① 의의 : 강점관점 이론을 토대로 개인의 삶에 영향을 미치는 요인들과 개인이 어떻게 변화될 수 있는가에 초점을 맞추는 실천방법

② 6가지의 원칙

㉮ 병리적인 것 〈 개인의 강점

㉯ 지역사회 = 자원의 오아시스
㉰ 개입은 사례관리자와 클라이언트의 관계에 기초
㉱ 사례관리자와 클라이언트의 관계는 일차적이며 본질적인 부분
㉲ 공격적인 아웃리치가 선호되는 개입방식
㉳ 사람들은 배우고 성장하고 변화할 수 있다는 믿음

③ 초점
㉮ 클라이언트와 관계를 맺고 발전시켜 나가는 것
㉯ 강점의 진단
㉰ 개인적 계획
㉱ 자원의 획득
㉲ 지속적인 협력과 점차적인 종결

3) 사례관리의 목적이나 방법에 따른 모형(Rubin(1987)의 모형, 김혜영 외(2014: 294~295))(정신보건체계에서 활용)

① 확장-중개자 모델(expanded-broker model) : 사례관리자는 클라이언트의 욕구를 사정하여 기존의 서비스와 연결시켜 주지만, 일반적으로 직접적인 개입서비스는 제공하지 않는 단순한 형태

② 개인적 강점 모델(personal-strengths model)
㉮ 클라이언트의 능력 파악
㉯ 합의된 목적들을 달성할 수 있도록 클라이언트의 장점을 최대한 발휘할 수 있는 환경 조성
㉰ 사례관리자는 직업교육, 사회적 지지, 의료보호, 주거시설 등의 지역사회 내 자원들을 클라이언트가 획득하도록 원조

③ 재활모델(rehabilitation model)
㉮ 사례관리자는 클라이언트의 부족한 점을 파악, 그 약점들을 극복할 수 있는 여러 가지 기술을 가르침.
㉯ personal-strengths model처럼 사회복지체계의 목적이나 요구에 중점을 두는 것이 아니라, 이용자인 클라이언트의 목적과 요구에 초점을 둠.

④ 안전지지 모델(full-support model)

㉮ 가장 광범위하게 연구되고 있는 모델

㉯ 사례관리자는 직접적인 서비스도 제공하고, 클라이언트에게 필요한 다른 서비스들을 연계시켜 주는 중계자 역할도 함. 즉, 직접적 서비스 이외에도 다양한 지지적 역할(금전관리, 주거)을 수행

⑤ 팀접근 모델(team model)

㉮ 지역사회 안에서 생활하고 있는 클라이언트에게 사례관리를 실행할 때는 개별적 사례관리(individual case management)를 제공하는 것보다 팀을 구성하여 사례관리를 실행하는 것이 많은 이점들이 있다는 전제

㉯ 팀 구조(team structure)의 이점(Test, 1979)

㉠ 클라이언트 대해 계속적인 관리(care)와 서비스 조정(coordination) 가능

㉡ 클라이언트를 관리하는데 필요한 사례관리자의 창조력(creativity)과 힘(energy)을 재생산, 어려운 문제들을 파악하여 처리하는 기술(skill)의 계획과 실행을 용이하게 해줌.

㉢ 개별사례관리자(individual case manager)가 겪을 수 있는 탈진(burnout)과 격리(isolation)를 예방

4) 사례관리자에 따른 모형(김기태 외, 2001: 404~409 재인용)

① 일반모델(generalist model)

㉮ 한 사례관리자가 모든 사례관리 기능에 책임을 지고 필요한 직접 조정, 옹호서비스를 제공

㉯ 클라이언트를 위해 유용한 지지서비스의 폭넓은 연속체라는 면에서 특히 효과적

㉰ 장점

㉠ 각각의 클라이언트들은 서비스의 계획과 문제에 대해 한 사람의 사례관리자와 일함.

㉡ 사례관리자는 다양한 기능을 수행

㉢ 사례관리자의 자율성이 격려됨.

② 인접전문가 팀접근 모델(interdisciplinary team approach model)

㉮ 전문영역에서 서비스 전달의 책임을 갖는 구성원들이 모인 전문가들의 팀에 기반을 둠.

㉯ 각 사례관리자들은 사례관리과정의 특별한 요소에 책임을 지고 최상의 서비스를 제공

㉰ 다른 전문가들을 위한 지도와 탈진(burn-out)을 예방하는 지지체계를 강화함으로써 클라이언트의 관리에 계속성을 제공할 수 있지만, 팀의 구성원들이 상호협력과 클라이언트의 복지

에 충분히 집중하지 않으면 책임이 모호해지고 책임을 회피할 수도 있는 한계

③ 가족모델(family model)

㉮ 가족이 전문가들보다 특정 클라이언트에 대한 사례관리 서비스를 보다 잘 제공할 수 있다는 개념에서 출발

㉯ 예) 주간(낮) 병원의 치료자들은 가족에게 정규적인 교육프로그램을 통해 환자를 관리하는 기술과 지식을 제공한 뒤에 사례관리자의 역할을 위임할 수 있는데, 환자를 위한 관리의 역할을 결국은 가족이 맡게 되므로, 가족을 관리의 책임자로 활용하여 시설로부터 독립시킬 수 있다는 것임.

④ 지지적 관리모델(supportive care model)

㉮ 지역사회 구성원 중 전문성에 관계없이 사례관리의 지지적인 관리책임자를 선택하는 것

㉯ 이들은 특별한 훈련을 통해 클라이언트와 1대 1로 관계를 맺는 방법을 배우고 유급으로 일하며 매달 훈련과정과 사례분석을 통해 지도를 받게 됨.

⑤ 자원봉사자 모델(volunteer model)

㉮ 지역사회 안에서 자원봉사자나 관련 대학원생들을 활용하여 전문적인 지도 아래 클라이언트와 1 대 1로 사례관리의 책임을 부여

㉯ 학생 사례관리자의 이용은 기관으로서는 비용 효율적이고 학생들은 이러한 프로그램을 통해 교육을 받고 경험을 쌓게 되며 직접 클라이언트를 접하는 과정에서 인간서비스의 기본 가치를 인식하게 됨.

㉰ 지역사회의 자원봉사를 관리하는 사례관리자들은 지역 안에서 자원을 동원하고 조정하는데 효과적이며, 충분한 지도와 훈련을 통해 자신의 역할에 대한 책임감을 갖을 수 있음.

5) 서비스 전달방법에 따른 모형(이윤로 · 성규탁, 1993: 111-132)

① 중계모델(broker care management system)

㉮ 사례관리자는 클라이언트를 위해 필요한 여러 가지 서비스를 통합하고 조정하는 역할을 하지만, 서비스를 직접 제공하지는 않고 필요한 서비스를 중계만 해줌

㉯ 여러 차례에 걸쳐 클라이언트의 상황을 평가하는데 이 모든 평가가 클라이언트 또는 보호자와의 계약에 의해서 진행됨.

② 판매모델(vender care management system)
 ㉮ 사례관리기관 또는 사례관리자가 클라이언트에게 직접 서비스를 제공
 ㉯ 판매계약을 하고 자체 기관의 서비스를 클라이언트에게 제공하거나 자체자금으로 다른 기관의 서비스를 구입하여 제공함.

③ 통합된 중계판매모델(integrated broker-vender model)
 ㉮ 사례관리기관은 제한된 서비스만 제공하고, 나머지는 외부기관과 협력해서 조정하며 주로 위기개입에 중점을 둠.
 ㉯ 예) 병원을 기반으로 하는 사례관리 : 미국에서는 병원들이 사례관리체계를 개발해 왔는데, 병원에서는 환자에게 급성치료만을 제공하고 퇴원시킨 뒤 가정과 지역사회에서 사례관리를 계속 받게 함.

④ 자원개발모형(resource development model) : 사례관리자는 서비스 전달을 위해 필요한 자원을 파악하고, 그 자원을 확보하는데 있어 도움이 될 요소와 장애가 될 요소를 가려내어 재원확보를 위한 계획을 수립하여야 함.

⑤ 조직의 변화 모형(organization change model) : 자원개발모형과 중첩되는데, 사례관리자는 장기보호서비스가 현재 가능하지는 않지만, 현존하는 기관이 제공하고 있는 서비스들을 약간 변화시키거나 보충하여 장기적 서비스로 전환할 수 있다고 가정함.

6) 사례관리 서비스 제공기관에 따른 모형(한국사례관리학회, 2012a: 54-55)
 ① 독자 기관 모형 : 사례관리 서비스만을 유일하게 제공하는 것으로, 보호계획 과정에서 객관성을 유지할 수 있음
 ② 직접서비스 기관 내의 특수단위 모형 : 사례관리 서비스로 가족상담, 가족건강 보조, 안내와 의뢰서비스 등과 같은 직접서비스만 제공함.
 ③ 특수 단위 시설 모형 또는 복합 기능 기관 모형 : 사례관리 서비스가 병원, 요양원, 다목적 노인센터 등과 같은 복합적인 기능 시설에서 실시됨. 시설내의 다른 서비스에 대해 주체성이 문제가 됨.
 ④ 조합모형 : 사례관리 서비스가 다양한 기관들이 분배된 관리방식으로 협동하여 제공되는 것으로, 제공자 네트워크를 통하여 클라이언트에게 원조가 제공됨.

7) 서울복지재단(2009)의 단계적 사례관리 모형[67][68](이채식 외, 2020: 72-78)

〈표 5-3〉 단계적 사례관리 모형의 특징

	단순형	일반형	집중형 or 전문관리형
기본 목적	C't요구를 고려한 기관 내·외 자원/서비스 연계, 선택 상담	C't요구를 고려한 기관 내·외 자원/서비스 연계, 직접ⓢ 제공	협력체계를 통한 지역 자원/서비스 연계, 전문 직접ⓢ 제공
주 대상	복합적 문제와 만성적 욕구가 있으나, 그 심각성 수준이 낮은 경우(낮은 위험성)	복합적 문제와 만성적 욕구가 있으나, 그 심각성 수준이 보통인 경우(중간 정도의 위험성)	복합적 문제와 만성적 욕구가 있으나, 그 심각성 수준이 높은 경우(높은 위험성과 위기 상황)
기능	욕구/자원 사정, 계획과 ⓢ 연계, ⓢ점검, 기초적 상담	적극적 사례 발굴, 사정, 계획 및 ⓢ연계, ⓢ점검, 다양한 상담 제공	기본적 사례관리 기능을 보다 전문적, 집중적으로 실천
사례관리자의 주 역할	중개자	중개자와 직접적ⓢ 제공자	중개자와 직접적ⓢ 제공자, 전문가
사례관리자의 개입 및 전문성 정도	기본적 수준	일반적 수준	전문적 수준
관련 운영체계	기관 내 팀 사례회의	기관 내 팀 사례회의 or 확대사례회의	기관 내 팀 사례회의, 지역 내 통합사례회의 or 통합network
적정 사례 규모	100 case	20~40 case	10~20 case
수퍼비전 및 수퍼바이저의 조건	수퍼비전 필수, 경력 3년 이상의 팀장이나 수퍼바이저	수퍼비전 필수, 경력 3~5년의 팀장이나 수퍼바이저	수퍼비전 필수, 경력 5년 이상의 수퍼바이저

※ 출처 : 이채식 외(2020: 76-77) 재인용.

67) 단계적 사례관리 모형은 사례관리를 익히고자 하는 학생들과 실천가들에게 실질적인 도움과 지침을 제공하기 위해 제안된 것이며, 이를 위해 기존의 복잡한 사례관리 모형을 단순화하여 현재 현장에서 수행하는 다양한 사례관리 업무를 폭넓게 포함하면서도 동시에 점진적으로는 사례관리자의 개입 정도와 전문성의 수준을 높이고 클라이언트에게 제공되는 서비스의 질을 향상시키는 방향에서 크게 단순형, 일반형, 집중형 또는 전문관리형의 세 차원으로 분류하고 있음(이채식 외, 2020: 72)

68) 이 모형은 앞에서 살펴본 황성철(2005)의 모형과 서울복지재단(2009)에서 연구한 “사회복지관 프로그램 매뉴얼(지역사회보호): 사례관리 실천 매뉴얼”의 모형을 참조한 것으로, 현 시점에서 가장 보편적으로 활용할 수 있는 모형이므로, 본 서의 사례관리과정에 이를 적용함.

제6장 사례관리의 표준 원칙과 개입 및 실무원칙[69)]

1. 사례관리의 표준원칙(NASW, 2013; 김성경, 2019: 33~36 재인용)[70)]

① 사회복지사례관리의 윤리 및 가치

② 사회복지사례관리자의 자격

③ 사회복지사례관리자의 지식

④ 사회복지사례관리자의 문화역량 및 언어역량

⑤ 사회복지사례관리자의 사정

⑥ 사회복지사례관리자의 서비스 계획 및 실행, 모니터링

⑦ 사회복지사례관리자의 옹호와 리더십

⑧ 사회복지사례관리자의 다학제간 협력 및 조직간 협력

⑨ 사회복지사례관리자의 평가 및 개선

⑩ 사회복지사례관리자의 기록 유지

⑪ 사회복지사례관리자의 합리적인 사례수 유지

⑫ 사회복지사례관리자의 전문성 개발 및 역량

2. 사례관리의 개입원칙(Kirst-Ashman & Hull, 1999: 578; 한국전문대학사회복지교육협의회, 2005: 324~326; 김봉순 외, 2011: 232~234; 주경희 외, 2017: 55~57; 최영대, 2021: 14-15)[71)]

① 서비스의 개별화 : 클라이언트의 독특한 신체적, 정서적, 사회적 상황에 따라 각 클라이언트의 욕구에 맞게 서비스가 주어져야 한다는 것

② 서비스 제공의 포괄성

---

69) 사례관리가 거의 무제한적으로 적용이 가능하지만 여기에는 몇 가지 원칙이 있는데, 이에 대해서 Cross et al.(1989)의 견해를 소개하면(양정남 외, 2009: 22-24), ①클라이언트에게 사례관리자라는 유일한 접촉 창구 제공, ②클라이언트의 욕구에 의해, 클라이언트가 주도, ③클라이언트에 대한 옹호 포함, ④지역사회 기반, ⑤실용주의적, ⑥예측 가능 필요, ⑦유연성, ⑧문화적 민감성 등이 있음. 이에 대한 구체적 내용은 양정남 외(2009: 22-24)를 참고하기 바람.

70) 미국의 사회복지사협회(National Association of Social Workers: NASW, 1992)에서는 사회복지 분야에서 사례관리에 대한 표준 기준 10가지를 설정하여 제시하고 있는데, 이에 대해서는 정순둘(2005b: 33-34)을 참고하기 바람.

71) 우국희(2016: 19~20)는 호주 정부(Department for Communities and Social Inclusion, 2013)의 사례관리의 주요 원칙으로 ①클라이언트 중심적 원칙, ②주도성의 원칙(사전예방적 행동 중시), ③강점 기반 원칙(Miley et al., 1995: 385), ④논리적 합리성 원칙(구조화된 단계별 접근), ⑤파트너십 원칙, ⑥체계성의 원칙(체계 연계, 개발), ⑦결과지향적 원칙(목적 달성 초점), ⑧문화적 민감성의 원칙, ⑨총체성의 원칙(클라이언트의 복합적 욕구에 대응), ⑩역동성의 원칙(목표와 결과의 수정 허용) 등을 제시하고 있음.

㉮ 클라이언트의 다양한 욕구를 충족시키기 위해서 지역사회에서 기능하는데 필요한 광범위한 지지를 연결하고 조정, 점검하는 것이 필요

㉯ 필요한 도움의 유형과 범위는 매우 다양하기 때문에 사례관리자는 지역사회에 존재하는 잠재적 지역사회자원에 대한 철저한 지식을 가지고 이를 활용할 수 있어야 함.

③ 클라이언트의 자율성 극대화 : 클라이언트의 선택 자유를 최대화하고 지나친 보호를 하지 않는 것을 의미, 이는 클라이언트의 자기결정권을 최대한 보장하고자 하는 것

④ 보호의 지속성 : 사례관리자가 클라이언트의 욕구를 점검하여 서비스를 지속적으로 제공하는 것을 의미, 즉, 1회의 단편적인 서비스 제공이 아니라 클라이언트가 자신이 생활현장에서 잘 적용할 수 있도록 지속적으로 원조해야 한다는 것

⑤ 서비스의 연계성 : 복잡하고 분리되어 있는 서비스 전달체계를 연결시킨다는 것을 의미,

ex) 클라이언트에게 필요한 서비스가 여러 기관에 분산되어 있을 때, 적절한 서비스나 기관으로 클라이언트를 의뢰하여 서비스를 수혜받도록 함으로써 서비스가 분산되지 않도록 하고자 하는 것, 사례관리자는 다른 서비스 전달체계 간 중개자 혹은 권익옹호자의 역할을 하게 됨.

⑥ 서비스의 접근성

㉮ 복잡한 프로그램이나 자격조건 등이 다르거나 까다로워서 서비스 접근에 어려움이 있는 경우 사례관리자는 서비스 제공자와 접촉하여 중개역할을 하여 좀 더 쉽게 자원에 접근할 수 있도록 함.

㉯ 클라이언트가 서비스를 이용하는데 있어 장애가 되는 심리적 조건이나 물리적 요소 혹은 사회문화적 · 경제적 요소들이 존재하는지 살피며, 이를 최소화하여 서비스에 대한 접근성을 높이는 의미

⑦ 서비스의 체계성

㉮ 서비스 간 중복을 줄이고 서비스의 비용을 효율적으로 관리하기 위해 서비스와 자원들 간에 초점을 둠.

㉯ 사례관리자는 서비스를 제공하는 공식적 지원체계 간의 조정 뿐만 아니라 가족이나 친구, 혹은 친지 같은 비공식적 지원체계를 통합하고 기능적으로 연결하여 다양하고 체계적인 지지망을 구축한다는 의미

3. 사례관리의 실무원칙[72)73)]

1) 서비스의 개별화(Biestek, 1957: 25, 27-28; 이근홍, 2008: 275, 2020: 107)

① 개별화 : 각각의 클라이언트의 독특한 성질을 인정하고 이해하며, 그가 보다 나은 적응을 하도록 원리와 방법을 각기 다르게 적용하여 원조하는 것

② 서비스의 개별화 실무

㉮ 클라이언트의 복합적이고 장기적인 욕구와 문제를 확인

㉯ 신체적 정신적 사회적 경제적 능력을 정확히 파악

㉰ 사회적 기능을 향상시킬 수 있는 사회자원에 대한 정보와 활용

2) 잠재능력의 극대화(이근홍, 2008: 275, 2020: 108) : 사례관리자는 클라이언트의 약점, 단점, 결점, 문제점, 한정된 기능, 과거의 병력(病歷), 장애 등에 초점을 두기보다는 그들의 강점, 장점, 잠재능력, 건전한 기능, 활용 가능한 자원, 성장과 발전의 가능성, 문제해결 능력 등과 같은 긍정적이며 발전적인 요소에 전반적인 초점

3) 클라이언트의 자기결정(Biestek, 1957: 105-106; Compton & Galaway, 1984: 75; Rapp & Wintersteen, 1989: 26; 이근홍 2008: 277, 2020: 109-111)

① 자신의 삶과 관련된 의사결정을 하는 데 있어서 클라이언트의 권위를 최대화시키고, 가능한 한 그들이 선택권을 행사할 수 있도록 보장하며, 협력하여 접근해 나가는 것

② 클라이언트의 자기결정은 최대한 존중되어야 하지만, 클라이언트의 자기결정이 법적 기준에 합당하지 못하거나 자기 자신이나 다른 사람에게 바람직한 결과를 초래하지 않을 경우 제한될 수 있음(이근홍, 2020: 110-111).

③ 클라이언트의 자기결정 전제조건

㉮ 클라이언트의 자기결정을 위해서는 여러 가지 대안이 제시

㉯ 클라이언트의 기회를 극대화하는 것

---

72) 사례관리의 철학은 사회적 기능상의 심각한 문제로 인하여 자신의 욕구 충족과 문제 해결을 하지 못하는 클라이언트가 인간으로서의 존엄성과 가치를 지니고 정상적인 생활환경 속에서 사회구성원들과 상호작용하고 포괄적인 서비스를 제공받으며 편견이나 차별 대우를 받지 않고 인간적인 삶을 영위할 수 있도록 하는 것과 관련되어 있기 때문에, 사례관리의 근간을 이루는 철학은 인권 존중, 정상화, 통합화 및 평등의식이라 할 수 있음(이근홍, 2008: 28-31). 인권 존중에 대해서는 이근홍(2020: 103-104)을, 정상화는 Ramon(ed.)(1991: 6), Nirje(1969: 255), Wolfensberger(ed.)(1972: 27), Wolfensberger(1983: 234) 등을, 통합화는 Brandon(1991: 49), Moxley(1989: 12) 등을, 마지막으로 평등의식에 대해서는 이근홍(2020: 105-106)을 참고하기 바람. 본 서에서는 이러한 철학을 바탕으로 사례관리의 실무원칙을 제시함.

73) 사례관리의 실무원칙에 대해서는 이근홍(2020: 106~114)을 참고하여 요약, 정리하였음.

㉰ 사례관리자는 자신의 견해와 제안을 제공할 의무

㉱ 다른 사람의 복지를 침해한다면, 클라이언트의 가치를 수정하기 위한 노력이 반드시 자기결정의 개념과 모순되는 것만은 아님.

㉲ 클라이언트의 자기결정과 사례관리자의 자기결정은 구별되어야 함.

4) 서비스의 포괄성 및 연속성(Barker, 1995: 79; Test, 1979: 15-23; 이근홍, 2008: 281-282, 2020: 111-112)

① 서비스의 포괄성 : 클라이언트에게 제공되는 서비스가 그들의 욕구를 충족시키고 문제를 해결하며 사회적 기능을 향상시킬 수 있도록 광범위하면서도 체계적으로 제공되는 것

② 서비스의 연속성 : 서비스 제공자나 제공기관이 클라이언트의 욕구를 충족시키고 문제를 해결하기 위해 서비스의 간격을 최소화하면서 다양한 서비스를 지속적으로 제공하려는 노력

5) 사회자원의 개발 동원 확보(Weil & karls, 1985: 2; 이근홍, 2008: 282, 2020: 112-113)

① 사례관리자는 클라이언트가 필요로 하는 사회자원을 개발 · 동원 · 확보

② 클라이언트가 욕구충족, 문제해결 및 사회적 기능향상에 기여할 수 있는 사회자원에 접근할 수 있도록 촉진하고 보장

③ 클라이언트의 이러한 노력을 적극적으로 지지하고 협력

6) 클라이언트의 권리와 비밀보장(Biestek, 1957: 121; Onyett, 1992: 100-102; 이근홍, 2008: 283, 2020: 113-114)

① 클라이언트의 권리 : 사례관리자는 클라이언트의 삶의 주요한 부분까지 관여하고 영향을 미치기 때문에, 그의 권위를 남용하여 클라이언트의 기본적인 권리인 존엄성과 자율성을 침해할 수 있으므로 클라이언트의 기본적인 권리를 계속적으로 인식하고 보장할 필요가 있음.

② 클라이언트의 비밀보장 : 클라이언트의 기본적 권리에 기초한 것으로 전문적 관계에서 클라이언트에 관한 비밀정보를 누설하지 않는 것

제7장 사례관리의 기능[74][75] 및 역할

1. 사례관리의 일반적 기능[76][77](엄명용 외, 2000; 이채식 외, 2020: 50-52 재인용; 김봉순 외, 2011: 222~225; 한국사례관리학회, 2015: 61-62; 이근홍, 2020: 58-63; 최은정 외, 2020: 40-44; 박정란, 2021: 19-21; 박미은, 2021: 96-107)

① 클라이언트와 필요한 서비스의 연결 : 클라이언트의 욕구를 충족시키기 위해서 필요하고 유용한 서비스와 권리를 클라이언트에게 위임하고 양도하는 것[78]

② 비공식 지원체계와 클라이언트간의 상호작용 촉진 : 비공식적 지원체계를 통하여 클라이언트는 경제적, 사회적 안정, 신체적, 정신적인 건강, 정서적 지지, 안내, 지역사회 생활의 향상을 도모할 수 있음[79].

74) 사례관리의 기능은 ①사례관리자의 역할에 따른 분류(Moore, 1990: 446), ②사례관리자의 기본적인 역할을 중심으로 한 분류(Intagliata, 1992: 30-33), ③특수한 인구집단의 프로그램에 따른 분류(Roberts-DeGennaro, 1987: 466-467), ④기타 분류(Rose & Moore, 1995: 335-340; Hepworth & Larsen, 1993: 492) 등이 있는데, 본 서에서는 본문과 같이 8가지고 제시하고자 함.

75) 사례관리의 기능은 사례관리 표적인구집단의 유형, 사례관리자를 고용하는 기관의 유형, 담당 사례관리 대상자의 규모, 환경의 구속 정도, 서비스 전달체계의 본질, 사례관리자의 역할과 지위, 프로그램의 특성, 서비스 제공 분야 등에 따라 다양하게 제시될 수 있지만, 일반적으로 사례 발견, 사례 등록, 사정, 목표 설정과 서비스 개입계획의 수립 및 개입 실행, 그리고 개입 결과의 측정과 평가 등으로 보고 있고, 그 외에도 아웃리치 서비스, 사전적격심사(screening), 인테이크(intake), 자원 확인, 서비스 실행, 재사정, 종결, 옹호, 상담, 치료, 분쟁 조정, 능력 조정, 보호의 연속성, 관계 유지 등도 제시되고 있음(엄명용 외, 2000; 이채식 외, 2020: 49-50 재인용).

76) 사례관리의 궁극적 목적은 지역사회내로의 통합으로, 가족과 이웃이 있는 지역사회 내에서 클라이언트가 지역 사회의 한 구성원으로서 지역사회와 밀접한 상호작용을 맺으며, 일반인과들과 함께 살아가는 것이라 할 수 있기 때문에, 사례관리의 기능은 이 부분에 초점을 맞추어야 함.

77) 사례관리의 기능에 대해서, Intagliata(1982: 655-674)는 실천적 기능으로서 ①클라이언트의 포괄적인 욕구를 인식하는 것, ②클라이언트와 그의 욕구에 적절한 자원을 연계하는 것, ③효과적인 서비스가 제공될 수 있도록 서비스를 모니터링 하는 것 등을 제시하고 있고, NASW(1992; 이채식 외, 2020: 50 재인용)는 사정, 조정, 통합, 모니터링, 평가, 옹호 기능 등을 포함시키고 있으며, Kane(1988: 161-166)은 사례 발견과 사전적격심사(screening), 포괄적이고 다차원적인 사정, 보호 계획, 계획의 이행, 모니터링, 공식적인 재사정을 강조하고 있고, 양정남 외(2009; 24-27)는 사정, 계획, 연계, 조정, 옹호, 모니터링 등 6가지를 제시, 설명하고 있음. 그러나 Rothman이 제시한 사례관리의 기능이 가장 포괄적인데, 그 내용은 기관에의 접근, 인테이크, 사정, 목표 설정, 개입 계획 수립, 자원의 확인과 찾기, 기관과 서비스 자원과의 공식적인 연계, 사회적 네트워크와의 비공식적인 연계, 모니터링, 재사정, 클라이언트 평가, 기관간 조정, 상담, 치료, 클라이언트의 옹호 등 15가지임(Rothman & Sager, 1998; 이채식 외, 2020: 50 재인용).

78) 클라이언트와 필요한 서비스의 연결은 사례관리의 기능 중 가장 중요한 기능으로, 이에 대한 자세한 내용은 Vourlekis & Greene(Ed.)(1992: 20), Intagliata(1992: 32-33), Levine & Flming(1984: 13), 이근홍(2020: 58-59) 등을 참고하기 바람. 사례관리자는 클라이언트에게 필요한 서비스를 연계할 때, 공식적 체계와 비공식적 체계를 동시에 활용해야 하는데, 공식적 체계에는 각 기관의 역할과 책임을 명시한 기관 상호간의 협정, 가입 기준, 클라이언트에 대한 기관의 협력을 명시한 규정들이 있으며, 비공식적 체계에는 다른 프로그램을 진행하는 직원과의 업무 협약 또는 이해가 있음(이채식 외, 2020: 50-51).

79) 클라이언트에게 도움을 주는 비공식적 체계에는 가족, 친척, 친구, 이웃, 자원봉사자, 종교단체, 자조집

③ 클라이언트에 대한 능력의 부여

④ 사회적 기능 향상[80] : 동기부여, 정서적 지지와 상담의 기능

⑤ 사례관리기관 상호간의 조정[81] : 공식적인 정책이나 비공식적인 기관들의 협정[82]을 통하여 기관들 사이의 연계를 촉진

⑥ 상담 기능 : 상담은 사례관리 과정에서 클라이언트에게 필요한 서비스에 접근할 수 있도록 유용한 정보를 제공하며, 클라이언트 자신의 욕구와 문제에 대한 이해를 증진시키고, 가족에게 클라이언트에 대한 이해를 촉구하며, 서비스 제공 기관의 접촉을 향상시킴[83].

⑦ 클라이언트의 문제해결(치료) : 문제해결과정에서 클라이언트에게 발생할 수 있는 개인의 성격문제, 위기상황, 실직, 부부갈등과 같은 일상생활의 문제 등을 잘 극복할 수 있도록 기능

⑧ 옹호[84]

㉮ 클라이언트와 클라이언트 집단의 사회적 기능을 향상시키기 위하여 클라이언트의 무기력과 무능력을 제거하며, 명확한 욕구를 가지고 있는 개인 또는 집단에게 힘과 자원을 적절하게 분배하려는 목적을 둔 활동

㉯ 클라이언트가 자기 능력으로 제공받을 수 없는 서비스 또는 자원을 획득할 수 있도록 하거나, 클라이언트에게 불리하게 작용하는 현재의 정책, 절차 또는 관례를 주정하기 위해서나, 또는 필요한 자원 또는 서비스를 제공할 수 있도록 하는 새로운 입법 또는 정책을 조장하기 위해서 클라이언트와 함께 또는 위해서 일하는 과정임(Hepworth & Larsen, 1993: 503).

단 등이 있음(이채식 외, 2020: 51). 이에 대해서는 사례관리의 구성요소 중 사회자원체계에서 구체적으로 제시되어 있으니 이를 참고하기 바람. 특히, 비공식 지원체계와 클라이언트간의 상호작용 촉진에 대한 자세한 내용은 Barker(1995: 340), Hancook(1990: 247-248), 이근홍(2008: 118, 2020: 59-60) 등에 자세히 나와 있으니 참고하기 바람.

80) 사례관리는 클라이언트에게 유용한 서비스에 대한 정보를 제공하고, Ct 자신의 욕구와 문제에 대한 이해를 증진시키고, 그들 가족들에게 Ct에 대한 이해를 촉구하며, 서비스 제공기관과의 접촉을 향상시키는 사회적 기능을 함. 특히, 권진숙 외(2012: 63)은 사례관리자는 클라이언트와 가족이 지역사회 내에서 욕구를 충족할 수 있는 자원을 확보할 수 있도록 정보를 제공하며, 문제해결 능력을 높일 수 있도록 교육과 역할연습을 시키거나 대인관계기술, 생활기술, 사회화기술 등을 가르치며, 클라이언트가 자기결정권을 행사할 수 있도록 지원하여야 한다고 함.

81) 사례관리기관 상호간의 조정의 자세한 내용에 대해서는 Rothman(1991: 525), 이근홍(2008: 119-120, 2020: 61-62) 등을 참고하기 바람.

82) 기관 상호간의 조정에서, 공식적인 정책은 국가의 정책적인 차원에서 이루어지면, 비공식적인 협정은 기관의 행정적인 차원에서 이루어지거나 사례관리자에 의해서 프로그램 차원에서 이루어지기도 하는데, 기관 상호간의 조정은 서비스 유형, 클라이언트 수, 재정적 여건 등과 밀접하게 관련되어 있으며, 프로그램이 진행되기 전이나 진행 중에도 언제나 이루어질 수 있음(이채식 외, 2020: 51).

83) 아울러, 사례관리는 상담 기능을 통해 클라이언트에게 정서적 지지를 제공하고, 고립감과 문제에 대한 압박감을 감소시키며, 클라이언트로 하여금 문제를 스스로 해결할 수 있도록 동기를 부여하는 기능도 가짐(이채식 외, 2020: 51).

84) 사례관리의 주요한 기능 중의 하나인 옹호에 대한 자세한 내용은 Hepworth & Larsen(1993: 503), Compton & Galaway(1984: 433), McGowan(1987: 92), Brower(1982: 141), Honnard(1985: 219-220), 이근홍(2008: 123-124, 2020: 62-63) 등을 참고하기 바람.

〈표 7-1〉 사례관리의 주요 기능과 그 내용

기능	내용
클라이언트 발견	사례관리가 필요한 집단과 개인을 찾아 대상화하는 것을 말하며, 개입과정의 시작이라고 불리는 임상적 사례관리의 한 부분으로 설명
사정	표준화된 임상면접기술을 이용해 현재 클라이언트의 심리적 · 사회적 기능의 수준을 결정하는 것을 말하며, 보통 진단과정을 포함하지만 그 초점의 정도는 실천모형에 따라 달라질 수 있음.
서비스 계획	사정단계에서 얻어진 정보를 기초로 해서 종합적인 서비스 계획을 전개하는 것을 의미하며, 클라이언트를 위한 장 · 단기 목표를 살정하게 됨.
연결 및 조정	사례관리자는 클라이언트를 기관에 의뢰하여 필요한 서비스를 받도록 하고, 또 필요한 서비스에 연결될 수 있도록 하며, 계속적으로 그 서비스를 이용할 수 있도록 하는데 필요한 모든 노력을 다하는 것
모니터링	서비스 전달을 확인 또는 감독하는 것을 말하며, 사례관리자는 서비스 전달체계를 통해 클라이언트의 변화를 추적함.
권익옹호	•미시적 차원 : 클라이언트의 욕구와 최선의 이익 고려 •거시적 차원 : 서비스기관 상호간 긴장 및 갈등 방지, 제도적 차원의 차별 방지

※ 출처 : Rubin(1987, 황성동, 2008: 34 재인용), 김기태 외(2001: 397~401), 권육상(1999: 183~184)

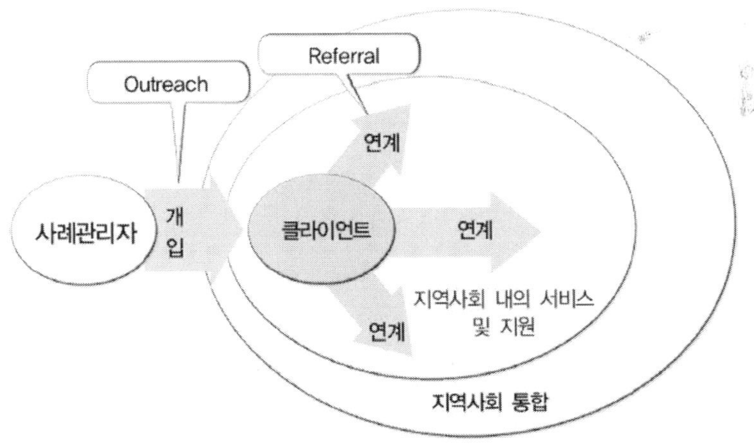

[그림 7-1] 사례관리 개입을 통한 지역사회 통합 역할(민소영, 2008: 2; 주경희 외, 2017: 64)

2. 사례관리의 기능 유형화(한국사례관리학회, 2015: 62-73)

1) 사례관리자의 서비스 기능에 따른 분류(김혜영 외, 2014: 293; 김성경, 2019: 71~74; 박미은, 2021: 97-106)

① 직접 서비스 기능[85] : 상담 및 치료, 문제해결 역량 강화, 교육 및 훈련, 정보제공
② 간접 서비스 기능 : 연계, 조정, 옹호
③ 통합 서비스 기능 : 직접서비스 기능 + 간접서비스 기능

2) 사례관리과정에 따른 분류(NASW, 2010; 김성경, 2019: 75 재인용)

① 관여(engagement) : 클라이언트 확인과 아웃리치
② 사정(assessment) : 욕구 사정, 기능 사정, 생리・심리・사회적 사정, 강점, 포괄적인 인테이크 사정, 사회문화적 사정, 자원 및 재정 사정
③ 서비스 계획(planning) : 서비스 계획, 개입, 치료, 보호, 재활, 전략, 지원, 위기 개입 계획
④ 서비스 실행 및 조정(implementation/coordination) : 서비스 연계, 서비스 점검, 서비스 전달, 프로젝트 실행 및 클라이언트 지원
⑤ 옹호(advocacy) : 체계 향상, 클라이언트 복지와 기능, 연계와 중재
⑥ 재사정 및 평가(reassessment/evaluation) : 서비스 점검, 효율성, 효과성, 자료 수집 및 분석
⑦ 분리(disengagement) : 서비스 종결, 의뢰

3) Vourlekis(1992)의 사회복지 사례관리 기능 분류(김성경, 2019: 75 재인용)

① 클라이언트 확인 및 아웃리치(client identification and outreach)
② 클라이언트 개인과 가족 사정(individual and family assessment and diagnosis)
③ 서비스 계획 및 자원 확인(service planning and resource identification)
④ 클라이언트에게 필요한 서비스 연결(linking of clients to needed services)
⑤ 서비스 실행 및 조정(service implementation and coordination)
⑥ 서비스 전달의 점검(monitoring of service delivery)
⑦ 서비스를 확보하기 위한 옹호(advocacy to obtain services)
⑧ 평가(evaluation)

3. 사례관리자[86]의 기능[87]

85) 사례관리자의 직접적 서비스 기능은 클라이언트의 역량을 강화하는 방법들을 제공하는 역할를 의미하는 것으로, 클라이언트가 자신의 욕구를 스스로 충족시킬 수 있는 능력을 강화하도록 원조하여 사례관리의 효과성을 증진하는 것임(이채식 외, 2020: 56). 한편, 초기의 사례관리자의 역할은 직접적인 서비스 제공자가 아닌, 다양한 서비스 프로그램들간의 조정적인 역할을 하는 것으로 시작되었지만, 사례관리자가 클라이언트를 직접 만나지 않고는 이들을 사정하고 서비스를 연계하는 것에 한계가 있다는 것을 알게 되자 클라이언트의 욕구에 맞는 서비스를 끝까지 책임지고 제공하는 역할까지 확대되었던 것임(김통원・김용득, 1998; 이종복 외, 57-62 재인용).

86) 사례관리는 복합적인 욕구를 가진 클라이언트와 사회자원들을 연계하는 실천 방법으로서 사례관리를

〈표 7-2〉 Bertsche & Horejsi(1980)의 사례관리자의 직무

항목	직무내용
1	서비스 수급 자격요건을 사정하기 위한 클라이언트와 가족에 대한 초기면접을 한다.
2	클라이언트, 가족, 그리고 타 기관으로부터의 적절하고 유용한 자료를 수집과, 그 자료를 근거로 클라이언트와 가족에 대한 심리사회적 사정을 한다.
3	목표를 세우고 통합적인 서비스 계획을 세우기에 적합한 전문가, 프로그램 대표, 클라이언트, 가족, 의미 있는 사람들이 논의하고 결정을 내릴 수 있도록 모임을 만들고 지도한다.
4	계획에 앞서 모니터하고 목표의 방향과 조정 내용을 유지하면서, 행동체계 내에서는 정확한 정보가 흐를 수 있도록 관리한다.
5	서비스 전달과정에서 예기치 않게 발생하는 문제를 신속하게 확인하고 클라이언트를 대신하여 문제를 해결하고 클라이언트와 가족을 보호한다.
6	서비스 제공자와의 사이에서 발생하는 위기와 갈등상황에 있는 클라이언트와 가족에게 정보와 상담을 제공하여 도와준다.
7	클라이언트와 가족을 위해 지속적인 정서적 지지를 제공하여 그들이 스스로 문제에 잘 대처할 뿐만 아니라 보다 더 전문적이고 복합적인 서비스도 활용할 수 있도록 돕는다.
8	클라이언트의 예후에 관한 기록을 남겨 관련된 모든 사람들의 계획도 지켜질 수 있도록 한다.
9	클라이언트와 가족, 전문가, 프로그램 그리고 비공식적 자원 간의 연계자가 되어 모든 개입 계획을 포함하여 클라이언트가 선호하는 내용이 알려지고, 필요한 서비스가 확보되고 있다는 것을 알 수 있도록 돕는다.
10	프로그램들 사이의 연계자가 되어 자연스럽게 정보가 흐르고 하위체계 간의 갈등을 최소화하기 위한 서비스를 제공한다.
11	클라이언트를 위한 현재와 미래의 자원을 동원하기 위해 공식, 비공식 자원과 신뢰관계를 형성하고 유지한다.

주관하는 사례관리자는 전문가이여야 함. 과거에는 가족이나 본인이 사례관리자의 역할을 수행하는 경우가 많았지만, 현대사회에서는 각종 사회자원이 다차원적으로 공급되고 있어 가족이나 본인이 사례관리자로서의역량을 충분히 발휘하기에는 한계가 많으므로 사례관리자의 전문적인 역할이 요구되며, 사례관리자는 주로 사회복지사들이지만, 간호사, 물리치료사, 작업치료사 등과 같은 휴먼서비스 영역의 전문가들도 사례관리자로서 활동하고 있음. 사례관리자는 일반적으로 원조, 사정, 계획, 중개, 조정, 모니터링, 평가, 지도감독, 행정, 옹호, 상담, 문제해결, 자원개발, 지역사회 조직 등을 기능을 함..

87) 사례관리자는 사례관리의 가장 중요한 구성요소로서, 전문적 가치, 지식, 기술을 바탕으로 사례관리 과정에서 클라이언트의 욕구 충족과 문제 해결을 위해 서비스 체계를 연계하고 다른 서비스 제공자와의 협력을 통해 클라이언트를 보호하고 높은 수준의 사회적·경제적·신체적 통합을 달성하도록 하는 데 일차적인 책임을 지며(이채식 외, 2020: 52-53), ①클라이언트의 포괄적인 욕구를 인식하는 기능, ②클라이언트의 욕구를 충족시킬 수 있는 서비스에 클라이언트를 연계하는 기능, ③클라이언트에게 제공되는 서비스를 모니터링하고, 적절성과 효과성을 사정하여 피드백을 주는 기능 등의 핵심적 기능을 함(이근홍, 2006; 이채식 외, 2020: 53 재인용).

항목	직무내용
12	클라이언트와 서비스 전달체계의 효과성에 영향을 미치는 정책을 개발하고 수정하는 지위에 올라가기 위해 조직 내에서 좋은 관료로, 효과적인 업무를 수행한다.
13	권위적 위치에 있는 사람들에 대한 존경과 지원을 확보하고 유지하며, 클라이언트를 대신하여 참여하는 다른 개인과 기관을 격려하고, 필요 시 그들을 활용할 수 있도록 한다.

※ 출처 : Bertsche & Horejsi(1980: 94-98)를 권진숙 역(2004: 33-35)이 재인용한 내용을 인용.

4. 사례관리자의 역할[88)][89)][90)]

- 사례관리자는 사례관리의 주요 기능을 수행하기 위해 몇 가지 역할 면에서 능숙할 필요가 있음(Hepworth & Larsen, 1993: 489~490).
- 사례관리자는 사무실에서 벗어나 실제 환경에서 클라이언트를 위한 광대한 범위의 지지망을 창출하여야 하고, 사회복지실천 관련 모든 방법을 활용하여야 하기 때문에 광범위한 지식 기반을 갖추어야 함.
- 이근홍(2020: 66-74)은 사례관리자의 핵심적 역할로 사정자[91)], 연결자[92)], 점검자[93)]를, 주요 역

88) 사례관리자는 다양한 서비스 공급 주체에 의한 사회자원을 클라이언트가 활용하여 욕구를 충족해 나갈 수 있도록 촉진·조정·연계시켜 나감으로써 클라이언트의 능력을 향상시키고 서비스 공급 주체들의 능력 또한 발전시키는 것이 사례관리자의 역할이라 할 수 있음(김만두 역, 2004; 이채식 외, 2020: 54 재인용). 사례관리자의 역할에 대한 좀 더 구체적인 내용은 한국사례관리학회(2015: 77-89), 최영대(2021: 62-64) 등을 살펴보기를 바라고, 특히 한국사례관리학회(2015: 77-89)는 사례관리자 역할의 전문성에 대해서 별도로 논의하고 있음.

89) Weil & Karls(1985: 29~71)는 사례관리자의 일반적 역할로 문제해결자, 옹호자, 중개자, 진단자, 계획자, 서비스 조직자, 시스템 영역 확장자, 서비스 모니터, 기록관리자, 평가자, 자문가, 동료 혹은 협조자, 서비스 조정자, 카운슬러 또는 치료자, 조정자나 감독자 등을 제시하고 있음.

90) 사례관리자가 클라이언트와의 관계에서 빈번하게 활용할 수 있는 개입 기술도 역할 수행에 도움이 되는데, 이러한 임상적 차원의 개입기술로 ①신뢰관계의 형성, ②개인적 이해의 제공, ③클라이언트에 대한 경청, ④클라이언트에 대한 지도, ⑤클라이언트 자신의 자원망의 동원, ⑥클라이언트의 우선권의 추구, ⑦갈등의 교섭, ⑧전문적 의견의 제공, ⑨사회적 지지의 제공, ⑩강화기술의 활용, ⑪상담의 적용, ⑫장애물의 처리, ⑬전문화된 자원의 발견, ⑭심리학적 계약의 활용, ⑮구체적 원조의 제공, ⑯유용한 접근방법의 활용, ⑰안내, ⑱설명과 해명, ⑲클라이언트에 대한 교육, ⑳종결 등이 있음(Steinberg & Carter, 1983: 160-161).

91) 사례관리자의 역할 중 사정자로서의 역할은 대부분의 학자들이 제시하고 있지 않기 때문에, Hepworth & Larsen(1993: 192)의 견해를 들어 제시하면, 클라이언트의 약점, 단점, 역기능, 질병, 결함, 증상, 장애 등과 같은 부정적 요소보다는 강점, 능력, 성장과 발전의 가능성, 건전한 기능, 활용가능한 자원, 잠재능력 등의 긍정적 요소에 중점을 두어, 그들의 욕구, 능력 및 사회자원에 관한 자료를 수집하고 분석하여 종합하는 사람이라고 할 수 있음, 나아가 이근홍(2008: 140)은 이상의 내용과 동시에 사례관리자는 클라이언트에 대한 전반적인 자료를 수집하기 위해 자료수집의 기법인 면접, 관찰, 검사, 기존 자료의 활용, 전문가의 의견 및 이전의 서비스 제공자와의 접촉, 사회관계망 내의 구성원과의 상호작용 등을 행하고 있다고 함.

92) 사례관리자의 연결자로서의 역할은 Woodside & McClam(2006: 71), Frankel & Gelman(2004: 37-38), 이근홍(2008: 142)에 자세히 설명되어 있음.

93) 사례관리자의 점검자로서의 역할은 Moxley(1989: 115), 이근홍(2020: 67-68)에 자세히 설명되어 있음.

할로서는 계획자[94], 조정자, 문제해결자[95], 평가자[96], 옹호자, 기록보존자[97]를 제시하고 있음,

1) 서비스 프로그램의 성질에 따른 사례관리자의 역할(한국전문대학사회복지교육협의회, 2005: 334~336; 권진숙, 2007: 16-17; 김봉순 외, 2011: 225~226; 이근홍, 2020: 66-74; 최은정 외, 2020: 44-46; 박미은, 2021: 107-114)

① 조정자[98]

㉮ 개인이나 그의 가족들에게 직접 서비스를 제공하지는 않으며 주로 서비스 전달 상황을 파악하고 조정

㉯ 서비스 세팅에 따라 사례관리는 서비스를 정리하는 권한을 가질 수 있고 직접적으로 어떤 서비스를 통제할 수도 있음.

② 옹호자[99] : 클라이언트를 위한 서비스 전달에 필요한 자원이 전혀 없거나 어떤 클라이언트에게는 이러한 자원이 제공되지 않는 경우에 활용

③ 상담가 : 클라이언트와 그 외 가족이 그들 자신의 문제와 욕구를 스스로 파악하고 인식하도록 돕고, 서비스의 질과 적합성을 판단하는 방법을 교육시키며 클라이언트의 문제에 대한 책임을 어느 정도 분담하도록 격려해 줌.

④ 중개자 : 클라이언트의 포괄적인 욕구를 알고, 이를 적절한 서비스와 연결시켜서 이러한 서비스가 효율적으로 제공될 수 있도록 해야 하는데, 사례관리자는 하나 혹은 그 이상의 서비스와 클라이언트를 연결하는 것을 의미함(주경희 외, 2017: 64).

---

94) 사례관리자의 계획자로서의 역할은 Weil & karls(1985: 20), Moxley(1989: 59), Rubin(1992a: 9), 권진숙 외(2012: 78), 이근홍(2020: 68-69)에 자세히 설명되어 있음.

95) 사례관리자의 문제해결자로서의 역할은 Woodside & McClam(2006: 71), Hepworth & Larsen(1993: 436), 권진숙 외(2012: 78), 이근홍(2008: 122, 2020: 70-71)에 자세히 설명되어 있음.

96) 사례관리자의 평가자로서의 역할은 Loomis(1992: 161), 이근홍(2008: 147)에 자세히 설명되어 있음. 특히, Loomis(1992)는 평가자를 "클라이언트에게 제공되는 서비스의 효과성, 효율성 및 비용효과성을 검토하기 위해 사례관리의 전반 과정에 관한 정보와 자료를 수집하고 분석하는 사람으로서, 결과목표의 달성, 클라이언트의 진척사항, 서비스에 대한 클라이언트의 만족도, 서비스의 효과성·효율성·비용효과성, 서비스 계획의 적절성, 사회자원 활용의 적절성, 서비스계획의 수정 필요성 등을 분석하는 사람"으로 지칭하고 있음.

97) 사례관리자의 기록보관자로서의 역할은 Woodside & McClam(2006: 73-74), 이근홍(2020: 73)에 자세히 설명되어 있음.

98) 조정자의 역할은 서비스가 클라이언트에게 적절히 전달되고 효과적일 수 있도록 서비스를 배열하며, 서비스 제공자들이 이미 전달한 서비스가 부가적이거나 이중적이지 않도록 하고, 클라이언트와 서비스 재공자들 사이의, 그리고 서비스 제공기관들 사이의 상호작용을 촉진할 수 있도록 갈등과 분쟁을 해결하는 사람인데(이근홍: 2008: 143), 이에 대한 자세한 내용은 Woodside & McClam(2006: 71), 권진숙·박지영(2010: 63), 이근홍(2020: 69-70) 등을 참고하기 바람.

99) 사례관리자의 옹호자로서의 역할은 사례관리의 간접적 역할 중 가장 중요한 역할로서, Frankel & Gelman(2004: 41), Woodside & McClam(2006: 70), McGowan(1987: 92), 이근홍(2008: 147-148)에 자세히 설명되어 있음.

2) 사례관리 기능에 따른 사회복지 사례관리자의 역할[100](김성경, 2019: 77~78; 박미은, 2021: 107-114)

① 직접적 서비스 기능에 따른 역할[101]

㉮ 상담가・임상가 : 상담 및 치료

㉯ 역량 강화자・협력자 : 문제해결 역량 강화

㉰ 교사・지도자 : 교육 및 훈련

㉱ 정보전문가 : 정보제공

② 간접적 서비스 기능에 따른 역할[102]

㉮ 중개자[103] : 자원 및 서비스 연계[104]

㉯ 조정자[105] : 서비스의 조정

100) 권진숙・박지영(2009: 53)은 사례관리자의 역할을 직접 서비스 역할과 간접 서비스 역할, 그리고 통합적 역할로 구분하고 다음의 표 같이 제시하고 있으며, 사례관리자는 그 역할들 속에서 다양한 기능을 수행한다고 하였음.

〈표〉 사례관리자의 역할

직접 서비스 역할	간접 서비스 역할	통합적 역할
이행자	중개자	상담가・교육자 조정자 옹호자
교육자	연계자	
안내자・협조자	조정자	
진행자	옹호자	
정보 전문가	협동자	
지원자	협의자	

101) Moxley(1989: 196-203)는 사례관리자의 직접적 서비스 기능에 대해, 실행자의 역할, 교사・지도자의 역할, 안내자・협력자의 역할, 진행자의 역할, 정보 제공자의 역할, 지지자의 역할 등을 제시하고 있음.

102) Moxley(1989: 196-203)는 사례관리자의 간접적 서비스 기능 전략에 대해, 중개, 연계, 조정, 권리 옹호, 사회적 지지만 구축, 기술적 지원과 자문 등을 제시하고 있음.

103) 중개란, 클라이언트를 지역의 기관과 자원에 연결함으로써 서비스 지원계획을 실행하는 것으로, 사례관리자는 서비스 지원계획에서 정해진 서비스 공급이 가능한 기관과 지역사회자원을 선택・연결하는 것임. 이 때 효과적으로 중개하기 위해서는 서비스의 이용 가능성, 적절성, 수용성, 접근성, 서비스 수급자의 자격기준, 서비스의 질, 서비스 공급자의 역량, 서비스 공급자의 동기, 기관이 공급하는 서비스 범위에 대한 지식 등에 대한 상세한 정보 획득이 필요함(Moxley, 1989: 196-203). '중개' 에 대한 구체적인 내용에 대해서는 이종복 외(2007: 57-62), 이채식 외(2020: 56)을 참고하기 바람.

104) 연계란, 클라이언트를 원조함에 있어서 장애 요소를 제거하고 문제 해결을 위해 필요한 서비스와 연계시키기 위한 전략이며, 클라이언트의 중요한 정보와 함께 의뢰를 통해 이루어짐(Moxley, 1989: 196-203). '연계' 에 대한 구체적인 내용에 대해서는 이종복 외(2007: 57-62), 이채식 외(2020: 56-57)을 참고하기 바람.

105) 조정이란, 클라이언트의 입장에서 서비스를 조정하는 것으로, 그 목적은 지지망의 구성원에 의한 서비

㈐ 옹호자[106] · 변화매개자 : 클라이언트 옹호

3) 사례관리 과정에 따른 사회복지사례관리자의 역할(Sheafor & Horejsi, 2006; 김성경, 2019: 78~79 재인용)

① 정보수집과 사정 활동
② 서비스 계획
③ 프로그램 배치 및 서비스 제공· 조정 활동 수행
④ 사례계획의 수행된 정도 점검
⑤ 지속적이고 원활한 의사소통 수행
⑥ 옹호활동 수행
⑦ 지역사회활동 수행

4) 학자들의 견해

① Woodside & McClam(2006)의 견해(양정남 외, 2009: 109-114)[107]
㉮ 다양한 역할 소화하기
㉯ 시간을 효율적으로 조직화하고 사용하기
㉰ 의사소통 능력을 강화하기
㉱ 사회복지 분야뿐만 아니라 다양한 방면의 지식 쌓기
㉲ 윤리적 의사 결정을 유지함으로써 함정에 빠지는 오류 방지하기
㉳ 클라이언트와의 관계를 항상 명심하기
㉴ 비판적이고 명확하게 생각하도록 노력하기
㉵ 유능한 사례관리자가 되고자 하는 열망을 드러내고 노력하기

스가 조화롭게 실행되도록 하는 것을 의미하는데, 사례관리자는 서비스 조정 과정에서 정보 교환과 모니터링, 능력 개발, 적응 촉진, 네트워킹의 기술을 사용하며 조정자로서 사례관리자는 서비스 목표를 달성하기 위한 기구를 조직하고 유지함으로써 클라이언트에게 필요한 지지망 활동을 촉진함(Moxley, 1989: 196-203). '조정' 에 대한 구체적인 내용에 대해서는 이종복 외(2007: 57-62), 이채식 외(2020: 57)을 참고하기 바람.

106) (권리)옹호란, 사례관리자가 기관의 결정자 보다는 약자의 입장에 있는 클라이언트의 욕구를 그 기관에 대해 대행하는 역할을 수행하는 것을 의미하는 것으로, 클라이언트의 원조를 거부하는 기관과 대결하여 협상하고 클라이언트를 원조할 수 있는 동기를 가지게 하는 것임(Moxley, 1989: 196-203). '옹호' 에 대한 구체적인 내용에 대해서는 이종복 외(2007: 57-62), 이채식 외(2020: 57)을 참고하기 바람.

107) Woodside & McClam(2006)의 사례관리자의 역할에 대한 구체적인 내용에 대해사는 양정남 외(2009: 109-114), 이채식 외(2020: 58-60)을 참고하기 바람.

② 엄명용 외(2000)의 견해(이채식 외, 2020: 54-55 재인용)

㉮ 사정자 : 클라이언트의 약점, 역기능, 질병, 결함, 증상 등과 같은 부정적 요소보다는 강점, 능력, 성장과 발전 가능성, 건전한 기능, 자원, 잠재력 등 긍정적 요소에 줌점을 두고 클라이언트의 욕구를 수집, 분석, 종합하는 것.

㉯ 계획자 : 사례 계획, 치료, 서비스 통합, 기관의 협력 및 서비스 망 설계

㉰ 상담자 : 클라이언트가 자신에 대한 이해를 발전시키고 지지망 같은 자원을 스스로 개발, 유지할 수 있는 방법을 알 필요가 있다는 사실을 일정한 상담을 통해 교육하여야 함.

㉱ 중개자 : 클라이언트에게 필요한 자원을 원조를 제공할 수 있는 지역사회기관으로부터 제공받지 못하거나 지식이나 능력이 부족하여 다른 유용한 자원을 활용하지 못할 경우에, 클라이언트 욕구 해결에 유용한 자원을 연결시키는 역할

㉲ 조정자 : 클라이언트의 문제와 원조자들로부터 도움이 필요한 욕구를 사정하고, 원조를 수행하는 과정에서 클라이언트의 욕구와 자원과의 관계, 클라이언트와 원조자들간의 관계에서 필요한 조정과 타협을 해야 함.

㉳ 평가자 : 사례관리 과정 전반에 대한 정보를 수집, 분석하여 프로그램의 효과성, 효율성, 비용-효과성을 검토함.

㉴ 옹호자 : 클라이언트는 스스로를 대변하고 옹호할 수 있는 능력이 부족하기 때문에, 사례관리자는 클라이언트를 대변하여 그들의 욕구 사항을 찾아내어 표면화 하고, 가능한 한 자원이 적절히 공급될 수 있도록 노력함.

제8장 사례관리의 실천과정과 실천과정별 주요 내용

1. 사례관리의 실천과정[108)]

〈표 8-1〉 사례관리의 주요 실천과정에 관한 학자별 분류

Stumf (1981)	Steinbeg & Carter (1983)	Wei & Karls (1985)	White & Goldis (1986)	Moxley (1989)	Challos & Davies (1989)	Rothman (1991)
시작	가입(사례발견), 사전적격검사	클라이언트 확인과 출장 원조	사례발견	-	사례발견	기관접근, 접수
사정	사정	개별적 사정 진단	사정	사정	사정	사정
사례목표 설정 및 서비스계획	목표설정, 서비스기획, 능력 조성	서비스 기획, 자원 확인	보호 기획	기획	사례계획 및 서비스 협정	목표설정, 개입기획, 자원확인과 목록화
사례계획 이행	보호계획의 수행	서비스 연결, 서비스 실행과 조정	계획 수행	개입	-	클라이언트와 연결
검토 및 평가	재사정	서비스전달의 점검, 옹호	사후 검토, 재사정	점검	점검 및 검토	점검과 재상정
	종결, 관계 유지	평가	-	평가	-	결과평가

※ 출처 : 김기태 외(2001: 469)

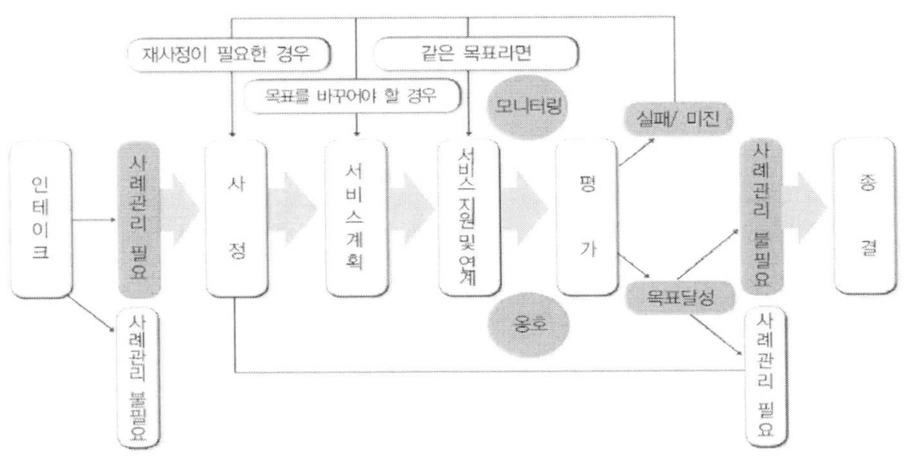

[그림 8-1] 사례관리의 실천과정(민소영, 2008, 주경희 외, 2017: 57 재인용)

108) Moxley(1989)는 사례관리의 과정을 ①초기단계(사례 발견/사정/케어계획 수립), ②중간단계(서비스계획과 확립된 절차에 따른 업무 수행), ③종결단계(사례 완전 종결 or 의뢰 or 새로운 케어계획 활동) 등으로 구분하고 있음(양정남 외, 2009: 63-64).

2. **사례관리의 실천과정**[109]**별 주요 내용**(한국사례관리학회, 2015: 147-279; 주경희 외, 2017: 57~62; 최은정 외, 2020: 122-165; 박정란, 2021: 82-211; 박미은, 2021: 117-182; 최영대, 2021: 47-62)

1) 접수난계[110][111]

① 클라이언트의 개별적 욕구 파악 + 사정단계를 위한 자료 수집

② 기법 : 사례 발굴(case finding) + 스크리닝(screening, 사전적격심사)[112] + 초기상담(intake)

2) 사정단계[113]

① 욕구 및 문제사정

㉮ 문제에 대한 정확한 사정은 사례관리의 목적 달성에 매우 중요

㉯ 사례관리자는 클라이언트와 함께 욕구 및 문제목록을 만들고 이 중 우선순위를 정해야 함.

㉰ 욕구 및 문제에 관한 정확한 사정은 사례관리의 출발점이 되며 개입의 근거를 제시하는 것

② 자원사정

㉮ 중요한 문제들을 구체화한 이후에는 그 문제를 해결하는 데 도움이 되는 공식적 · 비공식적 자원을 클라이언트와 함께 사정

㉯ 자원목록의 활용

㉠ 자원 : 삶을 지탱하고 성장과 발달을 계속하기 위해 필요한 재화와 서비스를 제공하는 사

---

109) 엄명용 외(2002: 462)는 사례관리의 과정을 ①사례발견, ②사정, ③계획, ④계획이행, ⑤점검, ⑥재사정, ⑦사례종결 등으로 분류하고 있음.

110) 사례발견이란, 복합적인 문제나 욕구를 갖는 클라이언트를 찾아내는 작업을 의미함. 일정기준에 따라 적절한 클라이언트를 확인하는 인테이크(in take), 정적인 클라이언트에게 접촉하는 적극적인 사례발견이라고 할 수 있는 아웃리치(outreach), 그리고 클라이언트를 발견하고 확인한 후 서비스를 제공할 것을 약속하고 계약하는 과정인 스크리닝(screening, 사전적격심사) 등으로 구성됨.

111) 엄명용 외(2002: 462)는 사례발견은 클라이언트를 발견하고 확인 후 서비스를 제공할 것을 약속하고 계약하는 과정이고, 사전적격심사는 부적절한 의뢰를 방지하고 필요한 사람에게 집중할 수 있도록 하는 것이라고 하였음.

112) 스크리닝(screening, 사전적격심사)의 기준 사항으로는 ①시설보호에 대한 욕구 및 보호자나 후견인 유무, ②배우자나 중요한 타자의 상실로 인한 고통, ③복합적인 욕구와 문제, ④일상생활 과업에 대한 원종에 있어 비공식적 지원체계의 원조 불충분성, ⑤기관에 대한 원조의 회수, ⑥원조를 제공할 수 있는 장소, ⑦이상행동과 같은 행동 특성 및 자기보호의 능력 등이 있음(엄명용 외, 2002, 462).

113) 엄명용 외(2002: 462)는 사정은 클라이언트의 기능적 수준, 사회적 지지, 서비스 욕구, 서비스 태도, 다양한 욕구, 강・약점 등의 개인의 종합적인 평가를 제공하여 서비스계획을 위한 자료와 정보를 체계화하는 과정이라고 하였음. 그들은 사정과정의 특징으로 ①클라이언트의 욕구에 구체적으로 기초, ②욕구의 모든 영역을 포괄적으로 사정, ③다양한 전문체계의 전문성 이용, ④클라이언트의 최대한 자기결정을 도모하여 참여를 유도, ⑤단편적인 단계가 아니라 변화해 나가는 일종의 역동적 상호작용의 지속적인 과정, ⑥잠재적 욕구에 대한 각 영역을 충분히 체계적으로 검토, ⑦사정이 완성되었을 때, 기록의 형태로 보존되며 계획과 개입을 이끄는 산물 등을 제시하고 있음.

람들 혹은 사회기관을 의미

㉡ 자원목록은 지역사회에 흩어져 있는 다양한 서비스들을 항목별로 분류하여 목록으로 만든 것으로 이용성, 적정성, 적절성, 수용성, 접근성 등을 고려

③ 장애물 사정

㉮ 외부장애물 : 클라이언트가 다음 사항 중 적어도 한 가지 이상이 부족한 상황 발생

㉠ 자원이 없거나 욕구를 충족시키기에는 부적합

㉡ 자원이 일반적으로 유용하지만, 어떤 클라이언트에게는 유용하지 않음

㉢ 유용한 자원이 있으나 정보, 교통수단, 아동보호 등의 부족으로 접근하기 어려움

㉯ 선천적인 무능력

㉠ 클라이언트의 통제 밖의 것으로 사회복지실천 과정에서 클라이언트와의 효과적인 의사소통과 적극적인 참여를 제한시키는 것

㉡ ex) 장애나 약물중독 등

㉰ 내부 장애물

㉠ 클라이언트가 가지고 있는 신념, 태도, 가치 등은 필요한 도움을 찾거나 받아들이는 행동패턴을 결정

㉡ ex) 잘못된 신념 혹은 행동패턴 : 비관주의, 비판주의, 운명주의, 냉소주의 등

3) 계획단계[114)]

① 1단계 : 상호간의 목적 수립하기

② 2단계 : 우선순위 정하기

㉮ 클라이언트의 중요한 욕구를 명확히 하고 문제를 파악하여 목적들 중에서 우선순위를 규정

㉯ 우선순위를 정하는 데 있어서 기준이 되는 사항

㉠ 클라이언트가 가장 중요하다고 인식하는 것

㉡ 클라이언트의 삶에 즉각적인 위험을 미칠 가능성이 있는 것

㉢ 달성하기 쉬운 것

㉣ + 실행가능성, 자원의 유용성 및 적합성 등 고려, 우선순위 결정

---

114) 엄명용 외(2002: 462)는 계획에 대해 "클라이언트의 사정을 통한 정보를 선택하고 구체적인 목표를 달성하기 위해서 취하는 일련의 행동을 조직하는 것이다"라고 하면서, 장・단기 목표설정과 해결방안을 모색하여 개별적인 보호계획을 협의 하에 수립하는 과정이라고 하였음. 계획에 포함되는 항목을 살펴보면, ①필요한 서비스의 우선순위를 설정, ②각 영역내의 클라이언트의 진행과정을 평가하기 위한 장・단기의 측정 목표, ③목표성취를 위한 구체적 행동, ④클라이언트가 의뢰되는 기관, 이런 기관 내에서 접촉하게 된 구체적인 요인을 정함, ⑤활동 완결의 실질적인 시간계획 수립, ⑥서비스 활용과 전달에 잠정적인 방해물을 확인하고 해결책 정함 등임.

③ 3단계: 전략 수립하기

④ 4단계: 최선의 전략 선택하기

⑤ 5단계: 전략 실행하기

4) 개입단계[115)]

① 직접적 서비스 제공

㉮ 내부자원의 획득

㉯ 사례관리자의 역할 : 이행자, 안내자, 교육자, 정보제공자, 지원자 등

② 간접적 서비스 제공

㉮ 외부자원의 획득

㉯ 사례관리자의 역할 : 중개자, 연결자 및 옹호자

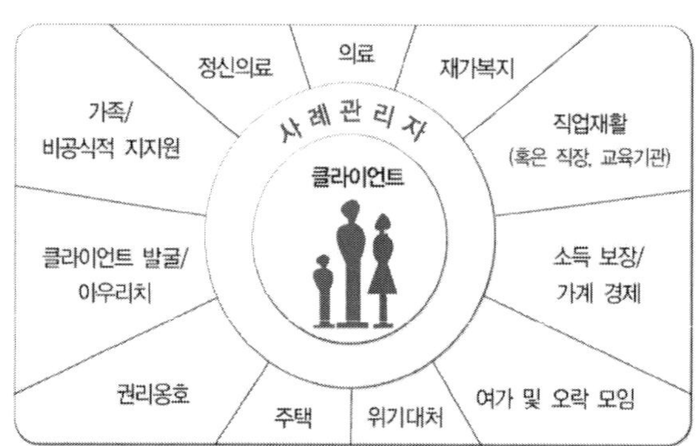

[그림 8-2] 개입과 지역사회 자원 및 서비스 체계(민소영, 2008: 11; 주경희 외, 2017: 61)

5) 모니터링(점검) 및 재사정 단계[116)]

115) 엄명용 외(2002: 462)는 계획이행에 대해 "서비스 계획과 확립된 절차에 따라 이루어지는 업무 수행하는 과정"이라고 하면서, 계획이행을 위한 공급주체는 비공식적인 지지체계(가족, 친척, 친구, 이웃, 자원봉사)와 공식적인 서비스체계(행정, 사회복지법인, 제도화된 자조단체, 지역의 유상서비스 제공단체)로 분류된다고 하였음. 그들은 사례관리자는 기관과 좋은 관계를 기본으로 하고 클라이언트의 대변자나 옹호자의 노력을 해볼 수 있고 불가능하면 사례계획의 일부를 수정가능하다고 주장함.

116) 엄명용 외(2002: 462)는 점검과정에 대해 "클라이언트에게 제공되는 서비스의 적시성(適侍性), 적절성, 및 연속성을 보장하기 위해 서비스 제공자를 포함한 클라이언트 지원체계의 서비스 전달과 실행을 추적하는 과정이다"라고 하면서, 이 과정은 ①서비스계획의 수정을 필요로 하는 욕구와 서비스 목표의 재정립, ②모든 것이 잘 진행되고 있으며 서비스계획이 효과적으로 유지되고 있다는 것을 확인, ③더욱 철저한 점검, 문제해결, 혹은 옹호를 위한 서비스계획상의 문제를 확인, ④해결된 클라이언트의 서비스 욕구를 인식, ⑤기본적인 서비스 욕구를 충족되며 사례관리체계에 대한 참여보다는 간헐적인 사후관리의 필요성 인식 등이 필요하다고 하였음. 그리고 재사정에 대해서는 "주기적인 사정을 통해 클라이언트에게 제공되는 서비스가 적합한지, 사례계획의 변화가 필요한지, 어떤 방식으로 변화될 지를 결정하는 과정이다"라고 하면서, 평가는 가치와 종결을 포함하는 과정을 사례계획이 클라이언트의 삶에 어떠한 변화를 가져왔는지 효과성에 초점을 두는 과정이라고 하였음. 그들은 재사정에서 검

① 클라이언트의 완성된 계획에서 정해진 서비스와 지원의 전달과정을 추적하는 방법으로 사례관리자에 의해 행해지는 활동적이고 유동적인 과정

② 목적

㉮ 서비스 계획이 적절하게 이루어지는지 그 정도를 검토

㉯ 클라이언트에 관한 서비스와 지원계획의 목표에 대한 성취를 검토

㉰ 서비스와 사회적 지지의 산출을 검토

㉱ 클라이언트의 욕구 변화를 점검하여 서비스 계획의 변화 여부를 검토

6) 평가와 종결단계[117)]

① 사례관리자에 의해 형성되고 조정되는 서비스 계획, 구성요소, 활동 등이 과연 시간을 투자할 만한 가치가 있는지 여부를 측정하는 과정

② 점검이 '정해진 활동이 계획대로 잘 이루어지고 있는지'를 살펴보는 것이라면, 평가는 '사례관리자의 활동이 클라이언트의 삶에 어떤 차이점을 만들어가고 있는가'를 보는 것

③ 평가에 관한 접근

㉮ 클라이언트에 관한 서비스와 개입계획에 관한 평가

㉯ 목적 달성에 관한 평가

㉰ 사례관리 서비스의 전반적인 효과성에 관한 평가

㉱ 클라이언트의 만족도에 관한 평가

토해야한 사항으로, ①건강-측정지침으로서 초기 건강기록, 복용량, 빈도를 포함한 약물치료, ②기능적 상태-일상생활동작(ADL), 도구를 사용한 생활 활동(IADL), ③인지-인지적 능력 및 특정변화, ④행동/감정-클라이언트의 느낌과 행동 평가, ⑤지지체계-부양자의 특정 변화, 문제, 요청, ⑥환경-생활설비의 검토와 클라이언트의 환경상태, ⑦재정-수입, 지출에 있어서 클라이언트와 지지자에 의한 보고된 변화 기록 등을 제시하고 있음.

117) 엄명용 외(2002: 462)는 사례종결에 대해 "사례가 종결되기도 하고 계속 프로그램에 의뢰하거나 새로운 서비스계획을 하는 활동이다"라고 하면서, 대체로 클라이언트 특성상 평생 동안 이루어지는 경우가 많고 사례관리자의 이직이나 전근, 클라이언트의 사망 혹은 시설입소로 종결되는 경우가 있다고 함. 그들은 종결을 준비할 때는, ①욕구충족을 시키는데 필요한 능력의 강화 정도, ②독립성 향상의 정도, ③원조망의 효과적인 활용정도 등을 고려해야 한다고 주장함. 또한, 이 종결과정에서는 사례관리의 목표가 어느 정도 달성되었는지에 관한 여부를 판단하는 평가작업도 이루어지는데, 사례관리실천 평가는 ①서비스가 어느정도 가치있는 것인가의 여부 결정, ②특정한 목적과 결과에 관한 상관관계 판단, ③사례관리의 전 과정이 효과적 효율적인지 평가, ④클라이언트의 만족정도를 규명해야 함.

[EXAMPLE] 사례관리 개입과정의 실례

□ 사례관리의 과정을 바탕으로 한 실례를 소개하면 다음과 같다. 올해 65세인 K씨 부인은 중풍으로 인해 언어소통에 불편을 겪게 되고 가사 일을 돌볼 수 없게 되었다. 오른손은 부분적으로 마비가 되었다. ⇒ (1) 접수단계 : 문제발견

□ 72세 K씨 역시 연로하여 병원에서 퇴원한 부인을 돌보는 것이 힘든 상황이다. 딸이 한 명 있었지만, 딸도 시부모와 시동생들과 함께 살고 있었으므로 딸에게 의존하기가 어려웠다. 그래서 K씨 부부는 퇴원 후에 가정에 남아 있기가 힘들어서 노인요양원에 입주할 계획을 하고 있었다. 그러다가 간호사의 의뢰로 사례관리자에게 연결되어 K씨 부부는 가정에 머물 수 있도록 하는 서비스를 받게 된 것이다. ⇒ (2) 사정단계 : 문제발견과 사정

□ K씨 부인은 오른손의 기능을 회복하도록 하는 물리치료를 계속 받고 대화능력을 높이기 위해 언어치료사와도 연결되었다. K씨 부인과 물리치료사 및 언어치료사와의 접촉은 일주일에 각 3회로 정해졌다. K씨가 음식을 만들 수 없었으므로 도시락 대리점과 가정부 서비스를 연결해 음식을 조달했다. 딸과 상담한 후에 딸이 일주일에 한 번씩 세탁과 쇼핑을 위해 K씨 부부를 방문토록 했다. 사회적 고립을 피하기 위해 노인복지관의 자원봉사자와 노인 친구들이 K씨 부부의 말벗이 될 수 있도록 연결하여 방문날짜와 시간을 정해 주었다. ⇒ 계획 및 개입 단계 : 계획과 조정

□ 딸이 서울에서 대전까지 잦은 왕복으로 인해 2개월이 지나면서 피로가 누적됨으로써 K씨 부부와 딸의 동의로 2주간의 휴가를 주었다. 대신 2주 동안에는 가정부 서비스를 추가했다. 사례관리자는 2주일에 한번씩 K씨 부부와 접촉하여 K씨 부인의 상태를 조사했다. 3개월 후에 K씨 부인이 어느 정도 가사 일을 할 정도로 회복이 됨에 따라 식사 및 가정부 서비스의 빈도를 반으로 줄이고 딸의 방문도 2주일에 한번으로 줄였다. 치료사들과의 상담 후에 물리치료와 언어치료의 빈도를 다시 조절했다. ⇒ (4) 모니터링 및 재사정단계

□ 그로부터 1개월 후 K씨 부인이 거의 회복됨에 따라 K씨 부인과 가족과의 동의를 받아서 K씨 부인에 대한 사례관리를 종결했다 비용은 의료보험, 노인연금과 딸의 보조로 충당되었다. 종료 후에 사례관리를 평가하였다. 처음에는 노인들이 사례관리를 매우 번거로운 것으로 인식했지만, 입원해 있는 경우보다 훨씬 만족감을 가졌으며 비용도 적게 들었다. ⇒ (5) 평가 및 종결 단계

제9장 사례관리의 실천과정별 주요 요소와 기술 및 서식 작성방법[118][119]

1. 접수과정[120][121]

접수과정은 사례관리의 첫 단계로, 사례를 발견하고 스크리닝을 통해서 사례관리 대상이 되는 클라이언트를 판단하며 사정을 위한 자료를 수집하는 과정을 의미하고, 이 단계는 사례발견과 인테이크로 구성됨[122].

1) 접수과정의 주요 요소

① 사례발견(Case findings)(이근홍, 2008: 209)[123][124]

㉮ 출장원조(아웃리치, out-reach)(Toseland, 1981: 227; Bendick, 1980: 268-274; 장인협・우국희, 2001: 139; 주경희 외, 2017: 71, 이근홍, 2020: 118)

㉠ 사회복지기관이 서비스 제공이 필요한 클라이언트가 기관을 직접 찾아오는 것에 한정하지 않고 클라이언트를 적극적으로 직접 찾아 나서는 것

---

118) 사례관리의 주요 과정에 관한 학자별 분류에 대해서는 김기태 외(1997: 101)와 이근홍(1999: 242)를 참고하기 바람. 그리고 사례관리의 실천과정에 대한 전반적인 내용은 김기태 외(1997: 102~117), 조휘일・이윤로(2001: 217~220), 나동석・서혜석(2009: 228~234), 김기태 외(2010: 469~475), 방미진・황영희(2011: 377~383), 윤선오 외(2017: 168~173), 서혜석 외(2017: 256~262), 엄명용 외(2020: 275~285), 최소연(2022, 153-288) 등을 참고하기 바람.

119) 본 서(書)에서는 사례관리의 실천과정을 이근홍(2020)의 견해를 참고하여 각 과정마다 "주요 요소-구체적 과정-기록사항-주요 기술" 등으로 살펴보고자 한다. 또한, 사례관리 실천과정의 구체적인 내용은 이근홍(2020: 117~186)을 참고하기 바람.

120) 사례발견은 복합적인 문제나 욕구를 갖는 클라이언트를 찾아내는 작업을 의미하고, 일정한 기준에 따라 적절한 클라이언트를 확인하는 인테이크와 서비스를 찾지 못하는 잠정적인 클라이언트에게 접촉하는 아웃리치의 개념이 모두 포함되며, 타 기관으로부터 의뢰, 지역사회 주요 정보 제공자 활용, 기관의 홍보활동을 통한 사례발견 등도 있음(김기태 외, 2010: 469~470).

121) 사례관리의 실천과정 중 접수과정(또는 초기과정)에 대한 내용은 이경준 외(2014: 429~435), 김혜영 외(2014: 353~357), 주경필・김윤나(2018: 309~312), 우국희(2016: 153~156), 주경희 외(2017: 69~91), 김성경(2017: 84~88), 이근홍(2020: 117-126), 최소연(2022, 153-169) 등을 참고하여 요약정리하였음.

122) 출처 : 서울복지재단(2006: 15-16)

123) 사례발견은 사례관리가 요구되는 클라이언트를 발굴하는 것으로 다양한 방법이 활용되는데, 기관에 방문하는 클라이언트나 공공기관에서 의뢰 받은 클라이언트 이외에도 대외추적이나 주변인물로부터 의뢰 받아 잠재적 클라이언트를 확보하게 되고, 특히 복합적이고 위축되어 있는 클라이언트는 공적인 접근방법으로는 잘 발견이 되지 않는 경우가 많으므로 대외추적이나 주변인물의 활용이 중요하게 됨(서울복지재단, 2006: 16). 사례관리에서는 다양한 서비스 체계의 통합·조정으로 보다 많은 클라이언트들이 서비스 체계에 들어오도록 격려하는 적극적인 방법이 강조되고 있음(서울복지재단, 2006: 16).

124) 주경희 외(2017: 70~71)는 사례발굴의 대표적인 방법으로 ①공공기관에 의한 추천, ②민간기관에 의한 추천, ③사례관리 대상자에 의한 추천, ④지역사회 주민에 의한 추천, ⑤자발적 방문, ⑥아웃리치 등을 제시하고 있음.

㉡ 출장원조는 대인서비스 분야에서 가장 유용한 사례발견 전략으로 활용하고 있으며, 인쇄물의 배포, 포스터 부착, 라디오와 TV의 광고, 인터넷 광고 등의 활동을 포함

[출장원조 사례]

- 복지관의 가족복지사업이나 교육문화사업 등 다른 프로그램에 참여하고 있는 주민들과의 상담과정에서(교육문화사업에 참여하고 있는 아동의 잦은 결석이나 학습능력 부족 등의 문제로 프로그램 관리차원에서 상담 중 보호자들의 취업, 의료 등의 문제가 확인되는 경우) 사례관리의 필요성이 확인되거나, 기관내 다른 사업담당자들과의 업무협의 과정 또는 추천에 의한 경우 등이 있을 수 있다.
- 또한, 기관의 필요에 의해 지역주민이나 특정대상별 사회조사의 상담과정에서 사례관리의 필요성이 확인되는 경우도 있다.
- 실제 복지관의 사업에 참여하고 있는 주민들 중에도 사례관리가 필요한 주민들이 많이 존재하고 있다는 것을 인식하고 이들과의 상담과 관계형성의 과정에서 외형적인 모습과 반응 못지 않게 숨겨진 내면에 대한 파악에도 노력할 필요가 있다.

※출처 : 서울복지재단(2006: 34)

㉯ 의뢰(referral)(Weissman, 1976: 50-54; Hepworth & Larsen, 1993: 34-35; 이근홍, 2008: 210; 엄명용 외, 228: 521)

㉠ 필요한 서비스를 제공할 수 있는 기관, 자원 또는 전문가에게 클라이언트를 직접 연결시켜 주는 방법

㉡ 클라이언트의 욕구와 그들에게 유용한 서비스를 확인하고, 그러한 서비스에 클라이언트가 참여할 수 있는 기회를 제공하여 연결이 잘 이루어졌는가를 확인하는 것을 포함

㉰ 정보제공 : 접수과정에서 클라이언트를 확인하거나 의뢰할 때 대인서비스 기관이 활용하는 중요한 기술 중의 하나, 사례관리자가 클라이언트에게 사례관리 서비스와 관련된 내용을 알도록 필요한 사실들을 제공하는 것(Kadushin & Kadushin, 1997: 203; 이윤로, 2007: 77; 이근홍, 2020: 120-122)

② 사전적격심사(screening) : 사례발견을 통해 의뢰된 신청자가 사례관리대상자로 적합한 지에 대한 여부를 결정하는 것으로서, 서비스 자격요건에 부합한 대상인가를 결정하는 것을 의미함(Quinn, 1993: 33; Steinberg & Carter, 1983: 8; 이근홍, 2020: 122)[125][126][127].

125) 인테이크(intake)는 클라이언트가 발견되거나 의뢰를 받으면 시작되는 것으로, 인테이크 초기에는 클라이언트가 사례관리대상으로 적합한가를 스크리닝해야 하는데, 스크리닝 과정에서 그 기관에 적합하지 않은 사례로 판정이 되면 그 사례를 다른 기관에 의뢰하게 됨. 철저한 스크리닝을 위해서는 다음과

③ 초기상담(intake) : 서비스 대상자의 동의를 확보하는 등의 목적을 수행하는 실질적 서비스 개시 이전 과정을 의미, 자료수집 및 기초상담 기록지(intake sheet) 작성하는 단계임[128][129].

④ 계약 : 클라이언트가 사례관리 서비스를 제공받기를 원하여 사례관리자와 함께 서비스 제공에 동의하는 서식에 서명하는 것(Steinberg & Carter, 1983: 10-11; Ballew & Mink, 1986: 13-14; Frankel & Gelman, 2004: 105-107)

2) 접수과정에서 기록할 사항(이근홍, 2020: 123-124)[130]

① 클라이언트와 관련된 기본적인 사항

② 면접자명, 면접일자

③ 기관을 찾아온 경로

④ 클라이언트와 관련된 당면한 욕구와 문제, 경제상태 등

같은 내용이 포함되어 있어야 함(Quinn, J., 1993; 장인협, 1995: 115 재인용).
- 이름, 나이, 결혼여부, 주거상태와 같은 배경 정보
- 의뢰 또는 원조추구 이유
- 이미 이용하고 있는 지지내용(공식/비공식적 자원)
- 즉각적인 조처가 필요한지 여부 평가(위기개입, 혹은 보호서비스)
- 수입, 연령, 다른 요구조건과 관련하여 수혜자격 여부 결정

126) 스크리닝(screening)은 클라이언트들이 사례관리 서비스를 받을 적절한 자격이 있는지, 서비스 이용에 해당되는 적절한 특성을 가지고 있는지, 적극적으로 참여할 의지가 있는지를 파악하는 것으로 기관 프로그램에 대한 일종의 문지기(gatekeeper)로서 작용하고, 스크리닝 절차를 통해 원조여부의 결정은 최대한 빠른 시일 내에 이루어져야 하며, 최대한 3일을 넘기지 않는 것이 바람직하다는 지적도 있음(장인협 · 우국희, 2001: 142). 이러한 스크리닝을 통해 ①잠재적 사례관리 대상자, ②의뢰 대상자, ③정보제공 대상자, ④서비스 제외 대상자 등으로 구분함(서울복지재단, 2006: 34-35).

127) 특히, 사전적격심사에서의 기준이 되는 사항은 ①시설보호에 대한 욕구, ②배우자나 중요한 타자의 상실로 인한 고통, ③복합적인 욕구와 문제, ④일상생활 과업에 대한 원조에 있어 비공식적 지원체계의 원조 불충분성, ⑤기관에 대한 원조의 회수, ⑥원조를 제공할 수 있는 장소, ⑦진료기록의 유무, ⑧이상행동과 같은 행동적 특성, ⑨보호자나 후견인의 유무, ⑩ 자기보호의 능력 등이 있음(이근홍, 1999: 247~248).

128) 초기상담(intake)는 의뢰, 자발적 방문, 아웃리치 등을 통하여 클라이언트와 초기 접촉이 이루어지면, 사례관리자가 클라이언트에 대한 기본적인 정보를 수집하는 것을 의미함(장인협 · ·우국희, 2001: 140)

129) 사례관리 과정의 초기단계 중 인테이크에 대한 자세한 내용은 김성경(2017: 88~96)을 참고하기 바람.

130) 인테이크는 정확한 사정(assessment)을 위해 면접상담, 가정방문 등의 방법을 활용하며, 자료를 수집하고, 수집된 자료를 정리하는 것으로 클라이언트 개인 및 가족구성원의 환경 등 「개인차원의 자료수집」과 「사회복지사의 보호계획」으로 구분함. 개인차원의 자료수집은 클라이언트를 중심으로 클라이언트의 욕구와 성격, 클라이언트의 능력, 공식적 · 비공식적 지원체계 등에 대한 사실(fact)을 상술하는 것으로, 사회복지실천 현장에서 Intake Sheet의 양식으로 많이 활용하고 있음. 따라서 본 서에서는 개인사정의 차원을 가족 및 구성원, 사회적 상황, 욕구 및 반응 등으로 구분하고, 보호차원의 자료수집은 클라이언트 욕구와 성격, 능력, 공식적 · 비공식지원체계 등에 대한 사실(fact)과 클라이언트의 욕구를 종합하여 사회복지사가 주요문제를 규명하고 그 문제에 대한 보호계획을 수립함.

⑤ 적격 부적격 여부(부적격일 경우 사유 포함)

⑥ 서비스 제공에 대한 동의와 계약, 계약자명 등

3) 접수과정의 주요 기술(장인협・우국희, 2001: 170-176; 이근홍, 2020: 124-126)[131]

① 의사소통기술(이윤로, 2007: 91) : 사례관리자는 클라이언트가 말하려는 것을 주의 깊게 경청하며, 클라이언트와 친밀감과 신뢰관계를 형성해야 하며, 필요한 사항들을 클라이언트에게 물어서 알아야 하며, 필요한 정보들을 클라이언트에게 전달할 수 있어야 함.

② 면접기술(Kadushin, 1972: 8)

㉮ 가장 많이 활용하는 것은 클라이언트에 대한 질문

㉯ 중요한 면접기술 : 관찰, 경청, 통솔과 지시, 공감과 동정, 명료화, 해석, 정보제공, 침묵의 활용, 바꾸어 말하기, 초점유지, 환류 주기, 요약, 상대방에 대한 집중, 중립의 유지, 방어행동에 대한 대처 등

③ 자료수집기술(이윤로, 2007: 361)[132] : 클라이언트의 현재의 당면한 욕구와 문제, 클라이언트의 능력, 가족관계 등과 관련된 질문 및 관찰, 전문가의 의견 등

④ 감정이입기술(Cormier & Cormier, 1991: 21; Frankel & Gelman, 2004: 73) : 사례관리자가 클라이언트의 입장과 기준에서 그들을 이해하려는 능력이며, 그들의 감정과 하나가 되어 감정의 의미까지도 민감하게 느낄 수 있는 능력

131) 접수과정에서 사례관리자가 활용하는 가장 중요한 기술 중 하나는 관계형성기술과 잠재적 클라이언트를 실제적 클라이언트로 전환하는 사례발견기술임(이근홍, 2020: 74). 사례관리자는 우선적으로 클라이언트와 신뢰관계를 형성하기 위해서는 관계형성기술이 있어야 하고, 대표적인 사례발견기술에는 출장원조(out-reach)와 의뢰(referral)가 있으며, 아울러 클라이언트에 대한 사전적격심사(screening)를 위해 클라이언트와 관련된 사항들을 파악해야 하는데, 이 때 사용되는 기술로 질문기술, 관찰기술, 경청기술 및 감정이입기술을 활용할 수 있음(이근홍, 2020: 74). 한편, 사례관리자는 클라이언트를 확인한 후에 상호신뢰에 기초하여 클라이언트와의 원조관계를 성립시키는 계약기술을 활용해야 하는데, 계약기술은 세부적으로 사례관리자의 역할을 소개할 면접기술, 욕구와 문제에 관한 정보를 이끌어내는 정보수집기술 및 클라이언트이 부정적인 감정을 다루는 의사소통기술 등이 요구됨(Ballew & Mink, 1986: 14).

132) 자료수집의 방법은 다음과 같음(서울복지재단, 2006:48).

①면접상담 : 클라이언트와 반드시 면접상담을 실시해야 함. 단, 클라이언트가 면접상담에 적절하지 않다고 판단되면 그 대리인과 면접상담을 할 수 있음. 아울러 가족구성원이 있을 경우 모든 가족구성원을 만나 면접상담을 해야함.

②가정방문 : 정확한 자료수집을 위해 반드시 가정방문을 실시해야 함.

③가능하면 클라이언트의 이웃, 주변인, 친구, 친척 등을 만나 정보를 파악해야 함.

④공공기관 및 민간단체와의 관계가 있을 경우 그 관계자를 만나 정보를 파악해야 함.

⑤보충조사 : 그럼에도 불구하고 정보가 부정확할 경우에는 ①~④의 방법을 통하여 보충조사를 실시함.

⑥기록 및 녹취에 대한 동의 : 클라이언트와 상담을 할 때 상담내용에 대한 기록 또는 녹취가 필요할 경우에는 사전에 클라이언트에게 동의를 얻어 실시해야 함. 만약, 클라이언트가 이를 거부할 경우에는 기록과 녹취 없이 상담을 진행해야 함.

⑤ 계약기술(엄명용 외, 2008: 106) : 사례관리자와 클라이언트가 각자의 역할, 책임, 기대, 수행할 업무의 목적, 개입방법 등을 서로 동의하고 문서나 구두를 통하여 공식화하고 구조화하는 기술

4) 접수과정의 서식(<서식-1> 인테이크 기록지)과 그 작성방법

① 가족 및 구성원 정보[133] 작성 서식

<table>
<tr><td>대상자명</td><td colspan="2"></td><td>종교</td><td></td><td>주민번호</td><td colspan="2"></td></tr>
<tr><td rowspan="3">대상자 분류</td><td colspan="7">아동 · 청소년( ), 노인( ), 장애인( ) 가족구성형태( )</td></tr>
<tr><td colspan="7">일반수급( ), 조건부수급( ), 자활특례( ), 차상위( ), 저소득( ), 일반( )</td></tr>
<tr><td>의료보장</td><td colspan="6">의료보호1종( ), 2종( ), 직장의료보험( ), 지역의료보험( )</td></tr>
<tr><td>주 소</td><td colspan="7"></td></tr>
<tr><td>전화번호</td><td colspan="3"></td><td>의뢰경위</td><td colspan="3"></td></tr>
<tr><td rowspan="5">가족사항</td><td>관계</td><td>성명</td><td>생년월일</td><td>직업</td><td>종교</td><td>동거여부</td><td>비고</td></tr>
<tr><td></td><td></td><td></td><td></td><td></td><td></td><td></td></tr>
<tr><td></td><td></td><td></td><td></td><td></td><td></td><td></td></tr>
<tr><td></td><td></td><td></td><td></td><td></td><td></td><td></td></tr>
<tr><td></td><td></td><td></td><td></td><td></td><td></td><td></td></tr>
</table>

● 가족 및 구성원 정보 서식 작성방법

- 대상자 명은 사례관리의 대상이 되는 클라이언트를 기록하는 것으로 세대주와는 구별된다. 사례관리의 주 대상자는 가족구성원 중 가장 보호가 필요한 대상을 사례관리 주 대상으로 한다(세대주가 항상 사례관리의 주대상자가 아니다). 즉, 사회적 약자로 인정될 수 있는 노인, 장애인, 아동(청소년)을 중심으로 사례관리 주 대상을 구분하고, 이들이 가지고 있는 욕구와 문제해결을 위해 가족구성원들의 변화를 위한 계획수립과 서비스 제공이 이루어지는 것이다.
- 대상자 분류는 주 클라이언트의 분류를 표시하고, 클라이언트의 법정관리정도 및 의료보호에 대하여 기록한다.
- 의뢰경위는 클라이언트를 발견한 경위와 과정을 기록한다. 예를 들어 구청으로부터 수급권자 명단을 받아 인테이크를 실시하였으면 '구청의뢰-수급권명단'으로 기록한다.
- 가족사항은 현재 동거하고 있는 가족구성원뿐만 아니라 동거하지 않는 가족도 기록한다. 이는 클라이언트의 가족간의 관계를 파악하기 위한 자료로 활용된다.

133) 클라이언트 및 가족 구성원에 대한 정보를 기술하는 것으로, 클라이언트의 가족관계, 공공부조 관계,

② 스크리닝[134] 판정 및 사유 작성 서식

판정결과	( )잠재적 대상, ( )의뢰 대상, ( )정보제공 대상, ( )서비스 거부, ( )종결
판정사유	

● 스크리닝 판정 및 사유 서식 작성방법

- 인테이크지에 스크리닝 판정내용을 기록하는 이유는 스크리닝 과정에 대한 별도의 기록지가 없고, 잠재적 대상 이외의 다른 결과에 대한 근거를 확보하기 위한 것으로 보면 된다. 따라서 스크리닝 결과 잠재적 대상 이외의 대상으로 판정이 되면 (나)번까지의 항목만 기록하여 별도로 보관하고 색인목록으로 관리하면 된다.
- 판정결과는 클라이언트와의 간단한 면담을 통해 각 기관의 스크리닝 기준에 따라 결정하는 것으로 사례관리가 필요한 대상자를 "잠재적 대상"으로 하고 그 이외의 조치가 필요한 대상자는 필요한 조치에 맞게 체크하면 된다.
- 판정사유는 모든 대상자에게 해당하는 것으로 판정결과에 대한 사회복지사 의견을 기록하면 된다.

③ 가계도 및 생태도[135] 작성 서식

가계도	생태도
(샘플)	(샘플)

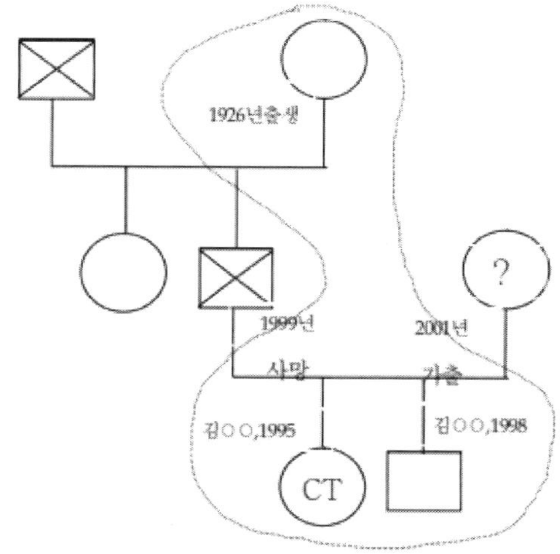

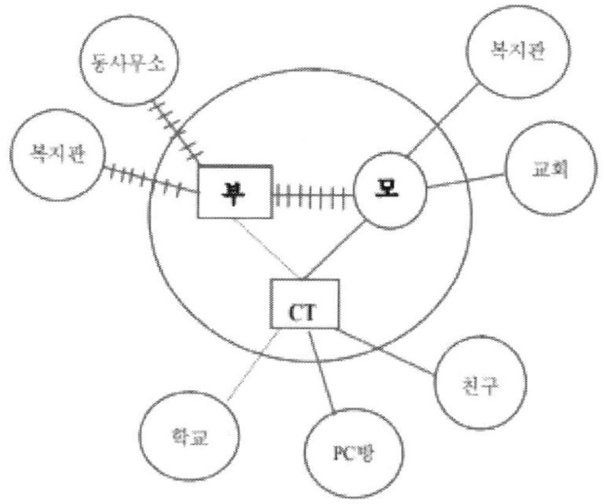

주소 및 전화번호 등에 관한 정보를 기록함. 이를 위해 사회복지사는 ㉠가족구성원의 인적사항 〔성명, 연령, 성별, 직업, 종교, 학력, 동거여부(거주지, 별거 시 사유), 기타〕, ㉡클라이언트의 공공부조대상자 여부 등에 대한 자료를 수집하여야 함.

134) 스크리닝은 접수 초기 단계에 이루어지는 것으로, 클라이언트가 사례관리 대상자로 적합한지를 결정하는 것임.

135) 가계도 및 생태도는 가족 구성원들간의 상호 관계를 보기 위한 것으로, 이를 위해 ㉠클라이언트 및

● 가계도 서식 작성방법

- 가계도(Genogram)란 3세대 이상에 걸친 가족성원에 관한 정보와 그들간의 관계를 도표로 기록하는 것으로 가족에 관한 정보가 도식화되어 있기 때문에 복잡한 가족유형의 형태를 한 눈에 볼 수 있다. 가계도는 사회복지사와 클라이언트가 세대를 통해 내려오는 문제가 있는 감정이나 행동의 패턴을 측정하는데 유용한 도구이다.
- 가계도는 클라이언트를 중심으로 작성하며 이를 통해 클라이언트의 가족관계를 파악할 수 있다.
- 가계도는 작성 원칙에 따라 작성하며, 작성 범위는 클라이언트를 중심으로 위로 1대, 아래로 1대가 적절할 것으로 보인다. 단 조손 가정일 경우에는 구성원이 모두 포함되도록 작성한다.
- 가계도 그리는 방법
  - 남자는 □, 여자는 ○으로 표현한다.
  - 결혼관계는 선반받이( ) 모양의 선으로 표현한다. 실선이면 기혼을, 점선이면 미혼을 나타낸다.
  - 선반받이 모양의 선 아래로 뻗어 나온 선은 임신이나 자손을 나타낸다.
  - 별거는 슬래시 1개(/)로( ) 표현한다. 이혼은 슬래시 2개(//)로 표현하되 관계를 나타나내는 선을 끊어지게( ) 한다.
  - 임신과 출산은 첫아이에서부터 막내까지를 왼쪽에서부터 오른쪽으로 배열한다. 유산은 □, ○ 없이 X를 표시하며, 임신 중인 태아는 △으로 표현한다.
  - 사망은 □, ○ 안에 X를 표기함으로써 나타낸다.
  - 사람의 이름과 출생일, 결혼(m), 별거(s), 이혼(d) 날짜는 각 상징과 나란히 표기한다.

● 생태도 서식 작성방법

- 생태도(Eco-map)는 사회복지사가 클라이언트와 가족의 환경 내 다양한 체계들과의 관계를 탐색하기 위해 사용하는 많은 상호적인 기법들 중의 하나이다. 완성된 생태도는 가족이 각각의 체계들로부터 받는 스트레스와 지지는 물론 가족 환경의 중요요소를 시각적으로 표현해준다.
- 생태도 그리는 방법
  - 가계도에서와 마찬가지로, 사각(□)이나 원(○)은 일차적 사회체계(예:가구)의 성원을 나타낸다. 이들 성원들은 종이의 한 가운데에 큰 원으로 그려 넣는다.
  - 가족이나 가족성원들과 상호작용 하는 중요한 다른 사회체계를 확인하고 이들 또한 원으로 그려 넣는다.
  - 확인된 사회체계들간의 관계의 특징은 선으로 표시한다. 실선(—)은 강한 관계(보통은 긍정적 관계)를, 점선(---)은 약한 관계를, 그리고 해치 모양의 선(+++)은 긴장된 관계 혹은 갈등 관계를 나타낸다. 화살표(→)는 체계간 에너지 혹은 자원의 흐름의 방향을 나타낸다. 이와 같은 관계를 나타내는 선들은 가족성원들간의 에너지 교환의 특성을 나타내는데도 사용된다. 플러스(+), 마이너스(-), 플러스ㆍ마이너스(±) 부호는 관계를 나타내는 선에 인접해 표시하는데, 이들은 해당 관계가 에너지를 향상시키는 관계인지, 에너지를 고갈시키는 관계인지 혹은 에너지 투입과 보상의 균형을 이루는 관계인지를 나타낸다.

가족 구성원의 생활사(Life History)〔출생지, 성장과정, 결혼관계(History), 직업관계(History), 가족관계(History), 세대주의 생활사에 가장 큰 영향을 미친 것, 기타〕, ㉡친척과의 관계〔친화정도, 왕래정도, 원조관계, 기타〕 ㉢형제(자매)와의 관계(별거)〔형제의 수, 거주지, 연락되는 형제유무, 왕래정도, 친화정도, 원조관계, 기타〕 등의 자료를 수집하여야 함.

④ 개인력 및 가족력136) 작성 서식

1) 개인력 2) 가족력

● 개인력 및 가족력 서식 작성방법
- 개인력은 클라이언트와 관련된 life history를 기록하는 것으로 출생, 학력, 건강, 직업, 결혼, 질병 등을 시차순으로 기록한다.
- 가족력은 클라이언트를 제외한 가족 구성원의 life history를 기록하는 것으로 가족 구성원 개개인별로 기록하며, 방법은 개인력과 동일하게 작성한다.

⑤ 가족 및 사회적 관계137) 작성 서식

(가족 및 사회적 관계)

● 가족 및 사회적 관계 서식 작성방법
- 클라이언트와 가족구성원들과의 관계 및 태도, 가족구성원 간의 관계 및 태도를 기록한다.
- 갈등, 친밀, 협조, 지원 등의 관계를 경제적, 심리 · 정서적인 분야로 구분하여 기록한다.

⑥ 사회적 상황 작성 서식

경제상황139)	(수입/생활비/저축/부채 등)
건강상황140)	(장애/병력/진단 및 치료여부 등)
주거상황141)	(주거형태/방/화장실/난방종류/채광/환기 등)
사회심리적 상황142)	(생활상태/사회적관계망/심리 · 정서적 상태 등)

136) 클라이언트와 가족 구성원의 삶의 역사에 대해 기술하는 것으로, 가계도 및 생태도를 위해 파악된 자료를 활용함.
137) 가족 구성원들의 상호작용을 기술하는 것으로, 이를 위해 ㉠자녀양육(자녀가 있는 경우, 클라이언트가

● 경제 상황 서식 작성방법
- 클라이언트뿐만 아니라 생계를 같이하는 구성원들의 전체 수입 및 지출을 기록한다.
- 수입에는 법정기준(수급권자 등)에 의해 매월 지급되는 공공부조금 및 사적부조도 포함한다.
- 지출에는 부채를 해소하기 위해 정기적으로 지출되는(이자 등) 금액을 포함하지만 부채는 지출에 포함하지 않고 별도로 기록한다.
- 수입과 지출을 기록할 때에는 가족구성원별로 구분하여 기록한다.
- 법정기준은 국민기초생활보장법에 의한 보호구분을 기록한다.

● 건강 상황 서식 작성방법
- 클라이언트의 장애종류와 장애급수를 기록한다. 가족구성원의 장애에 관해서도 구성원별로 기록한다.
- 질병정도는 질병의 종류와 병력, 질병의 심각성, 현재 조치사항, 향후 예상되는 질병의 추이 등을 기록한다. 가족 구성원의 질병에 관해서도 기록한다.

● 주거 상황 서식 작성방법
- 주택소유현황은 자가, 전세, 월세, 무료임대, 무허가 등의 현황을 기록하고 재산가액 및 면적 등을 기록한다.
- 주거환경은 주거시설의 노후관계, 보일러, 도배, 장판, 환기, 편의시설, 위생상태, 부엌, 화장실 등 물리적 환경에 대해 기록한다.

● 사회심리적 상황 서식 작성방법
- 생활상태는 동거가족의 유 · 무에 관한 기록이다. 동거하는 가족 구성원이 있으면 그 구성원들이 클라이언트를 보호할 수 있는지, 또는 클라이언트의 보호가 필요한 구성원인지와 동거가족과의 정서적인 관계를 기록한다.
- 심리 · 정서적 상태는 클라이언트 또는 구성원들의 심리 및 정서 상태의 불안 정도를 기록한다.

⑦ 일상생활수행능력(ADL, IADL) 작성 서식

(일상생활능력)

● 일상생활수행능력(ADL, IADL) 서식 작성방법
- 클라이언트의 일상생활 능력을 기술하는 것으로 ADL 및 IADL척도(부록 자료 참조)를 활용하여 기록한다.

⑧ 대상자 욕구[138] 작성 서식

(대상자의 욕구)

● 대상자 욕구 서식 작성방법
- 클라이언트가 사례관리 서비스로 요청하거나 해결해 주기를 원하는 욕구를 기록한다.
- 욕구를 기록할 때에는 1) 경제적 욕구, 2) 의료 · 건강 욕구, 3) 심리 · 사회적 욕구, 4) 기타 욕구 등으로 구분하여 기록한다.

자녀인 경우) 〔자녀양육, 훈육, 교육에 대한 부모의 스타일, 규율의 일관성, 자녀의 학업 성취 및 의욕, 자녀의 학교 및 가정의 적응력, 자녀의 일탈행동 경력, 집에 친구들이 자주 오는가?(방문, 전화,

⑨ 자원활용상황 작성 서식

공식적 자원	비공식적 자원

● 자원활용상황 서식 작성방법

- 클라이언트를 중심으로 비공식적인 자원과 공식적인 자원을 기술하는 것으로, 이를 위해 ㉠ 이웃과의 왕래〔누구와 교류, 방문빈도, 교류내용 등〕 ㉡ 이웃과의 친화력〔우호적인 이웃, 적대적인 이웃 등〕 ㉢ 사회적 관계〔지역내 시설의 이용(복지관, 경로당, 문화센터 등), 종교활동(종교유무, 참여주기, 교인들과의 관계 등), 사회활동(친목회, 동우회, 자원봉사 등)〕 등에 대한 자료를 수집하여야 한다.
- 제시된 양식에는 공식지원체계와 비공식지원체계의 종류와 연계정도, 이웃과의 관계, 지역사회자원의 활용 등을 기록한다.

⑩ 클라이언트 태도와 반응 및 사회복지사의 의견[143] 작성 서식

1) 반응 및 태도   2) 사회복지사의 의견

● 클라이언트 태도와 반응 및 사회복지사의 의견 서식 작성방법

- 면접상담, 가정방문 등을 통해 클라이언트의 반응 및 태도를 기록한다.
- 클라이언트의 전반적인 상황에 대하여 사회복지사의 의견을 기록한다.

⑪ 서비스 계획 작성 서식

문제 및 욕구	서비스 계획

● 서비스 계획 서식 작성방법

- 보호차원의 자료수집은 클라이언트 욕구와 성격, 능력, 공식적 · 비공식지원체계 등에 대한 사실(fact)과 클라이언트의 욕구를 종합하여 사회복지사가 주요문제를 규명하고 그 문제에 대한 보호계획을 수립한다. 주요문제는 클라이언트가 제시한 욕구와 문제, 사회복지사가 도출한 문제를 포함한다.
- 각 영역별로 클라이언트의 욕구와 문제에 대하여 보호 및 개입 계획을 수립한다.

외출 등)〕, ㉡가정통합과 관련하여 가족구성원의 식사습관〔시간, 대화정도, 기타, 가족구성원간의 대화정도, 가족구성원의 여가(취미)활용(개인 또는 가족전체), 가족원중 분위기를 이끌어 가는 사람, 가족의 구성원에 대한 충실성, 가족의 희생양〕 등의 자료 수집이 필요함.

2. 사정과정[144][145]

사정과정은 개입 방식을 선택하기 위하여 클라이언트의 문제와 상황을 검토하는 절차이며, 이 과정을 통하여 서비스 수준과 성격에 관한 결정이 내려지고, 서비스 전달의 양과 질에 대한 청사진이 마련됨. 이 과정에서는 클라이언트와 그 가족에 의해 제시된 문제 외에도 신체적・인지적・사회적・정서적 욕구는 물론 재정적・환경적 욕구도 파악되어야 하고, 또한 공식적・비공식적 서비스 제공자로부터 클라이언트에게 제공될 수 있는 도움에 대한 면밀한 검토도 실시되어야 함(Orme & Glastonbury, 1993: 72; 이근홍, 2008: 54)[146].

1) 사정과정의 주요 요소[147][148]

---

138) 클라이언트의 욕구를 기술하는 것으로 소득에 관련한 욕구, 주택 및 주거환경에 관련한 욕구, 고용 및 직업에 관련한 욕구, 건강에 관련한 욕구, 정신보건과 관련한 욕구, 사회활동 및 대인관계에 대한 욕구, 여가활용 및 문화활동에 대한 욕구, 일상생활의 활동에 관한 욕구, 이동 및 교통수단과 관련한 욕구, 법률에 관련된 욕구, 본인 및 구성원의 교육(학습)에 관련된 욕구 등을 파악하여야 함.

139) 클라이언트 및 가족 구성원의 경제력 및 잠재능력을 기록하는 것으로, 이를 위해 ㉠재정상태〔가족구성원 개별(전체)수입 및 개별(전체)지출, 부채 및 사유, 상환계획, 사적부조 및 공공부조, 기타〕 및 ㉡고용관계는 가족원 개별의 고용상태〔직업 및 고용의 일관성「직업, 근무형태(정기 or 비정기, 시간 등), 현 직업 시작년도(월)」, 직업능력(기술정도)「자격증 소지여부, 기술 및 장기, 대인관계(성격)」, 직업의 만족도, 보수, 기타〕 등의 자료를 수집하여야 함.

140) 클라이언트 및 가족 구성원들의 장애, 건강 및 병력, 치료과정 등에 대한 기술로, 이를 위해 ㉠클라이언트의 건강상태〔신체적·정신적 건강상태, 병력 및 조치상태, 영양상태, 기타〕 및 ㉡가족 구성원의 건강상태〔신체적·정신적 건강상태, 병력 및 조치상태, 영양상태, 기타〕 등의 자료를 수집하여야 함.

141) 클라이언트의 주거환경 및 시설에 대한 기록으로, 이를 위해 ㉠주택 및 주거〔주택유형 - 아파트(평수), 단독(평수), 다세대(평수), 연립(평수), 기타 / 주거형태 - 노후상태, 층수, 위치(몇 번째 집 등), 기타 / 주택소유 - 소유자, 전세(금액), 월세(금액), 자가(시가), 무료거주, 임대(금액), 기타 / 주택의 구조 - 방수, 거실, 화장실, 수도, 기타 / 조명 및 환기 상태 : 창문의 수 및 위치, 통풍, 채광, 기타(방충, 방한) / 급수상태 - 수돗물 사용상태, 냉·온수 사용, 배수상태, 싱크대, 기타 / 보일러 상태 - 종류(기름, 가스, 연탄, 기타), 노후상태(설치년도), 난방비용, 기타 / 위생상태 - 도배, 장판, 청결상태(부엌, 화장실등), 정리상태, 해충, 기타〕, ㉡가정물품〔문화환경 - TV, 인터넷, 신문잡지, 기타 / 가정물품 - 냉장고, 세탁기, 청소기, 전기밥솥, 기타〕, ㉢ 잠자리 및 사용공간〔구성원의 사용공간 / 가족 구성원의 잠자리 배치, 기타〕 등의 자료를 수집하여야 함.

142) 클라이언트의 생활상태 및 정서적인 상태를 기술하는 것으로, 면접상담 과정에서 이를 파악하여야 함.

143) 면담과정에서 클라이언트의 태도 및 반응과 사회복지사의 면담과정에 대한 의견을 기술하는 것으로, 면담과정에서 주의 깊게 클라이언트를 관찰하여야 함.

144) 사정(assessment)은 접수과정에서 수집된 클라이언트의 욕구와 자원을 종합적으로 분석하여 클라이언트가 어떤 유형의 서비스를 필요로 하는가를 결정하는 것으로써, 이러한 결정은 서비스의 계획과 개입에 연결되어야 하고, 보통 사례회의를 통하여 이루어지며 사례회의에서는 클라이언트와 관련된 자료와 사정도구틀을 활용하여 객관성 및 공정성을 확보하고 서비스 및 개입의 수준을 최종 결정하게 됨(서울복지재단, 2006: 50).

145) 사례관리의 실천과정 중 사정에 대한 내용은 이경준 외(2014: 435~438), 김혜영 외(2014: 358~361), 주경필・김윤나(2018: 312~313), 우국희(2016: 158~170), 주경희 외(2017: 92~100), 김성경(2017: 97~116), 이근홍(2020: 127-139), 최소연(2022, 171-209) 등을 참고하여 요약, 정리하였음.

146) 출처 : 서울복지재단(2006: 17)

147) 이준상(1994: 89)은 사례관리기법은 문제를 전문가가 직접 해결하려는 것이 아니라 클라이언트의 문제

① 클라이언트의 욕구와 문제(Sheppard, 1995: 130-132; 이근홍, 2020: 127-128) : 사정과정을 통하여 전반적으로 확인해야 하며, 무엇보다도 클라이언트 자신이 가장 훌륭한 자료원임을 고려하여 그들의 진술을 토대로 파악

② 클라이언트의 기능과 능력(Maluccino, 1979: 399; 이근홍, 2020: 128-129)

㉮ 클라이언트의 기능 : 건강상태, 심리상태, 정신상태, 일상생활 기능수준, 각종 서비스 이용상태, 인식상태 등

㉯ 클라이언트의 능력 : 강점, 장점, 잠재능력, 자격과 기술, 건전한 기능, 활용가능한 자원, 성장과 발전의 가능성, 문제의 대처능력과 해결능력 등

③ 사회자원(Moxley, 1989: 50-52; Bamford, 1990: 156-159; 이근홍, 2020: 129-130)

㉮ 비공식 지원체계 : 비조직적이고 자발적이며 상호부조적인 특성

예) 가족, 친척, 친구, 이웃, 자조집단, 종교단체 등

㉯ 공식 지원체계 : 공식적인 기구나 조직을 통하여 일정한 제도하에 체계적이고 안정적이며 전문적인 서비스를 제공

예) 국가기관, 공공기관, 사회복지기관(시설),사회단체 등

④ 사회자원의 결함(Pincus & Minahan, 1973: 5-8; White & Goldis, 1992: 170-171; 이근홍, 2020: 130-131) : 사례관리자는 클라이언트가 공식 지원체계와 비공식 지원체계를 활용하는 데 있어서 어떠한 장애를 가지고 있는가도 사정할 필요가 있다. 사회자원의 결함에 대한 사정은 클라이언트가 원조자로부터 필요로 하는 서비스를 적절하게 제공받고 활용하는 데 장애가 되는 것이 무엇인가를 파악하는 것

해결에 요구되는 가능한 자원을 발견하고 이러한 자원들을 조정, 의뢰하는 기능이 강조되기 때문에, 정확한 사정이야말로 사례관리 서비스의 성패를 결정짓는 중요한 과정이라고 할 수 있으며, 사례관리에 있어서의 사정은 개인이 서비스를 제공받을 수 있는 능력과 개인이 필요로 하고 있는 서비스를 제공할 수 있는 환경의 상호작용성을 고려하고자 하는데 그 특징이 있다고 했음.

148) 사정단계에서 사례관리자는 클라이언트와 관계를 확립하고 연속적인 서비스 계획을 위해서 사용할 수 있는 기초자료를 개발하고, 변화될 것, 문제를 지속하는 요인 혹은 현재 문제를 통제하는 것, 변화를 일으키기 위해서 필요한 자원, 변화의 결과로 발생하는 문제, 그리고 변화가 어떻게 평가될 수 있는가를 사정하기 위해서 필요한 정보를 모아야 함(김기태 외, 2010: 470~471). 따라서 사례관리에서의 종합적인 사정은 환경적인 상황에서 클라이언트의 다양한 욕구, 약점, 강점을 결정하는 과정으로서, 사정에 필요한 충분한 시간을 가지고 적절한 사정도구를 사용하거나 개발하는 것이 중요하다 할 것임(김기태 외, 2010: 471), Kirst-Ashman & Hull(1999: 582~585)은 사례관리과정에서 다루어야 할 내용으로 ①환경적 도전들에 직면할 수 있는 클라이언트의 능력, ②클라이언트의 비공식적 지지망이 클라이언트를 돌볼 수 있는 능력, ③공식적 지지체계들의 자원 등을 제시하고 있음.

2) 사정의 과정(Raiff & Shore, 1993: 29; Payne, 1995: 99-102; Meyer, 1993: 100; 이근홍, 1999: 63-65)[149)]

① 자료수집(Hepworth & Larsen, 1993: 195; 이근홍, 2020: 131-132)

㉮ 일정한 서식을 통하여 클라이언트로 하여금 필요한 사항을 기재할 수 있도록 하는 방법

㉯ 클라이언트와 배우자, 가족 성원 또는 집단성원과의 상호작용과 관련된 사항들을 직접적인 관찰을 통하여 파악하고 전문가들의 견해 등을 부차적인 자료를 수집

② 자료분석(이근홍, 2020: 132-133) : 클라이언트의 신체적 인지적 · 정서적 · 정신적 기능을 영역별로 세분화시켜 각각의 기능수준을 분석하며, 역기능적인 정신적 상태도 영역별로 분석

③ 자료평가(이근홍, 2020: 133) : 우선적으로 욕구영역별로 정선된 클라이언트의 다양하고 복합적인 욕구를 긴박한 필요성에 따라 평가하여 우선순위를 설정 후 기능의 영역별로 세분화하여 분석한 클라이언트의 기능을 자립과 의존의 정도를 평가

④ 과업규정(이근홍, 2020: 133) : 세밀하게 평가된 클라이언트의 기능과 능력을 바탕으로 문제를 해결하며 사회적 기능을 향상시키기 위해 영역별로 규정

⑤ 개입기획(이근홍, 2020: 134) : 욕구와 문제 및 욕구를 충족시키고 문제를 해결하기 위해 행할 수 있는 과업과 서비스의 내용들을 클라이언트, 비공식 지원 체계 및 공식 지원체계의 수행 역할별로 체계적으로 열거

3) 사정과정에서 기록할 사항(→ 사정도구틀 활용)(이근홍, 2020: 134-135)

① 클라이언트의 욕구와 문제

② 클라이언트의 기능과 능력

③ 사회자원과 사회자원의 결함

[사정도구틀의 활용]

- 사정도구틀은 클라이언트의 욕구와 문제를 각 영역별로 구분하여 점수화하여 보다 객관적인 사정이

149) 김기태 외(2010: 471)는 사정과정의 특징으로 ①욕구에 기초, ②포괄성, ③여러 전문체계들과의 협력, ④클라이언트의 참여성, ⑤지속적 과정, ⑥욕구 상호간의 체계성, ⑦산출(결과, 사정 완료 후 기록의 형태로 보존) 등을 제시하고 있음.

이루어 질 수 있도록 한 것으로 사례회의에 참석한 모든 구성원이 각각 사정도구틀을 측정하여 평균을 구하는 방법을 사용하는 것이 바람직하다.

- 사정도구틀은 클라이언트를 복지관의 관리 대상자로 결정할 것인지와 복지관 관리 대상자로 한다면 어떤 수준으로 개입할 것인지를 결정하는 것에 대해 객관성을 확보하기 위해 사용한다.
- 사정도구틀의 평가영역은 ① 경제적 영역[150], ② 의료 및 건강영역[151], ③ 심리・사회적 영역[152], ④ 사회복지사의 평가[153] 등 4개 영역으로 구분하고 각 영역별로 동일한 가중치를 부여한다.
- 각 영역별로 동일한 가중치를 부여하는 이유는 기존 복지관의 사정도구틀에는 경제적 영역에 많은 가중치를 두고 있으나 이미 스크리닝을 통해 한번 걸러졌기 때문에 경제적 영역의 변별력이 크지 않으며, 경제적 영역 이외 다른 영역이 심각한 위험이 있을 경우 이를 제대로 반영하지 못하고 왜곡된 결과를 초래할 수 있기 때문이다. 또한 실제적으로 개입방법 및 서비스를 각 영역별로 구분하여 결정하며, 각 영역별 위기 정도에 따라 개입 및 서비스의 비중을 결정하는 것이 현 실정이다.
- 따라서 "사정도구틀"은 대상자의 적격여부를 결정하는 기능 이외에 개입의 우선 영역을 결정하는 기능을 하게 된다.
- 각 영역별 총점은 40점으로 동일하게 배정하여 총 160점으로 하였다.
- 위의 점수 결과(총점 및 평균)에 따라 ① 단순형, ② 일반형, ③ 집중형 등으로 개입 수준을 구분한다. 이와 별개로 각 영역별 점수도 이 3단계로 구분하여 한 개의 영역이라도 평균보다 높으면 점수가 높은 영역의 수준으로 개입수준을 결정하는 것이 바람직하다.
- 이와 별도로 긴급개입이 필요한 경우, 먼저 대상자의 문제해결을 위한 조치를 취하고, 이 과정에서 지금까지의 과정이 동시다발적으로 진행이 될 수 있으며, 긴급조치 후 사례회의를 통해 개입수준을 결정할 수도 있다.
- 사정도구틀을 활용하여 개입 정도를 결정할 때의 기준 점수는 각 기관 및 지역의 특성에 맞게 적용하는 것이 바람직하리라 본다. 그럼에도 불구하고 사정도구틀을 사용하는 기관들의 예를 들어보면 90% 범위 이상의 점수는 집중형, 80% 범위 이상은 일반형, 70% 범위 이상은 단순형, 70% 범위 이하는 종결하거나 잠재적 사례관리자로 분류하는 경향이 있었다.
- 위에서 점수의 범위를 정하여 관리수준을 결정하도록 하고 있으나, 아동사례의 경우 문제가 매우 심각하여 집중적으로 개입하여야 함에도 불구하고(의료 및 건강영역에서 이상이 없는 경우) 점수는 단순형 또는 그 이하로 나오는 경우가 발생하게 된다. 이럴 경우에는 사회복지사의 의견을 최대한 반영할 수 있도록 하여 4개의 영역중 사회복지사의 의견에 따라 집중형으로 관리할 수 있다.

※ 출처 : 서울복지재재단(2006: 51-52)

150) 경제영역에서의 사정도구에 포함될 내용은 수입, 지출, 주거형태, 부채, 법정기준 등 5개 항목으로 구분하고 총 40점을 배정하였으며, 수입・지출・주거형태는 각각 10점을 배정하고, 부채와 법정기준은 수입과 지출에 간접적으로 계상이 되기 때문에 배점을 5점씩 둠.

151) 의료 및 건강영역에서의 사정도구에 포함될 내용은 장애유무, 질병정도, 일상생활능력(ADL) 등 3개 항목으로 구분하고 총 40점을 배정하였으며, 특히 질병의 정도가 클라이언트에게 가장 많은 영향을 끼친다는 것을 고려하여 20점을 배정하고 다른 항목은 각 10점씩 배점을 함.

152) 사회・심리영역에서의 사정도구에 포함될 내용은 생활상태, 사회관계망, 지지체계, 심리・정서상태 등

4) 사정과정의 주요 기술[154]

① 기록기술(이윤로, 2007: 109-110)

㉮ 사례관리 실천과정 전반에 걸쳐 활용되는 중요한 기술

㉯ 사례관리자에게 초점을 유지할 수 있게 하며, 클라이언트와 관련된 정보를 보존하며, 서비스 전달을 촉진하고 서비스의 효과성과 효율성을 증진

㉰ 사례관리 관련 전문가들 간의 의사소통을 가능

② 가계도와 생태도 작성기술(이근홍, 2020: 136-138)

가계도 및 생태도는 가족 구성원들간의 상호 관계를 보기 위한 것으로 이를 위해 ㉠ 클라이언트 및 가족 구성원의 생활사(Life History)〔출생지, 성장과정, 결혼관계(History), 직업관계(History), 가족관계(History), 세대주의 생활사에 가장 큰 영향을 미친 것, 기타〕 ㉡ 친척과의 관계〔친화정도, 왕래정도, 원조관계, 기타〕 ㉢ 형제(자매)와의 관계(별거)〔형제의 수, 거주지, 연락되는 형제유무, 왕래정도, 친화정도, 원조관계, 기타〕 등의 자료를 수집하여야 함.

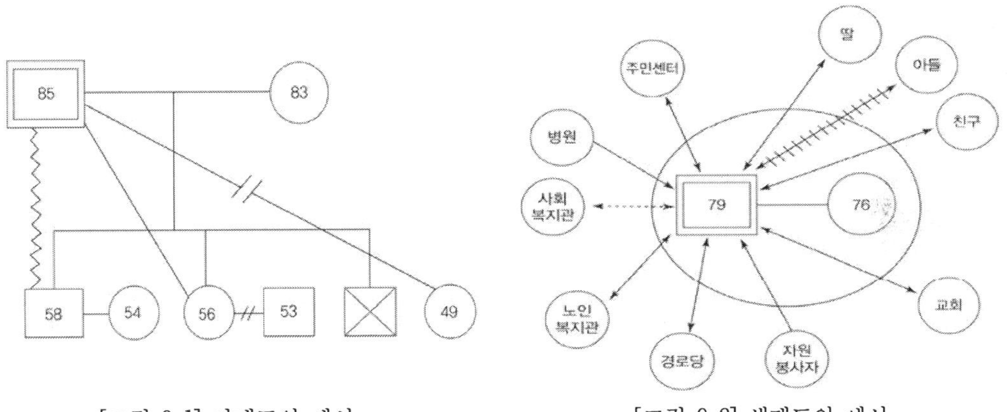

[그림 9-1] 가계도의 예시 [그림 9-2] 생태도의 예시

4개 항목으로 구분하고 총 40점을 배정함.

153) 사회복지사의 평가는 위의 사정도구 틀에서 점검하지 못하거나 누락된 내용, 클라이언트의 주변환경 및 변수 등 클라이언트의 상황을 종합 검토하여 배점하도록 하여 사정도구틀의 부족한 부분을 보완하도록 함.

154) 사정과정에서 사례관리자는 클라이언트의 복합적인 욕구와 문제, 클라이언트의 능력, 클라이언트와 관련된 사회자원 등을 파악하기 위해 자료수집기술을 활용하는데, 이러한 자료를 수집하기 위해서 주로 면접기술과 관찰기술을 활용하며, 기존의 자료를 활용하거나 관련 전문가의 의견을 듣기 위해 경청기술과 자문기술을 활용하기도 하며, 질병이나 장애의 증상이 있을 경우 의학적 검사나 검사용지를 활용하기도 함(이근홍, 2020: 74-75). 아울러, 사정과정에서 표준화된 사정도구를 활용하여 클라이언트에 관한 자료를 수집·분석하기 위해서 사정도구를 개발·활용할 수 있는 기술이 필요하고, 클라이언트와 관련된 다양한 자료와 정보를 조직화·체계화 하기 위해서는 의사소통기술과 기록기술을 소유해야 함(Vourlekis & Greene(Ed.), 1992: 184).

③ 사례회의 활용기술(이근홍, 2020: 138-139)

㉮ 사례관리자는 클라이언트의 사례에 적합한 전문가들을 섭외하고 그들과 상호 협력하여 사례회의를 주관

㉯ 사례회의의 주요 의논사항은 사정과정에서 클라이언트의 욕구 문제 능력 사회자원의 사정, 기획과정에서 결과목표와 세부목표의 설정, 목표들 간의 우선순위 결정 및 서비스 계획의 수립, 평가과정에서 클라이언트의 진척사항과 서비스의 효과성 효율성의 평가

[사례회의(case-conference)]의 중요성]

- 사례회의(case-conference)는 사정단계에서 최종적으로 보호서비스 및 개입내용을 결정하는 과정임. 사례회의는 사정의 객관성 및 형평성을 확보하기 위해 담당 사회복지사, 팀원 및 관련 사회복지사, 슈퍼바이저가 모두 참석하여 담당 사회복지사가 작성한 사정자료(intake sheet, 보호계획)를 토대로 해결되어야 할 문제와 보호의 목적을 확인하고 결정하는데, 이때 사례회의에 참석한 구성원들이 각각 사정도구들을 활용하여 의견을 통합함으로써 객관적이고 합리적인 서비스 및 개입을 결정할 수 있음.
- 사례회의는 Team-Approach의 방식으로 클라이언트와 관련한 사회복지사, 의사, 간호사, 심리학자 등이 참여하는 것을 제시하고 있으나, 지역사회복지관의 현실적인 인적구성을 감안할 때 담당 사회복지사, 팀원 및 관련 사회복지사, 슈퍼바이저 등이 참여하는 것이 일반적임.
  - 사례회의에서 가장 고려되어야 할 것은 클라이언트의 문제, 욕구, 연결할 자원(기관의 보유자원 또는 연계가 가능한 자원) 등을 고려하여, 개입의 정도를 결정함.
  - 사례회의는 해결되어야 할 클라이언트의 문제 및 보호의 목적을 명확히 하는 과정이며, 이들 욕구를 충족시킬 적절한 수단을 실제적으로 선택하는 과정은 계획임.
  - 사례회의 결과는 사회복지관 내부 행정 자료로서 별도의 양식을 제시하지 않았으며, 기관의 필요에 의해 별도의 양식을 만들어 사용하면 좋을 듯함.

※출처 : 서울복지재단(2006: 50)

5) 사정과정의 서식(<서식-2> 사정도구들)과 그 작성방법

① 경제적 영역의 작성 서식

영역	내용	평가기준	배점기준	평가	비고
경제상황(40)	수입(10)	최저생계비 기준 이하	10		
		최저생계비의 120% 이하	8		
		최저생계비의 150% 이하	6		
	지출(10)	수입의 90% 이상	10		
		수입의 80% 이상	8		
		수입의 70% 이상	6		

① 경제적 영역의 작성 서식

영역	내용	평가기준	배점기준	평가	비고
경제상황(40)	주거형태(10)	가건물(비닐하우스 등)	10		
		월세	8		
		무료임대	6		
		전세	4		
		자가	0		
	부채(5)	재산의 30% 이상	5		
		재산의 30% 이하	2		
	법정기준(5)	의료보호 1종	5		
		의료보호 2종	4		
		조건부, 특례	3		
		저소득	2		

● 경제적 영역의 서식 작성방법

- 수입 : 수입은 객관적인 기준을 적용하기 위해 최저생계비를 기준으로 하였으며, 최저생계비의 120%이하는 차상위계층을 포함하고, 최저생계비의 150% 이하는 일반 저소득층을 포함함. 수입에서의 배점기준은 수입이 적은 클라이언트가 높은 점수를 받을 수 있도록 함.
- 지출 : 지출은 총량보다는 수입에 대비한 지출 규모를 파악하여 실질적인 재정규모를 파악하고자 함. 지출의 배점기준은 지출이 많은 클라이언트가 높은 점수를 받을 수 있도록 함.
- 주거형태 : 주거형태는 주택의 소유를 기준으로 하였으며, 가건물의 경우 소유형태는 아니지만 가장 열악한 주거상태로 분류하고, 주택의 소유가 월세일 경우 현실적으로 비용에 대한 부담이 가장 크기 때문에 높은 배점을 함.
- 부채 : 부채는 기본 재산을 기준으로 하고, 준거기준을 재산의 30%로 한 이유는 은행의 모기지론 등 실물 경제에서 부채가 재산가액의 30%를 넘을 경우 상환이 어렵다고 보는 것이 통상적인 관례로, 이를 기준으로 부채의 심각성을 측정하는 것이 보다 객관적일 것으로 사료됨.
- 법정기준 : 법정기준은 현재 우리나라의 법적인 테두리에서 보호를 받고 있는 것을 말하는 것으로, 이미 공공기관에서 한번 means-test를 거쳐 국민기초생활보장법에 의해 보호를 받고 있어 배점을 낮게 하고, 같은 수급권자라도 정도에 따라 구분되고 있는 현실을 고려하여 항목을 구분함.

② 의료 및 건강 영역의 작성 서식

영역	내용	평가기준	배점기준	평가	비고
의료 및 건강(40)	장애유무(10)	1급	10		
		2-3급	8		
		4-6급	6		

② 의료 및 건강 영역의 작성 서식

<table>
<tr><th>영역</th><th>내용</th><th>평가기준</th><th>배점기준</th><th>평가</th><th>비고</th></tr>
<tr><td rowspan="6">의료 및 건강(40)</td><td rowspan="3">질병정도(20)</td><td>만성질환(평생)</td><td>20</td><td></td><td></td></tr>
<tr><td>장기 치료가 필요한 질병</td><td>16</td><td></td><td></td></tr>
<tr><td>단기 치료가 가능한 질병</td><td>12</td><td></td><td></td></tr>
<tr><td rowspan="3">ADL(10)</td><td>하</td><td>10</td><td></td><td></td></tr>
<tr><td>중</td><td>5</td><td></td><td></td></tr>
<tr><td>상</td><td>0</td><td></td><td></td></tr>
</table>

● 의료 및 건강 영역의 서식 작성 방법

- 장애유무
  - 평가기준은 장애 정도에 따라 사회활동에 영향을 미칠 수 있는 정도를 감안하여 구분함.
  - 중복장애일 경우, 높은 장애등급을 받기 때문에 고려하지 않음.
  - 장애를 가지고 있으나 공식적으로 장애등급을 받지 않은 클라이언트에 대해서는 장애판별 기준을 고려하여 사회복지사가 등급을 부여하되 비고란에 '임의등급'이라고 표시함.
- 질병정도
  - 클라이언트의 질병의 정도에 따라 사회생활 및 경제활동의 영향을 측정할 수 있을 것으로 판단되어 높은 배점을 부여함.
  - 각 항목별 배점의 차이를 적게 한 이유는 질병이 만성 질환이 아니라 할 지라도 치료를 위해 일정한 에너지를 투입하여야 함을 전제로 하였으며, 질병 사항이 해결되면 다시 재사정을 통하여 개입의 우선순위를 다시 결정할 수 있음.
  - 단기치료와 장기치료의 기준이 애매하지만 이를 명확하게 규정하기 위한 객관적인 기준이 모호한 상태여서 각 기관에서 일정한 기준을 만들어 적용하는 것이 바람직함.
- ADL(일상생활능력) : 클라이언트의 일상생활 능력을 사정하는 것으로 가장 일반적으로 활용되는 ADL도구를 활용함(부록 자료 참조)..

③ 사회 · 심리적 영역의 작성 서식

<table>
<tr><th>영역</th><th>내용</th><th colspan="2">평가기준</th><th>배점기준</th><th>평가</th><th>비고</th></tr>
<tr><td rowspan="10">심리 · 사회영역
(40)</td><td rowspan="3">생활상태(10)</td><td colspan="2">독거</td><td>10</td><td></td><td></td></tr>
<tr><td colspan="2">보호가 필요한 동거가족</td><td>8</td><td></td><td></td></tr>
<tr><td colspan="2">동거가족</td><td>0</td><td></td><td></td></tr>
<tr><td rowspan="4">사회관계망(10)</td><td colspan="2">전혀없음</td><td>10</td><td></td><td></td></tr>
<tr><td colspan="2">비공식지원체계</td><td>6</td><td></td><td></td></tr>
<tr><td colspan="2">공식지원체계</td><td>4</td><td></td><td></td></tr>
<tr><td colspan="2">공식+비공식지원체계</td><td>0</td><td></td><td></td></tr>
<tr><td rowspan="3">지지체계(10</td><td colspan="2">없음</td><td>10</td><td></td><td></td></tr>
<tr><td rowspan="2">있음</td><td>비정기</td><td>5</td><td></td><td></td></tr>
<tr><td>정기</td><td>0</td><td></td><td></td></tr>
</table>

③ 사회 · 심리적 영역의 작성 서식

영역	내용	평가기준	배점기준	평가	비고
심리 · 사회영역 (40)	심리 · 정서상태(10)	매우 불안	10		
		불안	5		
		안정	0		

● 사회 · 심리적 영역의 서식 작성방법

- 생활상태 : 동거가족의 유무가 클라이언트의 정서상태에 영향을 줄 수 있는 요인으로 보고, 보호가 필요한 동거가족이 있는 경우에는 독거와 비슷한 배점을 두었으며, 상호작용이 원활한 동거가족이 있는 경우에는 배점하지 않음.
- 사회관계망 : 사회관계망은 공식 · 비공식 지원체계의 유무를 확인하는 것이며, 공식지원체계보다 비공식지원체계만 있는 클라이언트에게 더 많은 배점을 함.
- 지지체계
  - 사회적 관계망이 지원체계가 있는지, 없는지에 대한 구분이라면, 지지체계는 이러한 지원체계와 클라이언트와의 관계성에 초점을 두고 있는데, 예를 들어, 노인인 클라이언트에게 자녀가 3명 있다고 할 경우, 비공식지원체계는 존재하지만 이들이 거의 왕래와 지원이 없다면 지지체계에서 비정기에 해당함.
  - 사회적 관계망과 중복의 위험에도 불구하고 지지체계를 구분한 이유는 클라이언트를 중심으로 다양한 지원체계가 존재한다고 하더라도 지원체계와의 관계가 거의 없는 경우가 사회복지 실천현장에서 많이 나타나고 있기 때문임.
- 심리 · 정서 상태 : 클라이언트의 심리적 · 정서적 안정상태를 확인하는 것으로, 매우 불안, 불안, 안정으로 구분함. 본 항목은 사회복지사의 주관이 많이 개입될 수밖에 없기 때문에 사회복지사의 감정이 포함되지 않도록 유의하여야 함.

④ 사회복지사의 평가의 작성 서식

영역	내용	평가기준	배점기준	평가	비고
사회복지사의 평가(40)		종합검토	0~40		
판정결과[155]	□집중형(90%이상)[156], □일반형(80%-89%)[157], □단순형(70%-79%)[158]				
기타의견					

● 사회복지사의 평가 서식 작성방법

- 판정결과에는 결정된 클라이언트의 관리수준을 체크함.
- 기타의견에는 클라이언트의 관리수준을 결정하게 된 사유 및 사회복지사의 의견을 기술함.

155) 사례관리를 진행함에 있어 합리적인 사례의 수는 기관의 자원, 세팅, 클라이언트의 문제 수준, 사례관리자의 책임범위 등에 의해서 결정되나 아직까지 구체적인 수치로 이론화한 것은 없음. 본 서에서는 황성철의 이론을 기반으로 3가지 유형, 즉 단순형, 일반형, 집중형으로 나누어 정리함.

156) 집중형은 경력있는 사회복지사가 담당하여 진행하는 것이 바람직하고 개별적인 접근을 포함하여 팀별 접근, 즉 기관의 간호사, 지역의 의사, 타 기관의 사회복지사 등과 효과적인 서비스의 연계와 지원계획을 수립하여 사례관리를 진행하여야 하기 때문에 많은 양의 인력, 서비스, 자원이 투입되고, 이에

[단순형 사례]

편부가정으로서 아이를 두명 키우는 대상자가 내방하였다. 허리디스크가 있어 힘든 일을 할 수 없어 수급자로 책정되었다. 나이는 40대 중반으로 집안 살림을 하는데 큰 어려움은 없으나 반찬을 만드는 일이 어렵다고 반찬서비스를 요청하였다. 복지관에서는 반찬서비스 대상자로 책정하여 일주일에 두 번씩 반찬을 지급하고 있다. 이 대상자의 경우 생활하는데 특별한 어려움이 없고 아이들도 별 문제없이 학교에 다니고 있어 서비스는 주 2회 제공하고 있지만 단순형 사례로 관리할 수 있다.

[일반형 사례]

편모가정으로 입양한 딸이 하나 있으며 자폐증이다. 과거 다른 사람에게 명의를 빌려주어 수급자로 책정되지 못하고 있어 공공근로와 취로사업에 참여하고 있다. 딸은 장애인 학교에 다니고 있으며 약간의 감면을 받고 있다. 복지관에서는 경제적 지원을 위한 후원금을 연결하고 있으며 모에게 부업, 취업알선 등 근로수입증대를 할 수 있도록 지원하고 있으며 또한 푸드뱅크의 부식을 지원하고 있다.

[집중형 사례]

이 대상자는 편부 가정으로 두 아이를 키우고 있으며 뇌졸중으로 지체장애 1급의 부를 모시고 있다. 아이들은 초등학교 2학년, 3학년에 재학중이며 과잉행동장애가 있어 복지관 방과후 탁아에서 보호하고 있으나 다른 아이들에 비해 학습능력도 많이 떨어지고 학교에서도 제대로 적응하지 못하고 있다. 부는 일용직 노동자로 지방에 가서 일할 때가 많으며 일주일에 한두 번 집에 들어오는 상황이다. 때문에 복지관에서는 할아버지에게 점심 도시락과 아이들의 치료를 위한 후원금과 석식 도시락을 제공하고 있다. 할아버지의 건강상태가 좋지 않아 간호사와 사회복지사가 자주 방문을 하고 있으며 아이들의 경우 방과후 탁아 교사와 담당 사회복지사가 개입하고 있으며 과잉행동장애의 치료를 위하여 주 1회 재활병원에서 놀이치료를 하고 있다.

따르는 행정업무의 양도 많아 질 수밖에 없어 사례의 수는 5case 미만으로 관리하는 것이 적당함.

157) 일반형은 기본적인 지역사회와의 서비스 연계와 더불어 개별화된 조언, 상담의 직접적인 서비스를 제공해야 하기 때문에 개별적인 서비스의 접근이 많고, 직접적인 가정방문, 현장 방문을 통하여 서비스의 점검과 상담이 이루어지며 사회복지사가 직접 관리하여야 하고 한 달에 2~3번 이상 정도의 개입이 필요한 사례로서 집중형의 사례로 전환될 수 있는 위험을 가지고 있는 경우에 해당함. 따라서 사례의 수는 10~15case 정도가 적당하다고 볼 수 있음.

158) 단순형은 복지관에서 일반적으로 가장 많은 사례를 차지하는 것으로서, 사례관리의 근본 목적을 클라이언트와 지역사회의 자원 및 서비스와 연계시키는데 초점을 두고 사례관리자는 주로 중재자 역할을 하며 많은 시간을 투여하지 않는데, 이때 사례관리자는 최소한 클라이언트 욕구의 인식 및 사정, 사례계획 및 서비스 연계 그리고 전달한 서비스의 효과성을 점검하는 세 가지 기능을 수행하여야 함. 단순형 사례관리는 기초적인 업무로 약간의 이론을 습득한 자원봉사자나 실습생 등의 비전문가나 준전문가도 수행이 가능하며 이때 최소 3년 이상의 수퍼바이저에 의한 엄격한 수퍼비전이 필요하고, 사회복지사 1인이 담당하는 사례의 수는 35~45case 정도로 하는 것이 적당하며 서비스의 점검에서도 직접 방문보다는 전화나 자원봉사자를 통하여 간접적으로 점검하는 경우가 많은 경우임.

3. 기획과정[159][160]

기획과정은 적절한 서비스의 유형, 보호에 필요한 시간, 그리고 지역사회 기관과 가족구성원이 취할 역할들을 구체화하는 계획을 수립하는데, 적절한 보호를 위한 계획은 사례관리의 핵심이 되기 때문에 사례관리자는 그 계획에 대하여 잘 알고 있어야 함(Schneider, 1988; 이윤로 · 성규탁, 1993: 122; 이근홍, 2008: 217)[161].

1) 기획과정의 주요 요소[162]

① 목표설정(Frankel & Gelman, 2004: 24-25; 장인협 · 우국희, 2007: 154; 이근홍, 2020: 141-142)[163]

㉮ 사정과정에서 확인된 클라이언트의 욕구와 문제를 바탕으로 설정

---

159) 계획(planning)은 사정에서 결정된 클라이언트의 문제, 성취 목표, 목표달성에 필요한 클라이언트, 사회복지사, 기타 관련된 사람들과 적절한 자원을 연결시키는 일련의 과정, 즉 서비스와 보호 목적에 대해 실제적인 실천계획을 수립하는 과정으로 사정단계와 연속선상에서 이루어지며, 클라이언트와 서비스 동의를 통하여 클라이언트의 문제 해결을 위한 개입으로 연결됨. 특히, 이 계획과정에서는 ①사정을 통하여 확인된 클라이언트의 문제와 욕구에 따라 결과목표와 서비스 목표를 수립하여야 하고, ②확보된 자원과 확보 가능한 자원 등의 정도, 클라이언트의 문제해결 의지, 사회복지사 및 기관의 환경 등을 고려하여야 하며, ③ 클라이언트 문제의 심각성 및 해결의 우선순위에 따라 계획이 수립되어져야 함(서울복지재단, 2006: 59). 이러한 서비스 계획은 사정 및 재사정(점검, 평가)을 통하여 클라이언트의 욕구 및 문제가 변경되었거나 해결되었을 경우 다시 작성하여야 하지만, 그럼에도 불구하고 사회복지실천현장에서는 일정한 기간을 정하여 점검 및 평가와 재사정을 실시하고 서비스 계획을 다시 수립하여 클라이언트와 공유하는 경우가 많으며 보통 1년을 주기로 하는 기관이 대부분임(서울복지재단, 2006: 60).

160) 사례관리의 실천과정 중 계획수립에 대한 내용은 이경준 외(2014: 438~439), 김혜영 외(2014: 362~363), 주경필 · 김윤나(2018: 313~316), 우국희(2016: 171~174), 주경희 외(2017: 103~109), 김성경(2017: 117~123), 이근홍(2020: 141-155), 최소연(2022, 211-227) 등을 참고하여 요약정리하였음.

161) 사정이 해결되어야 할 문제와 보호의 목적을 확인하는데 초점을 둔 것이라면, 서비스 계획은 이들 욕구를 충족시킬 수 있는 적절한 수단의 실질적 선택에 초점을 두고 보호의 목적과 맞닿아 있는 문제의 명확화에 초점을 맞추며 계획은 적절한 수단을 구체적으로 선택하는 것에 초점을 맞추는 것임(Challis & Davis, 1989: 39; 서울복지재단, 2006: 18 재인용).

162) 계획과정은 사정 동안에 수집된 정보를 선택하고 구체적인 목표를 달성하기 위해서 취해야 할 일련이 행동을 조직하는 것으로, 클라이언트에 대한 장·단기 의 목표를 설정하고, 그러한 목표 달성을 위한 가장 적절한 해결방안을 모색하기 위하여 클라이언트에 대한 개별적인 보호계획을 수립하는 과정임(김기태 외, 2010: 471~472). 김기태 외(2010: 472)는 사례계획은 ①필요한 서비스에 대하여 우선순위의 영역을 명확히 설정, ②이러한 각각이 영역 내에서 클라이언트의 진행과정을 평가하기 위해 사용될 수 있는 장·단기의 구체적 측정 목표 설정, ③목표 성취를 위한 구체적 행동(이근홍, 1999: 252), ④클라이언트가 의뢰되는 기관, 그리고 가능하다면 이러한 기관 내에서 접촉하게 되는 구체적인 개인을 정함, ⑤활동을 완결할 수 있는 실질적인 시간계획 수립, ⑥서비스 활용과 전달에 잠정적인 방해물 확인, 이러한 문제에 대하여 가능한 해결책 설정 등을 포함하고 있어야 한다고 하였음.

163) 서비스 계획 수립 시 목표설정과 관련된 구체적인 내용은 Woodside & McCalm(1998: 146)을 참고하기 바람.

㉯ 구체적이면서도 현실적으로 실현 가능한 것을 선택

㉰ 필요한 서비스의 제공을 통해서 클라이언트가 궁극적으로 달성할 수 있는 최종적인 목표와 관련

② 서비스계획의 수립(White & Goldis, 1992: 171; Frankel & Gelman, 2004: 25; 장인협 · 우국희, 2007: 156; 이근홍, 2008: 218 : 서비스계획은 목표를 달성하기 위해서 어떠한 서비스가, 언제, 누구에 의해서, 어떤 방식으로, 얼마 동안, 얼마만큼, 어떤 비용으로 제공되어야 하는가에 관한 사항들을 개별적으로 문서화한 것

2) 기획의 과정(Ballew & Mink, 1986: 18)

① 목표의 공식화(Steinberg & Carter, 1983: 4; Frankel & Gelman, 2004: 23) : 기획의 과정 첫 단계는 사정과정에서 확인된 클라이언트와 관련된 내용을 바탕으로 결과목표와 세부목표를 공식화하는 것

② 우선순위의 결정(이근홍, 2020: 144-145) : 결과목표를 바탕으로 설정한 구체적인 세부목표가 설정되면 욕구와 문제의 긴급성 등을 고려하여 해결 가능한 것들을 중심으로 순서에 따라 우선순위를 결정

③ 서비스계획의 수립(이근홍, 2020: 145) : 결과목표와 세부목표가 설정되고 세부목표에 대한 우선순위가 결정되면 서비스계획을 수립(이후 단계는 계약 맺기, 우국희, 2016: 174)

④ 시간활용의 확인(이근홍, 2020: 145) : 마지막으로 고려해야 할 중요한 사항 중의 하나는 서비스 계획의 달성에 필요한 시간을 포함시켜야 한다는 것

3) 기획과정에서 기록할 사항(Steinberg & Carter, 1983; 22-23; 이근홍, 2008: 218)

① 기획 참여자

② 욕구와 문제

③ 목표

④ 서비스계획의 세부내용

⑤ 서비스 동의 등

4) 기획과정에서의 주요 기술[164)]

164) 기획과정에서 사례관리자는 서비스계획을 수립하기 이전에 서비스 제공자와 서비스 제공과 관련된 각종 사항들(서비스의 제공일자, 제공시간, 비용, 순서(우선순위) 등)을 확정하기 위해서는 교섭 및 협상기술이 필요하고, 클라이언트 및 그 가족과 협력 및 의견 수렴하여 서비스 계획을 수립할 때에는 그들의 의견을 반영한 서비스 명료화기술, 그들을 설득시키고 이해시킬 수 있는 경청기술, 의사소통기

① 협상기술(Frankel & Gelman, 2004: 108-109; 엄명용 외, 2008: 167) : 협상(negotiation)기술은 사례관리의 기획과정뿐만 아니라 삶의 모든 영역에서 활용하는 유용한 도구로서, 물질적 정서적 경제적 지지적 자원의 공유에 관여하는 관계들 속에서 사람들 사이의 동의를 이끌어내는 일련의 기술

② 자원동원기술(이근홍, 2020: 147-148) : 사례관리자는 클라이언트에게 신속하면서도 융통성 있게 서비스를 제공할 수 있는 가족, 이웃, 종교단체, 자원봉사자 등과 같은 비공식 지원체계의 서비스에 관심을 갖고 그들의 서비스를 적극적으로 개발하고 확보

③ 옹호기술

㉮ 옹호의 필요조건(Hepworth & Larsen. 1993: 503-504; 이근홍, 2020: 148-149)

㉠ 서비스 또는 급여의 전달을 거절할 때

㉡ 인권을 무시하는 방식으로 제공될 때

㉢ 클라이언트가 차별대우를 받을 때

㉣ 서비스와 급여의 결함이 역기능에 기여할 때

㉤ 정부 또는 기관의 정책이 자원과 급여가 필요한 사람들에게 불리하게 영향을 미칠 때

㉯ 옹호의 전술(Moxley, 1989: 106) : 옹호는 개인, 기관, 집단, 조직, 공무원, 법원, 의회 및 행정부의 각 부처 등 그 필요성에 따라 표적이 다양하게 적용

㉠ 서비스를 제공하는 직원 및 중간관리자와 협상

㉡ 지휘계통에 따른 조직망을 통하여 직접적으로 호소

㉢ 기관의 사명과 기관의 목적을 강조하며, 만일 관련성이 있다면 기관의 철학도 강조

㉣ 기관에 대항할 때 조직화된 수요자 집단과 제휴 등

㉰ 옹호의 기법(Hepworth & Larsen, 1993: 505-508)

㉠ 기관과의 협의, 재심위원회에의 호소

㉡ 법률행위의 개시, 기관 상호 간의 위원회의 구성

㉢ 전문가의 제언

술, 해석기술, 요약기술, 상담기술 등이 요구됨(이근홍, 2020: 75). 또한, 클라이언트에게 제공할 서비스를 개발·동원·확보하는데 필요한 자원동원기술이 필요하고, 서비스를 이용할 경제적 여건이 되지 못하거나 서비스 비용을 마련하지 못하는 경우에 필요한 자금을 마련할 수 있는 기금조성기술이 요구됨(이근홍, 2020: 75).

㉣ 연구와 조사를 통한 정보수집

㉤ 지역사회의 관련부서에 대한 교육

㉥ 공무원 및 의회의원과의 접촉

㉦ 기관연합의 구성, 클라이언트 집단의 조직

㉧ 청원, 계속적인 요청

㉱ 옹호의 과정(Rose(Ed.), 1992: 288-291; 이근홍, 2020: 153-155)

㉠ 소개와 약속(McGowan, 1987: 92)

㉡ 지도계획의 수립

㉢ 지도계획의 수행과 점검

㉣ 정지

5) 기획과정의 서식(<서식-3> 서비스 계획)과 그 작성방법

① 서비스 계획의 작성 서식

CT의 문제 및 욕구	결과 목표	서비스목표	서비스실행방법

● 서비스 계획의 서식 작성방법

- 클라이언트의 문제 및 욕구 : 사례회의를 통하여 최종적으로 확인된 욕구와 문제를 사안별로 기록함.
- 결과목표(impact goal) : 궁극적으로 달성되기를 원하는 어떤 상태를 말하는데, 예를 들어 '안정적인 식생활을 유지할 수 있도록 한다', '안정적인 직업을 가질 수 있도록 한다' 등을 의미함.
- 서비스목표(objectives) : 목표는 결과목표를 달성하기 위한 제반 서비스의 제공 결과를 말하는데, 즉, 목표 기록은 목표달성을 위한 수단이 포함되어서는 안 됨. 예를 들어 결과목표가 '안정적인 식생활을 유지할 수 있도록 한다' 일 경우, 서비스 목표는 '매일 점심을 거르지 않도록 중식을 제공한다' 등으로 기록되어져야 하며, '무료급식서비스' 또는 '밑반찬제공서비스' 등과 같이 수단이 기록되어서는 안 된다는 것임.
- 서비스실행방법 : 목표달성을 위해 제공되어지는 수단을 기록하는 것으로, 서비스 목표는 '매일 점심을 거르지 않도록 중식을 제공한다'를 개입하기 위해 '무료급식서비스' 또는 '밑반찬제공서비스' 등의 프로그램을 수단으로 연결할 수 있음. 예를 들어 무료급식서비스를 제공하기로 할 경우 우리 기관의 급식서비스를 이용하도록 할 것인지, 아닌지, 예산확보는 어떻게 할 것인지 등에 대한 실행계획을 수립하는 것임.

4. 실행과정[165)]

실행 또는 개입과정은 서비스계획을 실행하는 단계[166)]로, 양질의 서비스나 자원을 확보하여 직접적·간접적 서비스를 제공하게 됨(NASW, 1984: 9; 서울복지재단, 2006: 19).

[서비스 계획에 대한 사회복지사와 클라이언트와의 계약]

- 클라이언트의 문제를 해결하기 위한 구체적 서비스 계획에 대한 구두 약속, 또는 서면 서비스 동의서를 작성하는 일이다. 서비스 동의서는 어떤 서비스를 제공할 것이고, 누가 제공할 것이며 어떻게 제공할 것인지를 명시한다(서울복지재단, 2006: 61).
- 계약은 목적을 분명히 함으로써 클라이언트와 사회복지사와의 갈등을 줄일 수 있으며, 우선순위를 정하고 역할과 책임을 설명하고, 측정과정에 합의된 방법을 제공할 수 있다(서울대학교 사회복지실천연구회 역, 2001: 502).
- 실제로 현장에서 단순형, 일반형 사례관리 대상자의 경우 구두로 서비스 계획을 계약하는 경우가 있으며 서면 계약서를 작성하는 경우는 집중형 사례관리 대상자들에게 주로 행해지고 있다. 그러나 사례관리에서 클라이언트와 사회복지사의 명확한 역할 수행과 목표달성을 위해 모든 사례에 대해서 계약서를 작성하길 제안한다. 그리고 계약서 작성시 기관의 인적·물적 자원의 정도를 고려하여 서비스 제공 가능한 범위 내에서 클라이언트의 욕구에 부응하여 계약한다(서울복지재단, 2006: 61).
- 과도한 서비스 계약은 클라이언트에게 약속을 지키지 못하거나 자원개발을 위하여 대부분의 시간을 보낼 수 있기 때문에, 다음과 같은 사항이 반영될 수 있도록 계약에 만전을 시하여야 한다 (권진숙·전석균, 2001: 252-253).
  ① 클라이언트의 욕구가 반영된 서비스를 제공할 것
  ② 구체적인 용어로 정의된 언어 사용할 것
  ③ 융통성 있는 계약으로 문제가 발생했을 시 재계약을 할 수 있도록 할 것
  ④ 자원의 정도를 고려하여 현실적으로 가능한 서비스를 계약할 것
  ⑤ 책임질 수 있는 범위를 정하기 위하여 계약기간을 명시할 것

1) 실행과정의 주요 요소[167)]

165) 사례관리의 실천과정 중 서비스실행(개입)에 대한 내용은 이경준 외(2014: 439~441), 김혜영 외(2014: 364~365), 주경필·김윤나(2018: 316~317), 우국희(2016: 182~183), 주경희 외(2017: 113~120), 이근홍(2020: 157-169), 최소연(2022, 229-264) 등을 참고하여 요약정리하였음.

166) 실행과정 또는 개입단계는 사회복지사와 클라이언트가 상호 합의하여 결정한 문제해결을 위한 계획을 구체적인 행동으로 실천하는 단계로, 이를 통해 의도하는 변화를 유발하는 단계임(김융일 외, 1995: 239). 즉 클라이언트에게 필요하고 유용한 서비스를 연결하며 개입을 통하여 서비스의 획득과 활용에서의 장애를 극복하고 적절하게 서비스를 배열하고 정리하는 과정으로서, 클라이언트와 사회복지사가 서비스 동의서에 서명(날인)하는 순간부터 시작됨(서울복지재단, 2006: 60-61).

167) 서비스 이행의 단계는 서비스계획과 확립된 절차에 따라서 이루어진 업무를 수행하는 것인데, 일반적으로 사례관리자는 대부분의 기본적인 서비스를 제공하지 않고 그 대신에 클라이언트를 돕고 서비스를 조정하며, 사례관리자는 서비스의 공급주체, 즉 가족, 친척, 친구, 이웃, 자원봉사자 등과 같은 비공식적 지지체계와 행정, 사회복지법인, 제도화된 자조단체, 지역의 유상 서비스 제공단체 등의 공식적 지지체계와 관계를 갖고 클라이언트가 이러한 서비스를 이용할 수 있도록 활동하게 됨(김기태 외,

① 직접실천(김성경, 2017: 124~128)

직접적 개입은 클라이언트의 서비스 접근과 활용기술 및 능력을 고양시키려는 노력에 관계되는 것으로, 대표적인 경우는 클라이언트를 교육시키는 것, 클라이언트의 결정 및 행동을 격려, 지지하는 것, 위기 상황에 적절히 개입하는 것, 클라이언트를 동기화 하는 것 등을 들 수 있음(서울복지재단, 2006: 19).

㉮ 상담(Fiene & Taylor, 1991: 326; Brindis, Barth & Loomis, 1987: 166: Rothman, 1991: 525; Ballew & Mink, 1986: 5)

㉠ 유용한 서비스에 접근할 수 있도록 필요한 정보를 제공

㉡ 자신의 욕구와 문제에 대한 이해를 증진

㉢ 가족에 게 그들에 대한 이해를 촉구

㉣ 서비스 제공기관과의 접촉을 향상

㉯ 문제해결(Hepworth & Larsen, 1993: 436; Compton & Galaway, 1984: 309; 이근홍, 2008: 122) : 사례관리 실천과정에서 클라이언트에게 발생할 수 있는 성격상의 문제, 별거, 이혼, 실직, 부부갈등, 고부갈등, 가출, 학대, 자살, 집단따돌림 등과 같은 생활상의 문제 등을 해결하여 클라이언트로 하여금 일상생활에 잘 적응할 수 있도록 하는 것

㉰ 위기개입(Hepworth et al., 2010: 385-389; 장인협 · 우국희, 2007: 188-189; 양옥경 외, 2001: 274)

㉠ 클라이언트의 감정적 고통의 완화

㉡ 위기와 클라이언트의 현재의 상황에 대한 정확한 사정

㉢ 클라이언트가 수행해야 할 과제에 초점을 둔 적절한 개입전략의 수립

㉣ 위기 이전과 동일한 기능수준의 회복

② 간접실천(김성경, 2017: 128~132)

간접적 개입은 클라이언트를 대신하여 체계의 변화를 유도하는 것으로, 클라이언트를 필요한 자원체계에 연계 또는 서비스를 중개하는 것, 클라이언트를 대신하여 다양한 체계에 대해 클라이언트 욕구를 옹호하는 것이 주로 행해지는 실천활동임(서울복지재단, 2006: 19).

㉮ 서비스의 연결(장인협 · 우국희, 2007: 190; 이근홍, 2008: 220)

2010: 472).

㉠ 사례관리자 행하는 가장 핵심적인 활동은 클라이언트에게 필요한 서비스를 연결하는 것
㉡ 클라이언트가 서비스를 제공받는 데 필요한 모든 활동
㉢ 클라이언트를 지도하며, 필요한 서류를 준비시키고, 서비스 제공기관까지 클라이언트와 동행하기도 하며, 클라이언트를 이송시키기도 함.

㉯ 서비스의 이행(Ballew & Mink, 1986: 24-26; Steinberg & Carter, 1983: 25-26; 이근홍, 2020: 162-164)
㉠ 서비스를 연결한 이후 클라이언트가 서비스를 제공받고 활용하는 것
㉡ 서비스의 제공과 활용에서 발생할 수 있는 장애를 극복하고 서비스가 계획대로 제공되고 활용되도록 조정
㉢ 서비스의 중복을 방지하기 위해 서비스를 조정
㉣ 갈등을 해결하고 분쟁을 조정

㉰ 서비스의 조정(Moxley, 1989: 83-113; Woodside & McClam, 2006: 211-212; 이근홍, 2008: 223)
㉠ 클라이언트에게 가장 적절한 서비스를 적소에 배치하고 정리하는 과정
㉡ 서비스를 적절히 배열하고 정리하여 서비스의 효과성과 서비스의 연속성을 보장할 수 있도록 하는 것
㉢ 조정은 사례관리의 가장 중요한 역할 중의 하나

㉱ 클라이언트 옹호(Moxley, 1989; 서울복지재단, 2006: 19 재인용)[168]
㉠ 클라이언트 권리에 대한 주장적 옹호를 하는 것
㉡ 서비스 체계의 경직성을 극복하려는 노력
㉢ 클라이언트가 불공정하게 처우받지 않도록 강하게 주장하는 것, 설득하는 것, 강요하는 것

---

168) 클라이언트 옹호에서 사례관리자가 주로 사용하는 다양한 전략은 다음과 같음(Moxley, 1989; 서울복지재단, 2006: 19 재인용)
①일선에서 일하는 직원, 중간 레벨의 직원들과 협상하고 타협함.
②명령계통을 따르는 조직망에 대해 직접적으로 호소함. 기관의 임무, 목적, 관련된 철학을 강조함.
③만일 기관이 클라이언트에게 서비스를 제공해 주지 않으려고 한다면 기관의 법령에 호소함.
④서비스 접근의 문제에 개입하기 위해 외부의 민원 조사관에 호소함.
⑤기관의 자금지원처에 가서 조직이 책임 있게 서비스, 자금, 자원을 이용하지 않는다고 논의함.
⑥기관이 특정 클라이언트나 클라이언트 집단에 서비스를 제공하지 않는 문제를 대중매체에 폭로하여 이슈화함.
⑦조직적인 소비자 집단과 협력하여 기관에 대항함.

2) 실행과정에서 기록할 사항(이근홍, 2020: 165-166)
① 서비스의 연결
② 서비스의 이행
③ 서비스의 조정

3) 실행과정의 주요 기술[169)]
① 정서적 지지(이근홍, 2020: 166) : 클라이언트가 불안감, 공포감, 좌절감, 죄악감, 낙인감 등과 같은 심리적인 고통이나 스트레스가 있을 경우 그들이 잘 대처하고 극복할 수 있도록 격려, 경청, 안도감 등을 제공하는 것
② 직면기술(Hepworth et al., 2010: 526, 530-531) : 클라이언트가 자신의 문제에 대해 스스로 모순과 불일치를 인식하고 자신의 사고와 행동에 변화가 필요하다는 새로운 자기인식을 갖도록 사례관리자가 클라이언트를 직접적으로 사고와 행동에 대면시키는 것
③ 재명명기술(Hepworth et al., 2010: 562-563; 엄명용 외, 2008: 158; 이근홍, 2020: 168-169) : 특정 문제에 대해 클라이언트가 부여하는 의미를 수정해줌으로써 클라이언트의 시각을 긍정적인 방향으로 변화시키는 기술

4) 실행과정의 서식(<서식-4> 서비스 동의서)과 그 작성방법

① 서비스 동의서 중 서비스의 종류 작성 서식

서비스명	내 용	비고	서비스명	내 용	비고

● 서비스 동의서 중 서비스의 종류 서식 작성방법
- 먼저 클라이언트에게 제공해 줄 수 있는 서비스의 종류를 명시하고, 서비스의 종류는 간략하고 명료하게 회수 등을 포함하여 기록함.

169) 실행과정에서 사례관리자는 클라이언트와 필요한 서비스를 연결할 때 물질적 자원과 더불어 정서적 지지를 제공해야 하고, 서비스가 유용하지 못하거나 적절하지 못할 때 클라이언트와 서비스 제공자에게 서비스 제공의 중단이나 종결의 필요성을 인식시켜야 하므로 직면기술과 종결기술을 활용해야 함(이근홍, 2008: 160). 그리고 서비스 실행과정 상에 클라이언트가 서비스 제공자에 대해 만족스럽게 생각하지 못할 경우나 갑작스러운 위기상황에 처할 경우, 이러한 클라이언트의 부정적 감정을 처리하고 서비스를 잘 활용할 수 있도록 감정이입기술, 설득기술, 상담기술과 위기개입기술이 요구될 수 있음(Moxley, 1989: 83). 또한, 클라이언트의 사회적 기능의 향상에 필요한 그들의 강점과 잠재능력을 최대한 발휘할 수 있도록 하는 강화기술이 요구되며, 서비스의 중복이나 낭비가 야기되지 않도록 서비스를 조정할 때 서비스 제공자들과 협력할 수 있는 의사소통기술과 협상기술이 필요함(이근홍, 2020:76).

② 서비스 조정 및 중단 작성 서식(일반적인 서식)

서비스조정	· 서비스 이용자에게 적절하지 않거나 서비스 제공 목적에 어긋날 때 · 서비스 이용자의 부적절한 서비스 요구가 있을 경우 · 서비스가 이용자에게 맞지 않을 때
서비스중단	· 서비스 이용자가 서비스를 중단의 의사가 있을 경우 · 다른 지역으로 이주를 하였을 경우 · 3개월 이상 연락이 끊겼을 경우 · 타 기관과 서비스가 중복되었을 경우

● 서비스 조정 및 중단 서식 작성방법

- 여기에는 중간 점검 과정이나 평가 시에 서비스의 조정이 있을 수 있다는 내용을 명시하여야 하고, 서비스 중단의 내용은 클라이언트에게도 서비스에 대한 책임이 있음을 알려서 서비스의 중복이나 중단의 의사가 있을 때 명확하게 의사표현을 할 수 있도록 하여야 함.
- 서비스동의서 상에 클라이언트를 서비스이용자로 표기한 이유는 클라이언트 당사자와 직접 계약을 체결하는 양식으로 자칫 클라이언트에게 낙인감을 줄 수 있기 때문임.

③ 서비스 이용자의 의무 작성 서식(일반적인 서식)

서비스 이용자는 신상의 어려움이나 경제적인 변동이 있을 경우 복지관에 알려야 하며, 어려움을 해결하기 위해 같이 노력하여야 한다.

서비스 제공일 : 년 월 일 ~ 년 월 일

본 동의서는 ○○복지관에서 제공되는 서비스에 대하여 본 기관과 이○○ 님이 상호 협의한 내용이며, 매년 1월 재 작성을 원칙으로 한다. 또한 서비스 제공에 있어 문제 및 어려움이 있을 경우 서비스 이용자와 복지관과의 상호 협의를 통하여 조정이 가능하다.

(단, 생활에 큰 변화가 없을 시 다시 작성하지 않을 수 있다)

년 월 일

서비스이용자 : ○ ○ ○ (인) 담당 사회복지사 : ○ ○ ○ (인)

○○(종합)사회복지관

● 서비스 이용자의 의무 서식 작성방법

- 클라이언트의 의무를 명시하고 서비스 계약기간을 명시하는 것으로, 이는 클라이언트가 긴급한 어려움이 있을 때 복지관에서 신속히 대응할 수 있도록 하기 위한 것임.
- 계약기간은 보통 1월부터 12월까지 하는 게 일반적이며, 점검 과정에서 서비스의 내용이 바뀔 경우 다시 작성할 수 있고, 연중 수시로 생길 수 있는 클라이언트의 경우는 서비스 시점부터 12월까지 서비스 동의서를 작성함.

● 서비스 이용자의 의무 서식 작성방법(계속)
- 동의서 작성시 반드시 유의해야 할 점은 클라이언트로 하여금 동의서를 읽어보게 하고 친필로 날짜나 서명을 하도록 하여야 하고, 비우호적인 클라이언트의 경우 서비스를 중단했을 때 시비의 요인으로 작용할 수 있기 때문에 유의하여야 함.
- 특히, 서비스 동의서 내에 있는 클라이언트에 대한 정보는 비밀보장되어야 하는데, 이는 사회복지사 윤리강령에서도 가장 중요시 여기는 윤리중의 하나로서, 클라이언트에 대한 정보는 어느 누구에게도 알려져서는 안 된다는 것이 기본 원칙임. 그러나 사례관리의 원활한 진행과 클라이언트에게 다양한 서비스 제공을 위해서 기관내에서 제한적으로 공유될 필요는 있으며 정보공유의 수준은 함께 논의하고 결정하여야 하며, 공유과정에서 클라이언트의 비밀을 알게 된 다른 사회복지사도 클라이언트가 자신에게 표현하기 전까지 비밀을 지켜야 함.

5. 점검 및 재사정 과정[170)171)]

점검 과정은 클라이언트에게 서비스가 적시에 적절하게 제공되었는지, 서비스의 질이 높은가, 서비스가 연속적으로 제공되었는지 등의 여부를 보장하기 위해 실시되고, 서비스가 전달되는 실제적 과정 동안, 기존의 계획이 클라이언트에게 만족스러운지 또는 어떤 변화가 필요한지를 지속적으로 점검하고, 기존의 계획이 제대로 수행되고 있는지를 점검하기 위해 서비스의 전달과 실행을 추적하는 과정임(Woodside & NcClam, 2006: 219; 서울복지재단, 2006: 20; 이근홍, 2008: 224).

재사정 과정은 일반적으로 사례계획의 목적달성 여부, 성공과 실패의 원인 분석, 제공된 서비스의 질과 비용 평가, 개인능력의 대처능력증대에 따른 원조를 받을 자격 여부, 욕구달성정도에 따른 목표의 수정, 서비스의 양과 형태 등 욕구사항에 대한 재규정, 비용 재계산, 서비스의 결합 혹은 미충족된 욕구에 대한 서비스 계획의 질적 보증, 재평가 날짜 설정 등의 내용에 관한 재사정 보고서가 작성되고(SSI, 1991c; 서울복지재단, 2006: 20 재인용), 그에 따라 사례관리의 수준이

---

170) 점검(Monitoring)은 서비스가 실제로 계획되어 제공되는 동안 기존의 계획대로 서비스가 제공되었는지 여부와 클라이언트가 만족스러웠는지를 점검해 어떤 변화가 필요한가를 지속적으로 알아보는 것, 즉 서비스가 적절한가, 서비스의 질이 높은가, 서비스가 클라이언트의 욕구를 충족하고 있는가를 점검하는 단계임, 서비스 제공자를 포함한 클라이언트 지원체계의 서비스 전달과 실행을 추적하고 재사정을 실시하는 과정인 것임. 서비스가 잘 이루어지지 않는다면 사회복지사는 개입계획에 있어 수정방법을 제시할 수 있으며, 클라이언트의 관심사나 문제의 성격, 그것을 다루는 최선책에 있어 재론할 수 있음(서울복지재단, 2006: 69-70).

171) 모니터링이 서비스가 실제 전달되는 동안 기존의 계획이 클라이언트에게 만족스러운지 또는 계획의 수정이 필요한지를 지속적으로 알아보는 일이라면, 재사정은 기존의 계획이 제대로 수행되고 있는지를 평가하는 활동임(우국희, 2016: 183). 사례관리의 실천과정 중 점검(모니터링) 및 재사정에 대한 내용은 이경준 외(2014: 441~442), 김혜영 외(2014: 365~366), 주경필・김윤나(2018: 317~318), 우국희(2016: 183~189), 주경희 외(2017: 123~131), 김성경(2017: 134~137), 이근홍(2020: 171-177) 등을 참고하여 요약・정리하였음.

나 서비스 내용과 질의 변화 등을 적시하여 보호계획을 다시 세우도록 하고 있음.

1) 점검과정의 주요 요소

① 서비스의 점검(Moxley, 1989: 119-121; Rubin, 1987: 215; Weissman, 1983: 103)[172][173]

㉮ 서비스의 질에 대한 점검(서울복지재단, 2006: 70)

㉠ 서비스의 질은 구조, 과정, 결과 차원으로 구분하여 평가할 수 있는데, 사회복지사에게 할당된 케이스의 수, 사회복지사로서의 자격, 클라이언트의 변동률 등과 같은 행정체계를 검토하는 것임.

㉡ 사회복지사의 개입 활동을 평가하는 것으로, 한 달 동안의 가정방문 회수, 사례발견에서 개입까지 걸린 시간 등을 평가함.

㉢ 개입에 따른 클라이언트의 변화가 있는지, 변화는 예상된 변화인지, 클라이언트가 결과에 만족하는지 등을 평가하는 것임.

㉯ 클라이언트 수준에서의 점검(서울복지재단, 2006: 70-71)

㉠ 클라이언트에게 제공되는 서비스가 욕구충족과 문제해결에 기여하는가?

㉡ 목표달성을 위해 스스로 노력하고 있는가?

㉢ 클라이언트는 자신의 기술과 능력을 발휘하고 있으며, 자기보호의 노력은 적절하게 이행되는가?

㉣ 새로운 욕구나 문제가 발생하고 있는가를 확인

---

172) 점검은 클라이언트에게 제공되는 서비스의 적시성(適時性), 적절성 및 연속성을 보장하기 위해 서비스 제공자를 포함한 클라이언트 지원체계의 서비스 전달과 실행을 추적하는 과정(김기태 외, 2010: 473)으로서, 사례계획이 적절하게 실행되고 있는가, 클라이언트가 기대하는 서비스를 제공받고 있는가, 클라이언트에게 제공되는 서비스가 필요하고 적절한 것인가, 그리고 클라이언트의 지원체계가 서비스 제공과 지지의 역할을 제대고 수행하고 있는가를 추적하고 감독하는 과정임(이근홍, 1999: 261~262). 그리고, 점검 과정의 목적은 계획이 어느 정도 적절히 실시되고 있는지를 확인하며, 계획에 담고 있는 케이스 목표가 달성되고 있는지, 개개의 서비스나 지지의 내용이 적절한지, 계획의 변경을 요하는 클라이언트의 새로운 욕구가 생겨나고 있는지 등을 점검하는데 있는데, 이런 점검을 통해 클라이언트의 욕구에 변화가 보여지지 않을 경우 재사정을 함(서울복지재단, 2006: 20).

173) 점검과정의 업무는 ①서비스계획의 수정을 필요로 하는 욕구와 서비스 목표의 재정립, ②모든 것이 잘 진행되고 있으며 서비스계획이 효과적으로 유지되고 있다는 것을 서면으로 확인, ③더욱 철저한 점검, 문제해결, 혹은 옹호를 위하여 서비스계획상의 문제를 확인, ④해결된 클라이언트의 서비스 욕구를 인식 혹은 더 이상 지속적인 서비스를 필요로 하지 않는다는 것을 인식, ⑤기본적인 서비스 욕구가 충족되었으므로 사례관리체계에 대한 주된 참여보다도 오히려 간헐적인 사후관리의 필요성 등임(Weil, 1985: 43).

㉰ 서비스 제공자의 수준에서의 점검(서울복지재단, 2006: 71)

㉠ 서비스계획은 적절하게 수행되고 있는가?

㉡ 적시에 적절하게 지속적으로 제공되고 있는가?

㉢ 제공되는 서비스가 클라이언트의 욕구충족과 문제해결을 위해 필요한 것인가?

㉣ 서비스 제공자와 클라이언트 사이 또는 서비스 제공자들 사이의 갈등이 있는가를 확인

② 재사정(Steinberg & Carter, 1983: 25-26, 27-28; 이근홍, 2020: 173-174) : 재사정은 클라이언트의 상태와 현재의 서비스계획의 적합성을 판단하는 과정이며, 서비스의 연속성을 기본으로 하여 서비스가 어떤 방식으로 변화될 필요가 있는가를 결정하는 것[174]

2) 점검과정(Moxley, 1989: 121-122)

① 점검유형의 선택

② 점검과업의 확인

③ 점검목적의 확인

④ 점검활동의 수행

3) 점검과정의 기록 사항(이근홍, 2020: 175)

① 서비스의 점검(SSIa, 1991: 77).

㉮ 점검방법(면접, 전화, 가정방문, 질문지 등)이 기록

㉯ 제공되는 서비스에 대한 적합성 등이 기록

㉰ 서비스 제공자 수준에서는 서비스계획의 수행정도, 서비스의 적당성, 적시성 연속성 등이 기록

② 재사정[175][176] : 클라이언트에게 제공되는 서비스의 적합성 및 서비스계획을 수행한 이후에

174) 재사정 과정은 최초의 계획과정에 참여했던 모든 사람들이 관여해야 하고 재사정의 범위는 욕구의 복잡성과 투입되는 자원의 수준에 달려 있으며 재사정의 빈도는 욕구가 변화된 정도에 좌우됨. 모든 사례가 재사정 단계를 밟는 것은 아니고 점검과정에서 클라이언트의 상황과 욕구에 큰 변화가 와서 개입수준이나 개입의 내용을 변경해야 할 경우 재사정을 하게 되는 것임. 대부분의 사례들은 정규적인 평가를 통해 서비스가 유지되거나 종결을 하게 되는 것이 일반적임(서울복지재단, 2006: 20).

175) 재사정은 기존의 계획이 제대로 수행되고 있는지를 평가하는 활동으로, 계획이 어느 정도 적절히 실시되고 있는지를 확인하며, 계획에 언급된 목표가 달성되고 있는지, 개개의 서비스나 지지의 내용이 적절한지, 계획의 변경을 요하는 클라이언트의 새로운 욕구가 생겨나고 있는지를 평가함(장인협・우국희, 2003: 159). 실제로 재사정은 사회복지사가 클라이언트에 대한 개입과 점검과정에서 수시로 이루어지기도 하고 상반기의 중간평가나 연말에 실시하는 평가의 결과로 이루어지기도 하는데, 즉 사회

발생된 새로운 욕구와 문제가 기록[177][178]

4) 점검과정의 주요 기술[179]

① 명료화기술(Hepworth, et al., 2010: 137; 이근홍, 2020: 176)

㉮ 클라이언트의 진술 중에서 모호하거나 이해가 되지 않은 점을 클라이언트가 스스로 확실히 하도록 사례관리자가 촉구하거나 격려하는 기술

복지사는 사례관리 과정에서 클라이언트의 서비스 계획이 수정되어야 한다는 것을 인식하게 되고 수정이 클라이언트의 입장에서 시급하거나 중요하다고 판단될 경우, 기관에 사례회의를 요청하여 수시로 재사정을 하기도 하고, 수정의 필요성이 파악된 상태에서 상반기 중간평가나 연말평가 과정을 통해 재사정을 하고 있음(서울복지재단, 2006: 72). 그러나 계획 수립상의 목적이 달성되도록 조정했음에도 불구하고 클라이언트와 기관, 자원의 내・외부적인 여러 가지 요인에 의해 결과 목적을 달성하지 못하기도 하고, 클라이언트의 새로운 욕구가 나타나 계획을 수정해야 하는 경우가 발생하기도 함(정덕근, 1996: 194).

176) 재사정은 대상자(노인, 장애인, 아동・청소년)들의 특성과 다양한 원인에 의해 개별 클라이언트의 사례에 따라서 또는 기관과 사회복지사에 따라서 상이하게 이루어지고 있는데,. 왜냐하면 다양한 클라이언트의 개별적인 상황을 고려한다면 정형화하기 어려운 것이 사실이고 이런 문제로 현장에서 재사정의 과정이 정형화되어 있지 않다고 지적할 수 있지만 결과적으로 재사정이 어떤 형태로든 다양하게 이루어지고 있음(서울복지재단, 2006: 73-74). 따라서 본 서에서는 재사정을 ①클라이언트 개인사항, ②재사정의 유형, ③재사정 요인, ④클라이언트 변화 욕구와 서비스 제공 및 문제, ⑤사회복지사의 의견, ⑥재사정 결과, ⑦향후 계획으로 구분하여 제시함.

177) 재사정은 사례계획의 수행 중에 주기적인 사정을 통하여 클라이언트에게 제공되는 서비스가 적합한가, 사례계획의 변화가 필요한가, 그리고 그것은 어떠한 방법으로 변화될 필요가 있는가를 결정하는 과정(김기태 외, 2010: 473)으로서, 가치와 종결을 포함하는 개념으로 사례계획이 클라이언트의 삶에 어떠한 변화를 가져왔는가를 판단하는 효과성에 초점을 두는 평가와는 다름(이근홍, 1999: 264). 지속적인 점검과 더불어 사례관리는 일정한 간격을 두고 이루어지는 공식적인 재사정 과정을 강조하는데, 병원에의 재입원이나 요양원에의 입소와 같은 특정 사건이 발생할 수 있는 것도 공식적인 재사정 과정의 결과이고, 사정과 마찬가지로 재사정도 서비스가 아닌 클라이언트의 욕구 - 이용자의 견해와 선호, 그러한 욕구를 다루는 서비스의 효과성에 기반되어야 함(우국희, 2016: 187).

178) Quinn(1993: 124; 김기태 외 2010: 474 재인용)은 초기 사정 이후 재사정에서 다시 검토해야 할 내용으로 ①건강(측정지침으로서 초기 건강 기록을 사용하여 새로운 병 혹은 사고 등에 주목, 복용량과 빈도를 포함한 클라이언트의 약물치료에 대하여 상세한 검토내용을 기록), ②기능적 상태(일상생활동작과 도구를 사용한 생활 활동을 검토하고 어떤 변화가 있는지를 파악), ③인지(인지적 능력 및 특정 변화에 대한 검토), ④행동/감정(클라이언트의 느낌과 행동 평가), ⑤지지체계(부양자의 특정 변화, 문제 혹은 요청 등에 주목), ⑥환경(생활설비의 검토와 클라이언트의 환경상태를 주목), ⑦재정(수입 혹은 지출에 있어서 클라이언트와 지지자에 의해서 보고된 변화를 기록) 등을 제시하고 있음.

179) 점검과정에서 사례관리자는 클라이언트에게 제공하는 서비스를 정기적으로 점검하고 그러한 내용을 정확하게 기록하기 위해 기록기술을 활용해야 하고, 서비스 제공자들과 클라이언트에게 제공하고 있는 서비스에 대해 계속 또는 부족할 경우에 보충할 수 있도록 협상기술도 가져야 함(이근홍, 2020: 76). 그리고 사례관리자는 서비스 점검과정에서 클라이언트의 변화된 환경 및 새로운 욕구와 문제가 발견되었을 때에는 전문가적인 판단 하에서 그러한 사실을 설명할 수 있는 설명기술과 설득기술이 요구되며(Vourlekis & Greene(Ed.), 1992: 186), 서비스 제공자의 갈등과 스트레스를 해결할 수 있는 정서적 지지 기술과 서비스 제공자 간 또는 클라이언트와 서비스 제공자 간에 발생할 수 있는 분쟁을 해결할 있는 조정기술 또한 필요함(이근홍, 2020: 77).

㉯ 사례관리자가 클라이언트의 심각한 욕구나 문제에 초점을 둘 수 있도록 돕고, 클라이언트의 자기보호 노력을 점검하는 데 유용한 기술

② 영향력 행사(Moxley, 1989: 105-106; 이근홍, 2020: 176-177)

㉮ 영향력 행사는 사례관리자가 자신이 근무하지 않는 다른 기관이나 사람들과 업무를 수행할 때 자신의 업무에 그들이 협력하여 원활하게 업무를 수행할 수 있도록 하는 힘을 나타내는 기술

㉯ 사례관리자가 영향력을 행사하기 위해서는 비공식적 협약, 기관 상호 간의 협정, 계약, 사례회의 등이 필요

5) 점검 및 재사정 과정의 서식(<서식-5> 서비스 점검표/<서식-6> 재사정기록지)과 그 작성방법

① 서비스 이행 및 목표성취 정도의 작성 서식

계획 목표	서비스 실행 내용	서비스 이행 및 목표 성취정도	사회복지사 의견
		1 2 3 4	
		1 2 3 4	

● 서비스 이행 및 목표성취 정도 서식 작성방법

- 서비스 계획과 그 실행내용을 기록하고 서비스 성취정도를 4점 척도로 기록(5점 척도를 사용하여도 무방)하고, 사회복지사 개인이 척도를 통해 평가를 할 경우 주관적으로 점수를 줄 수 있어 사회복지사 개인의 의견을 기록함으로써 동료 사회복지사들과 최대한 객관적 점검이 될 수 있도록 유의함.

② 클라이언트 욕구 및 환경의 변화 정도의 작성 서식

욕구변화		
환경변화		
사회복지사 의견		□ 재 사 정 □ 유 지

● 클라이언트 욕구 및 환경의 변화 정도 서식 작성방법

- 여기서는 클라이언트의 욕구에 변화가 있는지 없는지를 기록하고 서비스 제공자와 클라이언트의 환경이 변화되었는지를 기록하며 최종적으로 사회복지사의 의견을 기록함으로써 재사정을 통해 서비스의 변화를 줄 것인지, 아니면 그대로 서비스를 유지할 것인지를 결정하여 사례회의 시에 보고함.

③ 클라이언트의 개인사항의 작성 서식

<table>
<tr><td colspan="8">클 라 이 언 트 개 인 사 항</td></tr>
<tr><td>관리번호</td><td></td><td>성명</td><td></td><td>종교</td><td></td><td>주민번호</td><td></td></tr>
<tr><td rowspan="3">대상자
분류</td><td colspan="7">아동 · 청소년(　), 노인(　), 장애인(　) 가족구성형태(　　　　)</td></tr>
<tr><td colspan="7">일반수급(　), 조건부수급(　), 자활특례(　), 차상위(　), 저소득(　), 일반(　)</td></tr>
<tr><td>의료보장</td><td colspan="6">의료보호1종(　), 2종(　), 직장의료보험(　), 지역의료보험(　)</td></tr>
<tr><td>주　　소</td><td colspan="4"></td><td>전화번호</td><td colspan="2"></td></tr>
<tr><td rowspan="3">가
족
사
항</td><td>관계</td><td>성명</td><td>생년월일</td><td>직업</td><td>종교</td><td>동거여부</td><td>비고</td></tr>
<tr><td></td><td></td><td></td><td></td><td></td><td></td><td></td></tr>
<tr><td></td><td></td><td></td><td></td><td></td><td></td><td></td></tr>
</table>

● 클라이언트의 개인사항 서식 작성방법

- 실제 현장에서 재사정은 클라이언트의 상황과 욕구의 변화에 의해 적게는 몇 개월에서 길게는 1년의 기간이 경과한 상태에서 실시되고 있기 때문에 클라이언트를 만나면서 정확한 상황을 파악하고 있는 담당 사회복지사에 비해 재사정에 참여하는 다른 직원들이나 상급자들에게 클라이언트에 대한 기본적인 정보를 제공하기 위해 최소한의 개인사항을 기록하는 것이 필요함. 이것은 인테이크 시 기록했던 클라이언트의 개인사항과 동일함.

④ 재사정 유형 및 요인의 작성 서식

재사정 유형	(　) 새로운 욕구가 발생 (　) 긴급한 상황이 발생 (　) 기　　타	재사정 요인	(　) 클라이언트에 의한 요인 (　) 기관과 사회복지사에 의한 요인 (　)

● 재사정 유형 및 요인 서식 작성방법

- 재사정 유형 서식 작성 시 유의사항
  - 새로운 욕구가 발생되는 경우 : 클라이언트에 대한 개입과 점검과정에서 서비스 계획에 포함되지 않았던 새로운 욕구가 발견되어 서비스 계획의 수정이 필요한 상태로, 클라이언트의 능력이나 상황이 향상되어 더 높은 단계의 목적 달성을 위한 욕구가 발견되거나, 기타 서비스 계획의 추가나 변경에 필요한 욕구가 발견되는 경우임
  - 긴급한 상황이 발생하는 경우 : 클라이언트나 가족구성원에게서 예상하지 못했던 상황이 발생하거나 클라이언트의 상황이 갑자기 악화되어 클라이언트와 가족구성원에 대한 케어나 경제적인 지원, 가족기능의 유지를 위한 긴급한 개입과 수정이 필요한 경우임.

● 재사정 유형 및 요인 서식 작성방법(계속)

- 기타 : 클라이언트의 욕구 변화가 거의 없이 유사하게 지속되면서 기존의 서비스 내용과 질적인 부분의 증감이 이루어지는 경우로, 단순형의 클라이언트가 주로 포함되며, 특히 만성질환이나 상황의 개선이 이루어지기 어려운 노인이나 장애인들이 해당되는데, 이런 경우 사회복지사는 클라이언트의 상황이 개선되지 않는 상황에서 객관적인 재사정의 과정을 갖기보다는 당연히 서비스가 지속되어야 한다는 결정을 하게 됨. 물론, 상황이나 여건이 향상되지 않은 클라이언트에 대한 서비스 제공은 당연하지만, 분명한 것은 클라이언트의 욕구와 관련된 상황이 개선이나 악화의 어떤 형태로든 변화되고 있다는 것임.

\- 재사정 요인 서식 작성 시 유의사항

- 사회복지사가 클라이언트의 욕구를 해결하고, 계획 수립상의 목적이 달성되도록 조정의 역할을 수행했음에도 불구하고, 결과 목적을 달성하지 못하기도 하는데, 이럴 경우 사회복지사는 결과 목적이 달성되지 못한 요인이 어디에서 발생하였는가를 파악 즉, 클라이언트나 기관, 또는 연결된 자원이 내·외부적인 요인에 의해 계획상의 목적을 달성하지 못해 재사정을 하게 된 경우를 기록함.
- 유형
  + 클라이언트와 관련된 재사정 요인 : 클라이언트의 약속 불이행과 비협조, 클라이언트의 욕구 변화, 클라이언트의 거절, 클라이언트의 능력이나 상황의 변화 등
  + 기관과 사회복지사에 관련된 재사정 요인 : 사회복지사의 개입에 대한 부담이나 기대, 사회복지사의 교체에 따른 클라이언트의 부적응, 기관의 여건이 클라이언트와 맞지 않는 경우, 기관 차원에서 프로그램의 중단 결정 등
  + 자원과 환경에 관련된 재사정 요인 : 연계된 자원이나 기관의 정책 변화, 클라이언트의 사고나 가족구성원의 상황변화, 클라이언트의 이사로 행정구역의 변화나 거리상의 문제, 지원 인력의 교체에 따른 클라이언트의 부적응, 가족의 관심과 지원의 부족 등

⑤ 클라이언트 변화 욕구와 서비스 제공 및 문제의 작성 서식

Client 변화욕구	(클라이언트의 재사정이 필요하게 된 욕구나 상황)
서비스 제고 및 문제	(클라이언트에게 제공된 서비스와 문제)

● 클라이언트 변화 욕구와 서비스 제공 및 문제 서식 작성방법

\- 재사정이 필요하게 된 클라이언트의 변화 욕구와 상황 및 기존에 제공된 서비스가 클라이언트의 변화욕구에 문제가 되는 것인가를 파악하여 기록함.

⑥ 사회복지사의 의견의 작성 서식

w'er의 의견	

● 사회복지사의 의견 서식 작성방법

- 재사정과 관련하여 파악된 클라이언트와 가족원의 반응과 태도를 파악하고 이에 대한 사회복지사의 의견을 기록함.

⑦ 재사정 결과의 작성 서식

재사정 결과	( ) 종결	( ) 서비스 재계획	( ) 의뢰	( ) 현 상태 유지

● 재사정 결과 서식 작성방법

- 재사정의 결과에 따라 사례관리의 종결, 서비스 재계획, 타 기관에 의뢰 또는 현 상태 유지를 결정해야 하고, 클라이언트의 욕구 해결에 대한 개선과 악화의 수준에 따라서 사례관리 모형도 단순형, 일반형, 집중형으로의 변화를 결정하게 되는데 특히, 종결이나 의뢰의 경우, 향후 다른 욕구가 발생하거나 의뢰의 결과에 따라 클라이언트를 다시 만나게 되는 경우도 있으므로 별도의 리스트를 작성하여 보관해 두는 것이 필요함.

⑧ 향후 계획의 작성 서식

향후계획	

● 향후 계획 서식 작성방법

- 재사정의 결과에 따라 서비스 제공에 대한 변화된 계획 수립이나 의뢰, 종결과 관련된 내용을 기록하고, 사례관리 수준의 조정이 이루어졌다면 그 내용과 결과도 함께 기록함.

6. 평가 및 종결 과정[180)]

평가 과정은 궁극적으로 사례관리의 효과성을 제시하는 중요한 근거가 되는 단계인데, 서비스와 지지계획이 일치되었는지, 서비스 구성요소, 그리고 사례관리자에 의해 동원·조정된 서비스 활동이 가치 있는 것이었는지 여부를 결정하기 위해 이용되고, 클라이언트에 대한 사례관리의 적용을 지속시킬 것인지 여부를 결정짓게 해주는 만큼 상당히 신중하고 객관적으로 수행되어야

180) 사례관리의 실천과정 중 평가 및 종결에 대한 내용은 주경필·김윤나(2018: 318~321), 이경준 외(2014: 443~444), 김혜영 외(2014: 366~368), 우국희(2016: 190~195), 주경희 외(2017: 135~142), 김성경(2017: 138~148), 이근홍(2020: 179-186), 최소연(2022, 265-288) 등을 참고하여 요약·정리하였음.

함(Woodside & McClam, 2006: 219; 서울복지재단, 2006: 20; 이근홍, 2008: 227)[181][182].

1) 평가과정의 주요 요소

① 결과평가(Steinberg & Carter, 1983: 165-168; Rapp & Chamberlain, 1985: 419-420; Frankel & Gelman, 2004: 26-27; 이근홍, 2020: 179-181) : 표준화된 주기에 따라 이루어져야 하며, 대개월 1회, 3개월 1회, 6개월 1회 등의 기준으로 평가를 실시[183]

㉮ 클라이언트 수준

㉯ 서비스 제공자 수준

㉰ 서비스 체계 수준

〈 평가 시 제기될 수 있는 문제 〉

㉠ 목표의 명료성이 부족할 수 있다는 것

㉡ 어떤 목표의 경우 측정하기 어려울 수 있다는 것

㉢ 클라이언트의 진척사항이 너무 느리고 적어 측정이 어려운 경우도 있으며, 지역사회의 경제수준 등에 따라 목표달성을 위한 자원이 부족할 수 있다는 것

㉣ 사례관리자들이 맡고 있는 사례 담당건수가 서로 다르며, 사례담당건수가 너무 많은 경우 평가수준이 낮을 수 있다는 것

② 종결(Steinberg & Carter, 1983: 29; 이근홍, 2008: 228) : 종결은 사례관리 과정을 통하여 서비

181) 평가는 사회복지사가 사례관리 대상자의 욕구와 문제해결을 위해 욕구의 우선순위와 목표를 수립하고 개입과 점검을 통해 목표가 어느 정도 달성되었는지를 확인하는 과정으로서, 본 서에서는 평가를 ①서비스의 지원계획이 적합하였는지, ②결과목적이 달성되었는지, 그리고 ③제공된 서비스가 효과적이었는지, ④클라이언트는 만족하는지, 그리고 ⑤평가결과와 이유로 구분하여 제시함.

182) 재사정과 평가가 다른 점은, 재사정이 클라이언트의 보호계획의 적합성을 판단하여 서비스에 대한 변화의 필요성 여부를 결정하는 과정인 반면에, 평가는 가치와 종결을 포함하는 개념으로 보호계획이 클라이언트의 삶에 어떠한 변화를 가져왔는가를 판단하는 효과성에 초점을 두는 과정임(서울복지재단, 2006: 21).

183) 사례관리실천의 평가는 ①서비스가 어느 정도 가치있는 것인가의 여부를 결정하고, ②특정한 목적과 결과에 관한 상관관계를 판단하며, ③사례관리의 전 과정이 효과적이며 효율적으로 진행되었는지를 가늠하고, ④클라이언트가 어느 정도 만족하는가를 규명해야 함(김기태 외, 2010: 475). Moxley(1989: 125)는 4가지 차원에서 효과성 평가를 해야 한다고 하는데, 그것은 ①대상자에 대한 서비스와 지원계획이 가치있는 것인지의 여부를 평가(투입 평가, 과정 평가, 연관성 평가), ②목표달성 평가(서비스와 지원계획이 클라이언트의 욕구를 달성하는 데에 있어서의 영향 정도 평가), ③사례관리 서비스의 전반적인 효과성 평가(사례관리와 이 과정의 활동에서 생겨난 서비스의 결과가 클라이언트의 기능적 상태를 유지하거나 향상하는 데 기여의 여부 파악), ④클라이언트의 만족 정도 평가 등임.

스의 제공을 중단하는 과정184)185)

㉮ 사례의 목표가 달성

㉯ 서비스가 이미 클라이언트의 복지를 위해 불필요

㉰ 사망등과 같은 클라이언트의 중대한 변화 등

③ 사후관리(follow-up)(Steinberg & Carter, 1983: 31; Frankel & Gelman, 2004: 29-30; 이근홍, 2008: 229) : 사례가 종결된 이후 사례관리자와 클라이언트 간의 지속적인 의사소통을 통하여 관계를 지속하는 것

㉮ 사례가 종결된 이후 클라이언트에 대한 정기적인 전화 확인

㉯ 생일, 휴가철 및 사례종결 날짜에 일상적인 인사편지의 발송

184) 종결은 사례관리의 마지막 단계로 사회복지사의 클라이언트에 대한 개입이 종료되는 것을 의미하고, 사회복지사가 종결을 결정할 때는 클라이언트와 관련된 객관적이고 정확한 내용을 근거하여 판단하고 결정하게 되며, 사례관리의 시작이 클라이언트와의 협의과정을 거쳐 시작된 것과 마찬가지로 종결단계에서도 클라이언트의 동의가 있어야 하나, 실제로 동의의 과정을 갖기보다는 기관의 입장에서 클라이언트의 상황 변화에 대한 종결이 대부분임(서울복지재단, 2006: 86). 그런데, 실제로 사회복지사의 사직이나 업무 변경 또는 기관 정책의 변화 등으로 클라이언트에 대한 비연속적인 종결도 이루어지고 있다는 것을 알아야 함(서울복지재단, 2006: 87). 그럼에도 불구하고, 클라이언트의 상황변화에 대한 종결이 주로 이루어지는 것은 사례관리에 대한 진행자로서 사회복지사와 클라이언트의 관계 중심이 아니라 기관과 클라이언트의 관계중심의 사례관리의 관점을 갖고 있기 때문인데, 왜냐하면, 사회복지사들은 자신들의 입장에서 클라이언트에 의한 종결의 경우와 달리, "사회복지사가 사직하거나 다른 업무를 수행한다고 해서 사례관리가 종결되는 것이 아니라 사회복지사와 클라이언트의 관계가 변화되어, 다른 사회복지사에 의해 사례관리는 지속되고 있고, 기타 이유에 의한 종결의 경우도 교체된 다른 법인이나 다른 기관에 의뢰의 형태로 클라이언트에 대한 사례관리가 진행된다" 라고 인식하고 있는 것임(서울복지재단, 2006: 87). 이런 상황에서 사회복지사는 클라이언트와 종결 없는 사례관리를 지속하고 있는 실정임. 만약, 사례관리에서 사회복지사와 클라이언트 서로가 종결을 결정할 수 있는 쌍방향 관계가 설정된다면, 클라이언트의 욕구와 문제 해결의 결과에 따른 종결과 인테이크의 과정을 자연스럽게 경험하면서 클라이언트를 계속해서 사례관리 대상자로 관리해야 하는 어려움을 해소할 수 있을 것이고, 또한, 사회복지사의 입장에서 클라이언트에 대한 효과적인 서비스를 위해 외부 기관에 의뢰할 수 있듯이 자신과 적합하지 않다고 파악된 클라이언트를 기관 내 동료사회복지사에게 의뢰하는 절차의 정형화를 통해, 클라이언트의 욕구 해결을 중심으로 종결되는 사례관리의 실천이 될 수 있을 것임(서울복지재단, 2006: 87). 본 서에서는 기관마다 사례관리의 적용방법이 상이하지만 일반적으로 사용하고 있는 종결의 유형을 중심으로, ①종결의 유형 및 사유, ②서비스 제공 현황, ③클라이언트 변화사항, ④사회복지사 의견으로 구분하여 제시함.

185) 종결은 마지막 단계로서 사례가 완전히 종결되기도 하고 계속 프로그램에 의뢰를 하거나 새로운 서비스계획을 하는 활동이 이루어지기도 하는데, 이상적으로는 클라이언트와 원조망이 사례관리자에게 의존하지 않고 충분히 능력을 갖추었을 때 종결이 이루어짐(김기태 외, 2010: 474). 그러나 사례관리는 주로 만성적 문제를 지닌 클라이언트들을 대상으로 하기 때문에 클라이언트 평생 동안 이루어지는 경우가 많으며 이상적 종결을 접하기는 힘든 게 현실이고, 오히려 사례관리자의 이직 혹은 전근, 클라이언트의 사망, 시설 입소 혹은 먼 지역으로의 이사 등이 종결의 주요 사유가 됨(Kirst-Ashman & Hull, 1999: 592). 사례관리자가 클라이언트와의 종결을 준비할 때는 ①욕구 충족을 시키는 데 필요한 능력의 강화 정도, ②독립성 향상의 정도, ③원조망의 효과적인 활용 정도 등을 고려하는 것이 필요함(Ballew & Mink, 1986: 290).

㉰ 현재 상태에 대한 평가와 주기적인 만족도 조사
㉱ 클라이언트와 접촉을 유지하는 다른 기관에 대한 주기적인 요청, 프로그램 소식지의 계속적인 발송 등

2) 평가과정의 기록 사항(이근홍, 2020: 183)

① 결과평과 : 평가참여자 기록, 서비스명별로 클라이언트 수준과 서비스 제공자 수준으로 구분하여 기록
② 종결 : 서비스를 종결하게 된 궁극적인 사유, 서비스 제공 이후 변화 사항, 종결과 관련된 사례관리자의 의견 등이 기록
③ 사후관리[186] : 클라이언트와의 의사소통의 방법과 내용 및 의사소통의 기간과 간격 등 기록

3) 평가과정의 주요 기술[187]

① 평가기술(지은구, 2008: 94-95; 이근홍, 2020: 184-185) : 서비스의 평가는 클라이언트의 상황과 조건의 변화, 문제의 개선과 진척사항, 기능의 회복, 서비스계획과 프로그램의 효율성 등을 중심으로 단계적으로 이루어짐.
㉮ 투입은 서비스 제공에 투입된 시간이나 자원들
㉯ 행동은 목표를 성취하기 위해서 행하는 활동
㉰ 산출은 행동에 의해서 직접적으로 나타나는 성취물
㉱ 성과는 산출에 영향을 받는 것으로 행동에 의한 클라이언트의 변화를 의미

② 종결기술(이윤로, 2007: 85; 이근홍, 2020: 186) : 종결은 클라이언트가 서비스의 종결에 대한 감정처리를 원활히 할 수 있도록 하며, 종결 이후에도 유익한 변화가 지속적으로 유지될 수

---

186) 사후관리(follow-up)는 사례관리 서비스의 종결 후에 클라이언트의 상황에 대해서 후속적인 점검을 하는 과정으로서, ①대상자가 변화를 유지하고 있는가?, ②새로운 욕구가 발생하여 재개입이 필요한가? 등의 목적을 위해서 진행함(최소연, 2022, 286). 사후관리는 서비스 종결 후에 일정기간을 정하여 수행하고, 그 기간은 사례의 상황에 따라 상이할 수 있는데, 보통 3~6개월 정도임. 사후관리의 방법은 대면상담이나 전화상담, 연계된 서비스 기관 전문가의 견해 등이며, 새로운 욕구가 발생하게 되면 개입여부를 점검함.

187) 평가과정에서 사례관리자는 클라이언트에게 제공되는 서비스에 관한 효과성과 효율성을 평가하기 위해 사례관리 전반에 관한 자료를 확보하는데 필요한 기록기술을 활용해야 하고, 서비스를 평가할 때 다양한 전문가들의 의견을 수용하고 학제간 팀을 활용해야 하므로 관계형성기술, 경청기술, 통솔기술 등이 필요함(이근홍, 2020: 77). 그리고 서비스 평가에 필요한 평가기술, 결과목표가 달성되었거나 더 이상 서비스 제공이 의미가 없게 된 경우에 필요로 하는 종결기술, 사후관리에서 요구되는 옹호기술이 요구됨(이근홍, 2020: 77).

있게 하고, 필요할 경우 새로운 서비스를 이용할 수 있도록 해야 하기 때문에 어려운 기술

4) 평가 및 종결 과정의 서식(<서식-7> 사례관리 평가서/<서식-8> 사례관리 종결보고서)과 그 작성방법

① 계획의 적합성, 결과목적 달성, 효과성, 만족도의 작성 서식

	서비스 내용	계획의 적합성	결과목적 달성	효 과 성	만 족 도
평가내용	서비스 1				
	서비스 2				
	서비스 3				
	서비스 4				

● 계획의 적합성 서식 작성방법

- 사회복지사가 클라이언트에 대한 지원계획을 수립하였지만, 그 계획은 사전에 충분한 검증과정을 거치지 못한 상태의 실현 가능성을 가진 계획일 수밖에 없다는 것인데, 물론 사회복지사가 지원계획을 수립할 때는 동일한 클라이언트가 아닌 다른 클라이언트와의 실천경험을 통해 검증되고 충분히 실현가능한 계획을 수립하였겠지만, 각 클라이언트들이 갖고 있는 능력이나 상태 등의 개별적인 특성, 클라이언트를 구성하고 있는 주변 상황에 따른 다양한 변수들을 완벽하게 고려했다고 할 수는 없는 것임.
- 클라이언트(노인, 장애인, 아동 · 청소년)들이 원하는 욕구는 대상별 클라이언트에 따라 유사하지만 각 개인별 구체적인 욕구와 문제는 매우 다양하고 심각성의 정도에 차이가 있으며, 기관이 가지고 있는 능력과 확보된 자원, 지역사회에서 받는 인정 등 기관별 상황에 따라 다양한 계획과 방법의 설정이 가능한 상태에서 클라이언트에 대한 서비스 지원계획이 적합했는가를 평가하는 것임.

● 결과목적 달성 서식 작성방법

- 사회복지사는 클라이언트의 욕구를 파악하고 그 욕구를 해결하기 위한 구체적인 계획을 수립하여, 계획된 자원과 시간 및 노력을 투입하고 그 결과로 클라이언트의 욕구가 해결되는 긍정적인 목적을 설정하게 되는데, 결과목적에 대한 평가에서 중요한 또 다른 하나는 사회복지사가 설정한 결과목적의 대부분이 클라이언트 욕구에 대한 궁극적인 해결이라는 것임. 다시 말해, 클라이언트 본인 스스로 욕구나 문제를 해결할 수 있는 정도로 능력이 향상되는 상태로의 변화, 또는 동일한 욕구가 재발되지 않게 욕구와 문제에 대한 근본적인 해결을 지향한다는 것임.
- 물론, 클라이언트들의 욕구나 문제가 그들의 능력이나 상황, 심각성의 정도에 따라 다소 차이는 있겠지만, 해결에 필요한 소요기간이나 개념을 갖고 있다는 것임.

● 효과성 서식 작성방법

- 사례관리와 이러한 활동에서 생겨난 서비스의 결과적 범주가 클라이언트의 기능적 상태를 유지하거나 향상시키는데 기여하였는지 아닌지의 여부를 평가하는 것임(김만두, 1993: 257).

● 효과성 서식 작성방법(계속)

- 효과성에 대한 평가를 위해 사전에 측정 가능한 구체적인 수치와 계량화된 평가기준을 바탕으로 목적을 설정하다면 보다 객관적인 평가를 할 수 있는데, 예를 들어, 영어, 수학에 대한 프로그램 참여 전 평균 점수를 파악한 상태에서 프로그램 참여 후 평균점수를 10점 향상시키겠다고 목적을 설정했다면 시험 점수를 통해 효과성을 쉽게 입증할 수 있을 것임.
- 기준선 측정이 이루어지지 않았고 측정도구가 미리 규정되지 않았을 때에는 평가가 주관적일 가능성이 많고 그만큼 정밀하지 못할 수밖에 없다는 것을 충분히 고려하여 효과성을 평가하는 것이 필요함(김융일 외, 1995: 283).

● 만족도 서식 작성방법

- 서비스와 지원계획, 서비스와 지원계획의 이행, 클라이언트에게 전달되는 서비스와 지원의 효과에 대해 클라이언트가 만족하는 정도를 평가하는 것임(김만두, 1993: 243).
- 클라이언트의 표출된 욕구를 해결하기 위해 계획된 프로그램과 관련된 자원과 과정 및 결과, 효과성, 사회복지사 등에 대한 만족의 정도를 평가하는 것을 의미함.
- 특히, 만족도와 관련한 평가에서 클라이언트들은 자신의 제공받은 서비스에는 만족하지 못하지만, 사회복지사에 대한 우호적인 감정으로 서비스에 대해 긍정적인 평가를 하기도 하고, 또는 만족도 조사이후 혹시 긍정적인 결과가 자신에게 미칠 영향 등을 고려하여 부정적인 평가를 하기도 한다는 것을 충분히 고려해야 함. 따라서, 만족도에 대한 설문지는 사회복지사에 의해 전달되기보다는 다른 어떤 사람에 의해 전달되도록 하는 것이 긍정적 평가의 압력을 막는 사전 고려의 지혜로운 방법이 될 수 있고, 클라이언트 답변의 확실성이 보장되기를 바란다면, 클라이언트가 익명으로 답하도록 하는 것도 지혜로운 방법이 될 수 있을 것임(김만두, 1993: 265).

② 평가결과 및 이유의 작성 서식

평가결과 및 이유	( ) 종결 ( ) 재사정 ( ) 의뢰 ( ) 유지

● 평가결과 및 이유 서식 작성방법

- 상기의 4개 영역에 대한 평가과정을 통해 사례관리의 지속여부를 결정하게 됨. 즉 평가를 통해 클라이언트의 욕구나 문제 해결의 목표가 달성되지 않아서 또는 사례관리과정에서 새롭게 나타난 클라이언트의 욕구와 문제의 발생시 재사정, 다른 기관에 의뢰, 또는 사례관리의 현재 상태 유지나 종결을 결정하게 된 이유를 기록하는 것임.
- 재사정의 경우에서와 마찬가지로 종결이나 의뢰의 경우, 향후 다른 욕구로 클라이언트를 다시 만나게 되는 경우도 있으므로 별도의 리스트를 작성하여 보관해 두는 것이 필요하고, 평가를 통해 재사정을 결정하게 되었다면 다시 초기사정 과정을 거쳐 새로운 서비스 계획을 수립하여 서비스를 제공하게 됨.

③ 클라이언트에 의한 종결188)의 작성 서식

	유 형	사 유
종결유형 및 사유	( ) 클라이언트에 의한 종결	사망( ), 시설입소( ), 이주( ), 목표달성( ), 상황호전( ), 타 기관 이용( ), 거절이나 포기( ), 약속불이행( ), 기 타( )

● 클라이언트에 의한 종결 서식 작성방법

- 사례관리에서 사용하고 있는 종결은 클라이언트와 관련된 종결이 대부분으로, 클라이언트의 사망, 클라이언트의 생활시설 입소, 클라이언트가 다른 지역으로 이주, 클라이언트의 목표 달성, 클라이언트의 상황이 호전되어 사례관리가 필요 없는 상황, 클라이언트의 거절이나 포기, 클라이언트의 약속불이행, 기타 등이 있음. 이에 대해 사회복지사는 클라이언트와의 상호 밀접한 상담을 통해 정확한 종결의 사유를 도출해야 할 것임.

188) 실제로 사회복지사는 클라이언트에 대한 종결을 결정하는데 현실적으로 위의 범주를 벗어나지 않을 것임. 여기에서, 다른 유형과 달리 클라이언트의 거절이나 포기의 이유로 종결을 결정하기에 앞서 한 번 더 정확한 클라이언트의 의견을 확인하는 것이 필요한데, 즉 클라이언트의 거절이나 포기가 개인적인 상황임을 주장하지만 그런 결정의 배경에 사회복지사의 교체로 인한 어려움이나 기관의 정책 변화에 대한 불만의 표시일 수도 있다는 것임(서울복지재단, 2006: 88). 많은 경우, 클라이언트는 사회복지사의 개인적인 사유나 기관의 상황에서 사회복지사가 교체되는 경험을 하게 되는데, 이 과정에서 클라이언트는 새로운 사회복지사를 전임 사회복지사와 자연스럽게 비교하게 되고, 이 과정에서 사회복지사의 관심이나 서비스 제공의 정도가 다르다고 느끼고 판단할 수 있고, 이런 변화된 내용에 대해 불만이 있어도 이를 표현하거나 시정을 요구하기 보다는 '서비스에 대해 충분히 만족하고 있다' 거나, '더 이상의 서비스는 필요치 않다' 라고 자신의 입장을 표현한다는 것임(서울복지재단, 2006: 88). 다시 말해서, 사회복지사가 클라이언트에 대한 개입이 종료되는 것은 클라이언트와 그의 원조망의 능력이 충분하여서 클라이언트가 사회복지사로부터 독립될 수 있다(권진숙・진석균, 2001: 289)는 사례관리의 계획된 종결이라면 그와 반대의 경우로 클라이언트나 사회복지사에 의해, 또는 다른 이유로 인해 사례관리 과정에서 계획되지 않은 종결이 나타날 수 도 있다는 것임(서울복지재단, 2006: 89). 사회복지사는 사례관리의 과정에서 계획된 종결이든 계획되지 않은 종결이든 어떤 형태의 종결을 경험하고, 계획된 종결에서 보다 계획되지 않은 종결에서 더 많은 부정적인 감정 - 분노, 좌절, 불안, 섭섭함 - 들을 경험할 수 있음(엄명용 외, 2005: 481). 이럴 경우 동료나 상급자에게 도움을 요청하여 부정적인 감정을 극복하는 것이 반드시 필요하고, 또한 사회복지사는 클라이언트의 욕구를 해결하기 위해서 자신과 기관의 자원, 능력을 최대한 발휘하여 노력했지만 아무 것도 클라이언트에게 효과가 없다고 판단하게 되는 경우가 많은데, 특히, 사회복지사 자신이 담당했던 클라이언트로부터 클라이언트에 의한 종결을 경험했다면 더욱 그럴 것임(서울복지재단, 2006: 89). 이럴 경우, 사회복지사는 자신의 무능함을 자책하여 업무수행에 두려움을 느끼기도 하고 심지어 사직을 결심하기도 하지만, 자신의 무능함 보다는 자신의 기질과 특성이나 성향이 클라이언트와 적합하지 않은 경우가 더 많음(서울복지재단, 2006: 89). 즉, 사회복지사도 다양한 사람들과 관계를 맺고 만나는 과정에서 유난히 자신과 다른 가치와 철학, 태도를 갖고 있다고 느껴지는 사람과 관계 설정에 어려움을 느꼈을 것이고 때때로 그 사람과의 대면을 의도적으로 피했던 경험이 있었을 것임. 이와 마찬가지로, 사회복지사라고 해서 반드시 모든 클라이언트와 긍정적이고 우호적인 관계가 형성되는 것이 아니라는 사실을 인정하고 이와 같은 반응이 클라이언트로부터 나타날 경우, 기관에 사례관리자의 변경을 요청하는 것도 좋은 방법일 것임(서울복지재단, 2006: 89-90).

④ 사회복지사에 의한 종결[189]의 작성 서식

종결유형 및 사유	유 형	사 유
	( ) 사회복지사에 의한 종결	사직 · 타업무희망( ), 본인과 부적합( ) 클라이언트의 소극적 참여( )

● 사회복지사에 의한 종결 서식 작성방법

- 사회복지사에 의해 클라이언트에 대한 사례관리나 관계 형성이 부적합하여 종결하게 된 사유를 기록함.

⑤ 기타 이유에 의한 종결(외부 의뢰가 필요한 경우)[190]의 작성 서식

종결유형 및 사유	유 형	사 유
	( ) 기타 이유에 의한 종결	기관의 업무 조정( ), 기관의 사례기한 제한( ), 기관 · 법인의 교체( ), 원칙변경( ) 기관의 자원 · 능력의 한계( )

● 기타 이유에 의한 종결 서식 작성방법

- 클라이언트와 사회복지사에 의한 사유가 아닌 기관과 환경에 의해 사례관리를 종결하게 된 사유를 기록함.

189) 클라이언트는 사회복지사와의 관계 종결도 그동안의 경험으로 쉽게 받아들이기도 하지만, 이와 반대로 클라이언트는 사회복지사가 진정으로 그들을 걱정하지 않는다고 성원들에게 빗대어 말하는 메시지로 사회복지사를 간접적으로 공격하거나 품위를 손상시킴으로써 또는 사회복지사가 그들을 버렸다고 직접적으로 비난함으로써 부정적 감정을 나타낼 수 있음(김융일 외, 1995: 318). 클라이언트가 긍정적인 반응이나 부정적인 반응을 표현하는 것이 중요한 것이 아닐 수도 있고 사회복지사가 교체되어도 사례관리는 지속될 것이겠지만, 클라이언트가 받게 되는 심리적인 상실감을 회복하여 또 다른 사회복지사와 친밀감과 신뢰를 구축하기까지 더 많은 시간과 노력이 요구된다는 것임(서울복지재단, 2006: 90). 현실적으로 이 문제를 해결할 수 있는 방법은 불가능할 것이나, 기관의 상황에 따라 한 명의 클라이언트에 두 명의 사회복지사가 개입하는 방법, 또는 사례관리가 팀이나 행렬조직의 형태로 진행하는 방법이 있음(서울복지재단, 2006: 91). 이런 업무조직 형태에서 사회복지사는 다른 협조관계에 있는 동료들과 함께 클라이언트를 만나기도 하고 협의하는 과정을 통해 이러한 문제를 일부 해소할 수 있고, 사례관리 계획을 수립하는 과정에도 효과적일 것임(서울복지재단, 2006: 91).

190) 클라이언트의 욕구가 해결되지 않은 상황에서 서비스를 제공할 수 없게 되면 사회복지사는 다른 기관에 의뢰를 하게 되는데, 클라이언트에게 효과적인 의뢰를 하기 위해서는 사회복지사가 클라이언트의 욕구과 관련되어 의뢰할 수 있는 다양한 사회복지서비스 기관의 존재, 위치, 방법 등의 정보를 이미 파악하고 있어야 하고, 특히, 사회복지사는 사례관리에 대한 평가를 준비하면서 종결이 결정되는 않은 상태이지만 개인적인 판단으로 이미 의뢰를 고려하는 경우가 있음(서울복지재단, 2006: 91). 이때, 의뢰할 기관에 대한 파악이 된 상태에서 클라이언트가 의뢰될 수 있도록 준비하고 있어야 하는데, 왜냐하면 의뢰 시기가 클라이언트의 상황과 얼마나 적합하느냐에 따라 효과적이고 효율적인 서비스가 될 수 있기 때문임(서울복지재단, 2006: 91). 그리고, 의뢰를 하는 과정에서 클라이언트가 현재의 기관과 사회복지사에게 거부되었다는 느낌을 갖지 않도록 정확한 이유를 설명해야 하고, 또한 의뢰할 기관을 선택하는 것은 클라이언트의 결정이기 때문에 사회복지사는 의뢰 기관에 대한 장점과 약점, 그리고 의뢰기관을 선택 후 발생 가능한 상황에 대해 클라이언트의 책임도 정확히 알려주어야 함(서울복지재

⑥ 서비스 제공 현황의 작성 서식

서 비 스 제공현황	

● 서비스 제공 현황 서식 작성방법

- 사례관리를 위한 서비스 계획수립이후 종결의 과정까지 클라이언트에게 제공한 기관내부와 외부의 서비스 내용을 기록함.

⑦ 클라이언트 변화사항의 작성 서식

클라이언트 변화사항	초 기 상 황	종 결 상 황

● 클라이언트 변화사항 서식 작성방법

- 인테이크 과정에서 종결이 되기까지 클라이언트 개인과 가족 및 환경의 변화(개선이나 악화)된 사항을 기록함.

⑧ 사례관리 종결에 대한 사회복지사 의견

사 회 복지사 의 견	

● 사례관리 종결에 대한 사회복지사 의견 서식 작성방법

- 클라이언트의 사례관리 종결에 대한 사회복지사의 의견을 기록함.
- 사례관리에서 목표가 달성된 종결은 클라이언트 스스로 문제를 해결하는 능력이 향상되는 것으로, 사회복지사는 종결이 가까워질수록 클라이언트와 협의를 통해 만남의 횟수를 줄이거나, 클라이언트 성취하고 해결한 것을 알려주어 클라이언트의 능력이 향상되고 있음을 스스로 인식하게 하는 것이 중요함.
- 종결이 관계의 단절이 아니라 사회복지사와 특정한 어려움을 가진 클라이언트와의 만남이 아닌 지역주민으로 언제나 편안하게 만날 수 있고, 클라이언트의 욕구가 발생하면 다시 만날 수 있다고 클라이언트가 안내해 줄 필요가 있음.

단, 2006: 91-92)

〈표 9-1〉 사례관리 실천과정별 주요 및 세부업무와 작성 서식

항목 실천과정	주요 업무	세부 업무	작성 서식(서울복지재단)
접수 및 사정단계	○ 사례 발굴(Case Fidings) ○ 스크리닝(Screening) ○ 초기상담(Intake)	• Ct의 정보 수집, 개별적 욕구 파악•확인	〈서식 1〉 인테이크 기록지 ADL, LADL 척도
	○ 클라이언트의 욕구 및 문제 사정	• 욕구 및 문제 사정 → 자원 사정 → 장애물 사정(외부장애물, 선천적 무능력 파악, 내부장애물 등 사정)	〈서식-2〉 사정도구틀
계획단계	○ 목표 설정	• Ct의 욕구 및 문제 최종 확인 • 결과목표, 서비스 목표, 서비스 실행방법 정하기	〈서식-4〉 서비스계획
	○ 서비스 계획 수립	• 목표달성을 위한 서비스 활동 제시 • 서비스 활동의 우선 순위 제시 • 실행가능한 서비스 계획 수립 • 서비스 개입 목표와 내용 제시	
개입단계	○ 계약	• 동의서 작성	〈서식-5〉 서비스 동의서
	○ 개입 수준 정하기	• 단순, 일반, 집중형 사례관리 중 선정	
	○ 서비스 연계 및 자원동원	• 서비스 연계 유형(내브, 공식•비공식) 및 자원동원 방법 결정과 실행	
모니터링 및 재사정 단계	○ 서비스 계획의 이행 정도 점검 ○ 서비스 계획의 목표와 실제 개입 서비스의 목표 달성정도 점검 ○ 서비스의 산출 검토 ○ Ct의 욕구변화 점검, 서비스 계획 변화여부 검토	• 서비스 계획 목표 및 서비스 실행 내용 확인 • 서비스 이행 및 목표 성취 정도 점검 • Ct의 욕구 및 환경의 변화 점검, 사례관리자의 의견 등을 종합, 사례관리의 유지 및 재사정 여부 결정	〈서식-6〉 서비스 점검표
	○ 기존 계획의 수행 평가 ○ 기존 계획의 적절 실시 확인 ○ 기존 계획의 목표 달성 여부 ○ 각 서비스의 적절 여부 ○ Ct의 새로운 욕구가 발생, 계획 변경 여부 평가	• 재사정 유형과 요인 결정 • Ct의 변화된 욕구 확인 • Ct에게 제공한 서비스와 그 문제 • 사례관리자의 종합의견 제시를 통한 재사정 결과 결정 • 향후 서비스 계획 제시	〈서식-7〉 재사정기록지
평가 및 종결 단계	○ 서비스 개입계획의 적합성 평가 ○ 효과성(목적 달성 정도) 평가 ○ Ct 만족도 평가	• 각 서비스활동별 적합성, 효과성, 만족도 평가 실시 • 평가 결과(종결, 재사정, 의뢰, 유지 등)와 그 이유 제시	〈서식-8〉 사례관리 평가서 〈서식-9〉 사례관리 종결보고서 〈서식-10〉 의뢰서

[참고 문헌]

권진숙, 2007, 「사례관리 이론과 실제: 등촌4종합사회복지관 사례를 중심으로」, 공동체.

권진숙 역, 2004,「사례관리 개념과 기술」, 학지사.

권육상, 1999, 「사회복지실천론」, 학문사.

권진숙 · 김상곤 · 김성천 · 유명이 · 이기연, 2012, 「사례관리 전문가교육(실무자기초과정)」, 학지사.

권진숙 · 박지영, 2009, 「사례관리 이론과 실제」, 학지사.

____________, 2010, 「사례관리 이론과 실제(2판)」, 학지사.

권진숙 · 전석균, 2001, 「사례관리」, 하나의학사.

김기태 · 김수환 · 김영호 · 박지영, 2010, 「사회복지실천론」, 공동체.

김기태 · 박봉길 · 최송식 · 이명옥 · 이경희, 1997, 「사례관리실천의 이해」, 도서출판 만수.

김기태 · 황성동 · 최송식 · 박봉길 · 최말옥, 2001, 「정신보건복지론」, 양서원.

김만두 역, 2004, 「케이스매니지먼트 실천론」 [Moxley, D. P., 1989, *The practice of Case Management*, Thousand Oaks, CA : Sage Publications], 홍익재.

김만두 편, 1993, 「효과적인 복지서비스를 위한 사례관리실천론」, 홍익재.

김만두 · 한혜경, 1995, 「현대사회복지개론」, 홍익재.

김미혜, 1999, 「재가노인 사례관리 실천모형의 적용 연구」, 한국재가노인복지협회, 재가노인복지 서비스, 제2장.

김봉순 · 김향선 · 김현호 · 박영국 · 오정옥 · 이기량 · 이남순 · 이연복 · 이채식, 2011, 「사회복지실천론」, 창지사.

김성경, 2017, 「사회복지 사례관리론」, 공동체.

______, 2019, 「사회복지 사례관리론」, 공동체.

김융일 · 조홍식 · 김연옥, 1995, 「사회사업실천론」, 나남출판.

김통원 · 김용득, 1998, 사회복지실천 사례관리, 도서출판 지샘.

김혜영 · 석말숙 · 최정숙 · 김성경, 2014, 「사회복지실천론」, 공동체.

나동석 · 서혜석, 2009, 「사회복자실천론」, 학현사.

민소영, 2008, "강점관점 반영 사례관리 훈련프로그램의 개발 및 효과성 연구", 「한국사회복지행정학」, 10(1), 39~65.

______, 2015, "한국의 사례관리 전개 과정과 쟁점 고찰", 「한국사회복지행정학」, 17(1), 213-239.

박미은, 2021, 「사회복지사를 위한 사례관리」, 양서원.

박미은 · 박춘숙 · 송지현 · 최주환, 2011, "국내 사례관리 개념논쟁에 관한 소고", 「사회과학연구」, 20(2), 한남대학교 사회과학연구소, 1~16.

박정란, 2021, 「사례관리」, 양서원.

방미진・황영희, 2011, 「사회복지실천론」, 나눔의집.

서울대학교사회복지실천연구회 역(김혜란 감수), 2001, 「사회복지실천 기법과 지침」, Sheafor, Bradford W., Horejsi, Charles R. & Horejsi, Gloria A, 1991, *Techniques and guidelines for social work practice*, Boston: Allyn and Bacon, 서울대학교 사회복지실천연구회, 나남출판.

서울복지재단, 2006, 「사례관리 실천방법: 지역사회보호사업」, 서울복지재단 2005-연구-1.

__________, 2009, 「사회복지관 프로그램 매뉴얼(지역사회보호): 사례관리 실천 매뉴얼」.

서혜석・김덕진・이명자, 2017, 「사회복지실천론」, 정민사.

석재은, 2000, "영국의 지역사회보호와 사례관리를 통한 보건・복지서비스 통합", 정책분석, 「보건복지포럼」, 통권 제48호, 51-62, 한국보건사회연구원.

양옥경・김정진・서미경・김미옥・김소희, 2001, 「사회복자실천론」, 나남출판.

양옥경・최명민, 2005, "사회복지실천모델의 재검토: 전통모델과 임파워먼트모델(Empowerment Model)의 재검토", 한국사회복지학회 학술대회논문집, 111-142.

양정남・권구영・김화선・최은정・한계경, 2009, 「사례관리」, 양서원.

엄명용・김성천・오혜경・윤혜미, 2000, 「사회복지실천의 이해」, 학지사.

__________, 2011, 「사회복지실천의 이해(3판)」, 학지사.

엄명용・김성천・윤혜미, 2020, 「사회복지실천의 이해」, 학지사.

엄명용・노충래・김용석, 2005, 「사회복지 실천기술의 이해」, 학지사.

__________, 2008, 「사회복지 실천기술의 이해(2판)」, 학지사.

오혜경, 1995, "사회사업실천의 사례관리 모델: 사례관리과정 중심", 「사회과학연구」, 11, 가톨릭대학교 사회과학연구소, 49-74.

우국희, 2016, 「사례관리론」, 공동체.

윤선오・김우호・서보준, 2017, 「사회복지실천론」, 양서원.

이경아・하경희, 2018, 「강점기반실천과 사례관리」, 공동체.

이경준・오봉욱・박선아・하태선, 2014, 「사회복지실천론」, 동문사.

이근홍, 1996, "한국 재가노인의 사례관리 실천모형에 관한 연구", 중앙대학교 대학원 박사학위논문.

______, 1999, 「케이스 매니지먼트」, 대학출판사.

______, 2006, 「사회복지실천 개별관리」, 공동체.

______, 2008, 「케어매니지먼트」, 공동체.

______, 2015, 「사례관리」, 양서원.

______, 2019, 「인간행동과 사회환경」, 공동체.

______, 2020, 「사례관리론」, 지식공동체.

이봉주・김용득・김문근, 2008, 「사회복지서비스와 공급체계: 쟁점과 대안」, EM커뮤니티.

이윤로, 2007, 「최신 사회복지실천론」, 학지사.

이윤로・성규탁, 1993, "사례관리: 효과적 서비스 전달을 위한 방법(피부양노인 사례를 중심으로 한 기법과 모델)”, 「사회복지」, 제118호, 가을, 한국사회복지협의회.

이정규, 1998, “지역사회복지와 사회적 네트워크”, 「복지사회연구」, Vol.1, No.1.

이종복 · 이권일 · 김화순 · 오은경, 2007, 「사례관리의 이론과 실천」, 창지사.

이준상, 1994, “사례관리실천과정에 있어서 사정방안에 관한 연구”, 「사회복지」, '94 봄호, 한국사회복지협의회.

이채식 · 권신영 · 김준환 · 박주현 · 오영훈 · 전영록 · 간순옥 · 권명희, 2020, 「사회복지 사례관리」, 어가.

이팔환 외 공역, 1999, 「사회복지실천이론의 토대」, 나눔의집, Mattaini, Mark A., & Lowery, Christine T. (Eds.), 1998, *The Foundations of Social Work Practice(2nd ed.)*, Washington D.C.: NASW Press.

장인협, 1995, 「지방화시대의 지역복지실천방법론: 케어/케이스 관리」, 서울대학교출판부.

장인협 · 우국희, 1997, 「지역사회기반 사회복지실천 케어, 케이스 매니지먼트」, 서울대학교출판부.

__________, 2001, 「케어 · 케이스 매니지먼트」, 서울대학교출판부.

__________, 2007, 「지역사회기반 사회복지실천 케어, 케이스 매니지먼트」, 서울대학교출판부.

정덕근, 1996, 「사회복지프로그램 매니지먼트」, 홍익제.

정순돌, 2005a, 「강점모델: 노인 장기요양보호와 사례관리실천」, 집문당, 아산재단 연구총서 184.

_____, 2005b, 「사례관리실천의 이해」, 학지사.

_____, 2008, 「사례관리실천의 이해」, 학지사.

_____, 2010, 「사례관리실천의 이해: 한국적 경험」, 학지사.

정순둘 · 김경미 · 박선영 · 박형원 · 최혜지 · 이현아, 2007, 「사회복지와 임파워먼트」, 학지사.

조휘일 · 이윤로, 2001, 「사회복지실천론」, 학지사.

조휘일 · 김순희 · 권순미 · 김정희 · 최원희, 2008, 「사회복지실천론」, 서현사.

주경필 · 김윤나, 2018, 「사회복지실천론」, 한국방송통신대학교출판문화원.

주경희 · 맹두열 · 임중철, 2017, 「사례관리의 이해와 적용」, 공동체.

최덕경 · 이혜자 · 이무영 · 정혜선 · 박경애 · 김민경, 2012, 「사회복지실천론」, 공동체.

최소연, 2022, 「사래관리론」, 양성원.

최영대, 2021, 「사례관리의 이론과 실제」, 공동체.

최은정 · 박은아 · 배은경 · 양정남 · 이재경 · 조혜정, 2020, 「사례관리」, 양서원.

한국사례관리학회, 2012a, 「사례관리 전문가교육: 실무자 기초과정」, 학지사.

______________, 2012b, 「사례관리론」, 학지사.

______________, 2015, 「사례관리론」, 학지사.

한국전문대학사회복지교육협의회, 2005, 「사회복지실천론」, 양서원.

한인영・장수미・최정숙・박형원 공역, 2006, 「사회복지실천론: 일반주의 관점」, 하나의학사, Johnson,, Louise C. & Yanca, Stephen J., 2004, *Social Work Practice – A Generalist Approach –*, Pearson Ducation. Inc.

황성철, 1995, “사례관리 실천을 위한 모형 개발과 한국적 적용에 관한 연구”, 「한국사회복지학」, 27, 한국사회복지학회. 275-304.

足立正樹, 1998, 「各國の介護保障」, 法律文化社.

Austin, C. D., 1983, “Case management in long-term care: Option and opportunities”, *Health and Social Work*, 8(2).

Bachrach, L. L., 1981, “Continuity of care for chronic mental patients: a conceptual analysis”, *The American Journal of Psychiatry*, 138(11), pp.1449-1456.

Baker, A. & Intalgiata, J., 1992, *Case management in social work: Developing the professional skills needed of work with multiproblem client*, Springfield, Ⅱ.: Charles C. Thomas.

Barker, Robert L., 1987, *The Social Work Dictionary*, 중앙사회복지연구회 역, 1996, 「사회사업사전」, 이론과실천.

______________, 1987, *The Social Work Dictionary*, Washington, DC: NASW.

______________, 1995, *The Social Work Dictionary(3rd ed.)*, Washington, D.C.: National Association of Social Workers Press.

Ballew, J. R. & Mink, G., 1986, *Case Management in The Human Service*, Springfield, Illinois : Charles C. Thomas Publisher, Ltd.

____________________, 1996, *Case management in social work*, The Charles C. Thomas Publisher, Ltd.

Bamford, Terry, 1990, *The Future of Social Work(1990th Edition)*, UK, Basingstoke: Macmillan Press Ltd.

Bauld, L., Chesterman, J., Davies, B., Judge, K., & Mangalore, R, 2000, *Caring for Older People: An Assessment of Community Care in the 1990s*, pp.391-404, Aldershot: Ashgate Publishing.

Bendick, Marc Jr., 1980, “Failure to enroll in public assistance programs”, *Social Work*, 25(4), pp.268-274, https://doi.org/10.1093/sw/25.4.268.

Bertsche, A. V., & Horejsi, C. R., 1980, “Coordination of client services”, *Social Work*, 25(2), pp.94-98.

Biestek, Felix P., 1957, *The Casework Relationship*, Chicago, IL: Loyola University Press.

Brandon, D., 1991, “Implications of Normalisation Work for Professional Skills”, In S. Ramon (ed.), *Beyond Community Care : Integration and Normalisation Work*, London: Macmillan, pp.35-55.

Brindis, Claire, Barth, Richard P., & Loomis, Amy B., 1987, “Continuous Counseling: Case

Management with Teenage Parents", *Families in Society Volume*, 68(3), pp.164-172.

Brower, H. T., 1982, "Advocacy: What It Is", *Journal of Gerontological Nursing*, 8(3), Thorofare, NJ: Healio, pp.141-143.

Challis, D. & Davies, B., 1989, *Case management and Community Care(2nd edn)*, Aldershot, Gower, p.39.

Cline, B. G., 1990, "Case Management: Organizational Models and Administrative Methods", *Caring*, 9(7), pp.14-18.

Cormier, W. H., & Cormier, L. S., 1991, *Interviewing strategies for helpers: Fundamental skills and cognitive behavioral interventions(3rd ed.)*, Thomson Brooks/Cole Publishing Co.

Compton, Beulah Roberts & Galaway, Burt, 1984, *Social Work Processes(3rd ed.)*, Homewood, IL: Dorsey Press.

Conroy, J. W., 1977, "Trends in deinstitutionalization of the mentally retarded", *Mental Retardation*, 15(4), pp.44-46.

Cross, T., Bazron, B., Dennis, K., & Isaacs, M., 1989, *Towards A Culturally Competent System of Care*, Volume I, Washington, DC: Georgetown University Child Development Center, CASSP Technical Assistance Center.

Fiene, Judith Ivy., & Taylor, Patricia A., 1991, "Serving Rural Families of Developmentally Disabled Children: A Case Management Model", *Social Work*, 36(4), pp.323-327.

Frankel, Arthur J., & Gelman, Sheldon R., 2004, *Case Management: An Introduction to Concepts and Skills(2nd ed.)*, Chicago, IL: Lyceum Books Inc.

Gitterman, Alex, & Germain, Carel B., 1976, "Social Work Practice: A Life Model", *Social Service Review*, 50(4), pp.601-610, Chicago, IL: The University of Chicago.

Greene, Roberta R., 1992, "Case Management: An Arena for Social Work Practice", In Vourlekis, Betsy S., & Greene, Roberta R.(Eds.), *Social Work Case Management*, NY: A. de Gruyter.

Gursansky, Di, Harvey, Judy, & Kennedy, Rosemary, 2003, *Case Management: Policy, practice and professional business*, New York : Columbia University Press.

Hancock, Betsy Ledbette, 1990, *Social Work with Older People(2nd ed.)*, Englewood Cliffs, N.J.: Prentice-Hall, Inc.

Hepworth, Dean H., & Larsen, Jo Ann, 1993, *Direct Social Work Practice: Theory and Skills(4th ed.)*, Pacific Grove, C.A.: Brooks/Cole Publishing Company.

Hepworth, Dean H., Rooney, Ronald H., Rooney, Glenda, Dewberry, Kimberly, Strom-Gottfried, Larsen, Jo Ann, & Doe, Jane, 2010, *Direct social work practice: theory and skills*, California, Belmont: Brooks/Cole Publishing Co.

Honnard, R., 1985, "The chronically mentally ill in the community", In Weil, Marie & Karls,

James M., et al.(eds.), *Case management in human service practice*, San Francisco, CA: Jossey-Bass.

Intagliata, J., 1982, "Improving the Quality of Community Care for the Chronically Mentally Disabled: The role of case management" , *Schizophrenia Bulletin*, 8(4).

__________, 1992, *Improving the Quality of Community Care for the Chronically Mentally Disabled in Case Management Social Work Practice*, by Stephen M. Rose, Longman.

Johnson, Louise C., & Yanca, Stephen J., 2001, *Social Work Practice: A Generalist Approach (7th ed.)*, Boston: Allyn Bacon.

Johnson, Peter & Rubin, Allen, 1983, "Case management in Mental Health: A Social Work Domain?" , *Social Work*, vol.28, No.1, pp.49~55.

Kadushin, A, 1972, *The Social Work Interview*, New York: Columbia University Press.

Kadushin, A., & Kadushin, G., 1997, *The social work interview(4th Ed.)*, New York: Columbia University Press.

Kane, Rosalie A., 1988, "Case Management: Ethical Pitfalls on the Road to High-Quality Managed Care" , *Quality Review Bulletin*, Volume 14, Issue 5, pp.161-166.

Kirst-Ashman, K, K., & Hull, Jr., G. H., 1993, *Understanding generalist practice*, Chicago: Nelson-Hall.

______________________________, 1999, *Understanding generalist practice(2nd ed.)*, Chicago : Nelson-Hall.

Kumar, S., 2000, *Multidisciplinary approach to rehabilitation*, Butterworth Heinemann.

Leiby, J., 1978, *A History of Social Welfare and Social Work in the United States*. New York: Columbia University Press.

Levine, I. S., & Fleming, M., 1984, *Human resource development: Issues in case management (Monograph)*, University of Maryland, Center of Rehabilitation and Manpower Services.

Linz, Mary Hubbard, McAnally, Patricia L., & Wieck, Colleen Ann, 1989, *Case Management: Historical, Current, & Future Perspectives*, Cambridge, pp.1-20, MA: Brookline Books.

Loomis, James F., 1992, "Case management in health care" , In Rose, Stephen M.(Ed.), *Case Management and Social Work Practice*, New York: Longman.

Maluccio, A. N., 1979, "The Influence of the Agency Environment on Clinical Practice" , *The Journal of Sociology & Social Welfare*, Vol.6, Issue6, Article2.

McGowan, Brenda G, 1987, "Advocacy" , In Minahan, Anne et al.(Eds.), *Encyclopedia of Social Work(18th ed.)*, Volumes 1 and 2, Silver Spring, MD.: National Association of Social Workers, 1986.

Meyer, Carol H.. 1993, *Assessment in Social Work Practice*, New York: Columbia University Press.

Miley, K. K., O'Melia, M., & DuBois, B. L., 1995, *Generalist Social Work Practice: An Empowering Approach*, Boston : Allyn and Bacon.

Moore, Stephen T., 1990, "A Social Work Practice Model of Case Management: The Case Management Grid", *Social Work*, 35(5), pp.444-448.

__________________, 1992, "Case Management and the Integration of Services: How Service Delivery Systems Shape Case Management", *Social Work*, 37(5), pp.418-423.

Moxley, D. P., 1989, *The practice of Case Management*, Thousand Oaks, C.A.: Sage Publications.

Moxley, D. P., & Buzas, L., 1989, "Perceptions of Case Management services for elderly people", *Health and Social Work*, 14, pp.96-203.

NASW, 1981, "NASW working statement on the purpose of social work", *Social Work*, 26(6).

______, 1984, *NASW Standards and guidelines for social work case management for the functionally impaired*, Silver Spring, M.D.: Author.

______, 1992, *NASW Standards for Social Work Case Management*, Wadhington D.C.: Author.

______, 2013, *NASW Standards for Social Work Case Management*, Wadhington D.C.: Author.

Nelson, G., 1982, "Support for the aged: Public and Private Responsibility", *Social Work*, Vol.27, No.2, pp.137-143.

Netting, Ellen F., 1980, "Case Management: Service or Symptom?", *Social Work*, 37(2), pp. 160-164.

Nirje, Bengt, 1969, "The Normalization Principle and its Human Management Implications", In R. B. Kugel & W. Wolfensberger(Eds.), *Changing Patterns in Residential Services for the Mentally Retarded*, Chapter7, pp.179-195, Washington D.C.: President's Committee on Mental Retardation.

O'Connor, Gerald, G., 1988, "Case Management: System and Practice", *Social Casework*, Vol.69, pp.97-106.

Onyett, Steve, 1992, *Case Management in Mental Health*, London: Chapman.

Orme, Joan, & Glastonbury, Bryan, 1993, *Care management: tasks and workloads*, London: Macmillan Press.

Quinn, Joan, 1993, *Successful case management in long-term care*, New York: Springer Publishing Company.

Payne, M., 1995, *Social Work and Community Care*, Basingstoke: Macmillan.

Pincus, A., & Minahan, A., 1973, *Social Work Practice: Model and Method*, Ithaca, Illinois, Peacock Publications.

Raiff, N. R., & Shore, B. K., 1993, *Advanced case management: New strategies for the nineties*. Sage Publications, Inc.

Ramon, Shula (ed.), 1991, *Beyond Community Care: Normalisation and Integration Work (Issues in Mental Health, 2)*, Houndmills: Macmillan Press Ltd.

Rapp, C. A., & Chamberlain, R., 1985, "Case management services for the chronically mentally ill", *Social Work*, 30(5), pp.417-422.

Rapp, C. A., & Wintersteen, R., 1989, "The Strengths model of case management: Results from twelve demonstrations", *Psychosocial Rehabilitation Journal*, 13(1), pp.23-32.

Roberts-DeGennaro, M., 1987, "Developing Case Management as a Practice Model, Social Casework", *The Journal of Contemporary Social Work*, 8(10), pp.466~470.

Rose, H., 1980, *Proceedings of the conference on the Evaluation of Case Management Programs (March 5-6, 1979)*, Los Angeles: Volunteers for Services to Older Persons.

Rose, Stephen M., 1992, *Case management and social work practice*, New York: Longman.

Rose, Stephen M., & Moore, Vernon, 1995, "Case Management", in Edwards R.(Ed.), *Encyclopedia of Social Work(19th ed.)*, Washington D.C.: NASW Press.

Rothman, J., 1991, "A model of Case Management: Toward empirically based practice", *Social Work*, 36(6), Silver Spring, M.D.: NASW, Inc.

Rothman, J., 1992, *Guidelines for Case Management: Putting Research to Professional Use*, Itasca, IL: F. E. Peacock.

Rothman, J., & Sager, J. S., 1998, *Case management: Integrating individual and community practice(2nd Ed.)*, Boston: Allyn and Bacon.

Rubin, A., 1987, "Case Management", In Minahan, A.,(Ed-in-Chief), *Encyclopedia of Social Work(18th ed., Vol.1, pp.212~222)*, Silver Spring, M.D.: National Association of Social Workers.

Rubin, A., 1992a, "Case management", In S. Rose (Ed.), *Case management and social work practice*, pp.5-20, New York: Longman Publishing Company.

________, 1992b, "Is case management effective for people with serious mental illness?", A research review, *Health & Social Work*, 17(2), pp.138-150.

Saleebey, D., 1996, "The strengths perspective in social work practice: Extensions and cautions", *Social Work*, 41(3), pp.296-305.

Sheafor, B., Horejsi, C., & Horejsi, G., 2006, *Techniques and Guidelines for Social Work Practice(7th ed.)*, Needham Heights, M.A.: Allyn & Bacon.

Sheppard, Michael, "Social Work, Social Science and Practice Wisdom", *The British Journal of Social Work*, 25(3), https://doi.org/10.1093/oxfordjournals.bjsw.a056180.

Skidmore, Rex Austin, Thackeray, Milton G., Farley, O. William, Smith, Larry Lorenzo, & Boyle, Scott W., 2000, *Introduction to social work(8th ed.)*, Boston: Allyn and Bacon.

Social Services Inspectorate(SSI), 1991a, *Care Management and Assessment*, practitioners' guide. SWSG.

____________________, 1991b, *Purchase of Services: Practice Guidance and Practice Material for Social Services Departments and Other Agencies*, London, HMSO.

____________________, 1991c, *Assessment Systems and Community Care*, London, HMSO.

Steinberg, R. & Carter, G., 1983, *Case Management and the elderly*, Lexington, M.A.: Lexington Books.

Test, Mary Ann, 1979, "Continuity of care in community treatment" , In L. I. Stein(ed.), *Community Support Syetems for the Long-term Patient*, San Francisco, C.A.: Jossey-Bass. Inc., Publishers.

Toseland, Ron W., 1981, "Increasing Access: Outreach Methods in Social Work Practice" , *Social Casework*, 62(4), Milwaukee, W.I.: Family Service America.

Vanderplasschen, W., Rapp, R. C., Wolf, J. R., & Broekaert, E., 2004, "The development and implementation of case management for substance use disorders in North America and Europe" , *Psychiatric Services*, 55(8), pp.913-922.

Vourlekis, Betsy. S, & Greene, Roberta. R., 1992, *Social Work Case Management*, Aldine De Gruyter, N.Y.

Weil, M., 1985, "Key Component in Providing Efficient and Effective Services", in M. Weil & J. Karls(ed.), *Case Management in Human Service Practice: A Systematic Approach to Mobiling Resources for Clients(pp.29-71)*, San Franciso, California: Jossey-Bass Publishers.

Weil, M., & Karls, J., 1985, "Historical Origins and Recent Development" , in M. Weil & J. Karls(ed.), *Case Management in Human Service Practice: A Systematic Approach to Mobiling Resources for Clients(pp.29-72)*, San Franciso, California: Jossey-Bass Publishers.

Weissman, Andrew, 1976, "Industrial Social Services: Linkage Technology" , *Social Casework*, 57(1), https://doi.org/10.1177/104438947605700.

Weissman, Harold, 1983, *Agency Based Social Work: Neglected Aspects of Clinical Practice*, Temple University Press, Philadelphia.

White, Monika, & Goldis, Lynn, 1986, "Case management" , *The Encyclopedia of Aging*, NY: Springer, pp.93-94.

____________________, 1992, "Evaluation: Case Managers and Quality Assurance" , In Vourlekis, Betsy S. & Greene, Roberta R.(Ed.), *Social Work Case Management*, New York: Aldine De Gruyter, Inc.

Whittaker, James K., & Garbarino, J.(Eds.), 1983, *Social Support Networks: Informal Helping in the Human Services(1st Edition)*, New York: Aldine De Gruyter, Inc.

Whittaker, James K., & Trace, E., 1989, *Social Treatment(2nd ed.)*, New York: Aldine De Gruyter, Inc.

Wolfensberger, Wolf, 1983, "Social role valorization: A proposed new term for the principle of normalization" , *Mental Retardation*, 21(6), pp.234-239.

Wolfensberger, Wolf(Eds.), 1972, *The Principle of Normalization in Human Services*, Toronto: National Institute on Mental Retardation.

Woodside, M., & McClam, T., 1998, *Generalist Case Management: A method of human services delivery*, Pacific Grove, C.A.: Brookd/Cole.

________________________, 2003, *Generalist Case Management: A method of human services delivery(2nd ed.)*, Thomson Learning, Inc.

________________________, 2006, *Generalist Case Management: A method of human services delivery(3rd ed.)*, Pacific Grove, C.A.: Brookd/Cole.

[부 록 1]

사회복지실천현장에서의 사례관리 과정 요약 및 서식

제1장 초기단계

1. 초기단계의 이해

❑ 초기단계는 사례관리의 첫 단계로 사례관리를 필요로 하는 클라이언트를 발견하고 적격성 여부를 거쳐 클라이언트로 확정하는 과정으로, 사례발굴을 하며 인테이크를 통해 사례관리 클라이언트를 선정하는 단계

❑ 초기단계의 주요과업은 다음과 같다.

(1) 사례발굴

(2) 인테이크(초기 면접)

2. 초기단계의 사례발굴

1) 클라이언트의 직접 요청(대상자 요청)

① 잠재적 클라이언트가 자발적으로 사례관리기관과 방문, 전화 또는 이메일 등으로 접촉하여 서비스를 의뢰하는 것

② 클라이언트의 직접 요청은 드문 경우로 사례관리가 가장 요구되는 클라이언트들은 도움의 요청을 스스로 하지 못하는 경우가 대부분임.

㉮ 잠재적 클라이언트들은 서비스 욕구가 강하며 변화의 의지가 크기 때문에 사례관리자가 개입하기에 용이할 수 있음.

㉯ 초기 면접에서 욕구의 명확화를 통해 사례관리의 적절성 평가와 함께 적정 수준에 대한 이해를 제공하는 것이 필요

2) 의뢰받기(추천받기)

① 의뢰(referral)는 내외부인(기관)으로부터 사례관리자가 사례를 받는 것으로 초기단계 사례발굴에서 가장 빈번한 방법

② 의뢰처는 기관 내부 부서, 시· 군· 구청, 읍 · 면 · 동 주민센터 또는 보건소, 타 사회복지기관, 사회복지시설, 학교, 교회, 경찰, 지역아동센터, 클라이언트의 가족, 이웃주민 등

③ 의뢰처를 분야별로 발굴해 놓은 것이 바람직하며, 의뢰처에 접촉점으로 활용할 수 있는 기관의 직원을 알고 있어 의뢰체계를 형성하는 것이 바람직함.

- 의뢰받기에서 사례관리자는 의뢰자의 욕구와 클라이언트의 욕구의 차이를 분명하게 파악해야 함.

④ 의뢰받기에서 주의사항

㉮ 의뢰받을 때, 사례관리자는 '서비스 의뢰서'를 받는 것이 바람직함. '서비스 의뢰서'에는 의뢰자가 잠재적 클라이언트의 욕구와 서비스에 대한 기대 등 필요한 정보들을 기록한 내용 포함

㉯ 서비스 의뢰서를 접수한 후(서비스 의뢰서가 없더라도), 의뢰받은 사례관리자는 우선 전화통화를 하여 잠재적 클라이언트가 도움을 원하는 상황인지를 확인함.

㉰ 그 후 초기면접(인테이크)을 진행함. 의뢰받은 잠재적 클라이언트가 모두 클라이언트가 되는 것은 아

님. 의뢰받은 문제가 클라이언트에게 우선순위가 되는 문제이며 클라이언트가 해결을 원하는 것이라는 것에 클라이언트가 동의해야 함.

3) 아웃리치: 대상자 발굴하기

① 아웃리치(outreach)는 사례관리자 또는 기관의 판단에 의해 잠재적 클라이언트에게 직접 접근하여 발굴하는 것.

- 사례관리 서비스 욕구를 갖고 있으나 그 욕구의 충족을 위해 기관을 찾지 않는 잠재적 클라이언트들에게 서비스의 접근성을 높이도록 사례관리자가 직접 찾아 나서는 방법.

② 아웃리치의 주요 내용

㉮ 서비스가 필요한 잠재적 클라이언트를 찾아냄.

㉯ 발견한 잠재적 클라이언트와 개별적인 상호작용을 통하여 서비스와 자원을 알려주며 기관의 서비스 체계 내로 올 수 있도록 격려하고 홍보

㉰ 아웃리치에서 보다 중요한 것은 정기적인 아웃리치 활동의 수행

3. 인테이크(초기면접)

1) 인테이크의 개념

초기면접자가 잠재적 클라이언트에 대한 정보를 수집하고 서비스욕구를 파악하여 서비스 제공의 적격성의 기준에 적합한 사람인지를 확인하고, 사례관리의 클라이언트로 결정하는 과정

2) 인테이크의 과업

(1) 초기관계 형성하기

① 초기면접자는 잠재적 클라이언트와의 첫 만남에서 자신과 기관을 소개하고, 편안한 분위기 속에서 잠재적 클라이언트가 어떤 것을 기대하는가를 확인하는 것

② 초기면접자는 유능한 경청자, 해석자, 질문자 : 소개하기 기술, 분위기 조성 기술, 관찰기술, 피드백 기술, 경청 기술 , 요약 기술, 부정적 감정 다루는 기술 등 필요

(2) 사례관리 클라이언트 확인하기: 대상자 적합성 여부 판정하기

① 초기 면접 단계의 주요 목적은 사례관리 클라이언트 확인하기(client identification)로 사례관리 대상자로서 적합성 여부 판정

② 적격성 여부의 기준

㉮ 기관의 서비스 역량과 서비스 자격기준에 따른 적합성

㉯ 구체적인 내용에 대해 사례관리자와 클라이언트가 동의하는가와 클라이언트가 욕구 해결동기가 있는가

3) 인테이크 도구 : 인테이크 기록지(〈서식-1〉)와 개인정보 수집 및 활용 동의서(〈자료-1〉) 작성

제2장 사정단계

1. 사정의 개념

1) 사정의 개념

① 사정(assessment)이란 인테이크를 통해서 확보된 정보를 토대로 클라이언트의 다양하고 복잡한 욕구 및 문제를 심층적으로 파악하고, 강점과 자원을 분석하는 과정

㉮ 클라이언트가 필요로 하지만 갖고 있지 않은 것이 무엇인지, 클라이언트가 어떤 역량과 자원이 있는지 또는 부족한지를 파악

㉯ 클라이언트의 신체적・사회적・정서적・인지적・재정적・환경적 욕구 및 지지욕구를 구조화된 사정 도구를 사용하여 확인하는 과정

② 사정은 사례관리과정 중에 지속적이며 반복적으로 수행되므로, 클라이언트에게 새로운 욕구가 발생하거나, 긴급한 상황이 발생하는 경우, 재사정이 요구됨.

2) 사정의 활용

① 서비스계획의 근거자료

② 사례관리 대상자 선정기준, 동시에 대상자의 문제 및 욕구의 시급성과 중요도를 파악하는 자료

③ 사전 점수 : 클라이언트 상태의 초기점수의 기능

2. 사정단계의 사례관리자 태도

① 비심판적이고 수용적인 태도 유지

② 클라이언트와 사정 내용의 합의 및 공유

③ 클라이언트가 표현하는 언어의 사용

④ 클라이언트의 강점과 자원의 적극적 사정

3. 사정의 영역

1) 욕구 사정

(1) 욕구 사정이란?

① 욕구사정 : 클라이언트가 제시하는 욕구를 사례관리자가 중립적인(몰가치적) 입장에서 구체적이며 심층적으로 확인하는 것.

② 욕구(need) : 특정 프로그램이나 서비스를 제공해야 할, 즉 개입이 필요한 사례관리 대상자의 상황 또는 어려움의 내용

③ 사례관리자는 클라이언트가 제시한 주된 욕구영역과 내용을 기본으로 하되 가족의 욕구도 동시에 염두에 두어야 함.

→ 클라이언트 욕구와 가족의 욕구 간에 차이 있으면, 조정 노력이 필요함. 그러나 동의가 힘든 경우, 법적인 경우나 위급한 상황 외에 클라이언트의 욕구가 우선임.

④ 사정단계에서 클라이언트의 문제(problem) 또는 요구(want)가 아닌 욕구(need)에 집중해야 함 욕구에 클라이언트의 의지가 포함

(2) 욕구 사정도구 : 사정도구틀(<서식-2>)을 통해 대상자의 욕구 사정

2) 자원 사정

(1) 개인 내적자원의 사정(강점 사정)

① 클라이언트의 강점 및 능력을 사정하는 것

→ 클라이언트의 강점은 신체적 강점, 정서적 강점 등으로 개인이 갖고 있는 개인의 성격이나 태도, 신체적 활동능력, 특별한 지식 및 기술 등

② 개인 내적자원은 진단도구를 사용하여 사정해도 되고, 단순하게는 면접을 통해 개인 자원을 사정하기도 함.

→ 강점 사정에는 성격적 특성 외에, 클라이언트의 특별한 지식 및 기술을 반드시 포함.

(2) 외부자원의 사정

① 비공식적 자원

㉮ 비공식적 자원은 가족, 친척, 친구, 이웃, 자조집단, 종교집단, 직장동료 등으로부터 제공되는 정서적, 지지적, 물질적 자원. 규칙과 제한성이 없는 경향 있음.

㉯ 비공식적 자원에 대한 사정은 생태체계도, 사회적 관계망 지도 등을 활용해 사정

② 공식적 자원

㉮ 공식적 자원은 국가 및 지방자치단체 등의 공공기관 또는 사회복지기관 및 시설, 지역사회 단체 등 민간기관에서 제공하는 급여와 서비스

→ 인테이크기록지(<서식-1>) 중 '6. 사회적 상황'과 '9. 자원활용상황'을 통해 공식적, 비공식적 자원 파악

4. 인테이크기록지(<서식-1>) 및 사정도구틀(서식-2>)를 통한 사정 기록

① 클라이언트의 개인력, 가족력

㉮ 개인력 : 발달단계 순으로 유아기, 아동기, 청소년기, 성인기 등으로 나누어 발달정보, 사건 등 삶의 역사 기술

㉯ 가족력 : 부모를 중심으로 결혼연도, 자녀아동기, 자녀청소년기 등 연대순으로 기술하며, 각 발달 단

계별 가족사와 위기를 서술함. 만일 클라이언트가 노인의 경우, 자신의 결혼 및 가족력 중심으로 기록

② 클라이언트의 가계도 및 생태체계도
㉮ 가계도 : 2~3세대 이상에 걸친 가족 성원에 관한 정보와 그들 간의 관계를 도표로 기록하는 작성방법으로, 원가족 정보가 없는 경우 작성하지 않아도 됨.
㉯ 생태체계도 : 생활공간 속에서 개인 또는 가족과 주변 자원체계를 상징으로 표시함으로써 사례관리자가 클라이언트의 다양한 체계와의 관계를 탐색하기 위해 사용하는 기법임.

③ 클라이언트 욕구
㉮ 클라이언트의 욕구 : 희망복지지원단의 10대 욕구영역에 따라 분류하고 그 내용 작성함. 욕구내용은 되도록 클라이언트의 언어로 기록
예) '취업욕구' 보다 '안정적 일자리를 찾고 싶어요' 라고 기록함.

④ 클라이언트의 자원
㉮ 자원사정은 클라이언트의 내부 자원 사정 가족 자원 사정 지역사회 내의 비공식 자원 공식자원 사정 순으로 함.
㉯ 자원 사정은 클라이언트의 강점과 공식적 및 비공식적 자원의 여부와 내용, 관계를 기록하는 것임.

⑤ 클라이언트가 요청하는 서비스 내용
㉮ 사례관리 대상자가 상담을 통해 직접적으로 요청한 서비스 내역을 구체적으로 기술함.

⑥ 사례관리자 의견
㉮ 총 위기도 점수는 앞의 위기도 점수의 총합으로 기록함.
㉯ 사례관리자는 욕구 및 위기도 조사 결과를 토대로 ① 위기개입 대상자 ② 집중 사례관리 대상자, ③ 일반 사례관리 대상자로 제안하고, 사례회의를 거쳐 확정함.
㉰ 사례관리자는 종합적인 의견을 작성함.

제3장 서비스계획 단계

1. 서비스 계획 수립의 개념

① 서비스계획 수립은 사정을 통해 작성된 욕구목록을 실행으로 옮기기 위한 전략을 설정하는 단계
→ 사정을 통해 밝혀진 내용에 기반을 두고 달성하고자 하는 목적 및 변화목표를 분명히 하며 필요한 서비스를 구성해가는 논리적인 과정
② 개별화서비스계획으로 수립
→ 클라이언트를 개별화하여 욕구를 충족할 수 있는 적절한 서비스를 계획하는 것으로 여기서 개별화란

클라이언트 맞춤형 서비스 계획을 의미

③ 서비스 계획 수립의 단계 : 욕구의 우선순위 확인, 목표 수립, 실천서비스 계획

2. 서비스 계획 수립의 단계

1) 욕구의 우선순위 확인

① 욕구의 우선순위 확인 : 사례관리 사정표의 욕구를 우선순위별로 재정리하여 기록함.

② 욕구의 우선순위 결정기준

㉮ 클라이언트가 중요하다고 생각하는 욕구에 따라 우선순위 결정

㉯ 클라이언트 및 가족에게 긴급하고 서비스의 필요성이 가장 큰 것을 우선순위로 함.

㉰ 클라이언트의 생활상의 전이(life transitions)가 예상되는 경우, 전이와 관련된 욕구가 우선순위가 됨.

㉱ 클라이언트의 욕구 중 의미가 크고 현실적 것을 우선순위로 함.

2) 목표 수립

① 목표 수립이란 클라이언트의 욕구충족 방향 또는 문제해결 방향을 문서로 설정하는 것

㉮ 사정자료를 서비스계획으로 전환하는 과정

㉯ 사례관리자와 클라이언트 간의 합의와 사례관리자의 전문적 판단 및 경험에 따라 결정

② 목표 서술의 지침

㉮ 목표는 포괄적이 아닌 명시적이며, 구체적이고, 측정가능하게 기술한다.

㉯ 목표는 행동적인 표현으로 기술한다.

㉰ 목표 서술에서 부사와 형용사의 사용을 피한다.

㉱ 목표의 내용은 긍정적인 언어로 기록한다.

㉲ 목표 서술을 단문으로 단일한 행동결과로 세운다.

㉳ 목표는 현실적이며 달성가능한 내용으로 서술한다.

㉴ 목표는 사례관리기관의 정책과 일관성이 있어야 한다.

③ 목표는 욕구별로 단기목표와 장기목표로 구분하여 수립하는데, 목표달성 가능성 및 구체성, 측정가능성, 클라이언트의 상황 등을 종합적으로 고려하여 수립

→ 단기목표가 모두 합해져 장기목표를 달성할 수 있도록 함.

- 장기목표 : 6개월~1년 이상의 개입을 통해 클라이언트의 긍정적인 변화를 도모하기 위한 목표
- 단기목표(서비스목표) : 3~6개월 이내에 달성 가능한 목표로 수립. 장기목표를 달성하기 위해 단계별로 제공해야 하는 서비스와 연관되게 설정하고, 개입시기를 고려하여 구체적으로 수립

④ 목표수립시 주의할 점은 욕구와 목표의 일관성 : 욕구사정→ 서비스목표 수립 → 서비스 계획의 연결성

3) 실천서비스 계획

① 실천서비스 계획(service planning)

설정된 목표를 달성하기 위한 실행계획을 의미하며, 직접적 서비스의 제공 및 간접적 서비스의 구체적인 계획의 수립을 의미

→ 사례관리자는 서비스 목표가 설정되면, 각 목표를 달성하기 위한 전체적인 그림을 그려보고 서비스 계획을 순차적으로 설정

② 서비스계획에는 장기목표, 우선순위, 욕구영역, 단기목표(서비스 목표), 서비스명, 제공기관 및 담당자, 서비스 제공 횟수 등을 포함

→ 서비스 횟수(주/월)과 개입기간은 서비스의 충분성과 연관되어 있으며, 서비스를 통해 기대되는 성과를 도출하기 위해 어느 정도 서비스가 제공될 필요가 있는지, 그 투입량에 대한 잠정적 계획

3. 서비스 계획표 작성 → 서비스 계획표(《서식-3》) 작성

제4장 서비스 실행 및 점검단계

1. 서비스 실행

서비스 실행은 그 이전 단계에서 수립한 서비스계획에 따라 클라이언트에게 직 · 간접서비스를 제공하고 이행하는 것 의미

1) 직접 서비스 제공: 사례관리자가 직접 제공하는 활동

(1) 상담

① 직접 서비스의 상담은 '동기강화상담'에 집중.

→ 클라이언트가 원하는 것의 그림을 그려봄으로써 사례관리서비스에 지속적으로 참여하도록 하는 것.

→ 클라이언트의 강점을 활용하여 자원접근에 대한 장애 대처를 위한 상담, 클라이언트 실행에 대한 점검 상담으로 구성됨.

② 사례관리자는 자원에 관한 여러 가지 정보와 지식, 문제해결을 위한 전문지식과 경험을 활용하여야 함.

(2) 교육 및 훈련

① 클라이언트가 욕구충족을 위해 필요한 기술을 획득하여 직접 활용가능하도록 사례관리자가 교육하는 것

→ 교육내용 : 대부분 일상생활기술 및 독립적 삶의 기술 등으로 구조화된 학습 방법을 통해 진행함.

→ 교육방법: 모델링, 코칭, 역할 바꾸기, 빈의자 기법, 강화물 활용하기, 개별 및 집단 교육, 실습 등

② 사례관리자들은 외부 자원을 연계하는 것에 관심을 갖기 쉬우나 실제로 자원을 얻는 방법을 습득하는 것이 더 중요하므로, 교육 및 훈련이 집중적으로 요구됨.

③ 교육 및 훈련 시 유의사항

㉮ 사례관리자는 클라이언트 스스로 교육내용과 목표를 명확히 인지하도록 한 후 교육을 실시하여야 함.

㉯ 사례관리자는 클라이언트가 교육받은 내용을 실행할 수 있도록, 행동순서를 구체화하여 교육하고 반복경험을 제공하여야 함.

㉰ 사례관리자는 클라이언트가 반복적으로 행동을 연습하도록, 안전한 환경을 제공하고 실패에 대한 염려를 제거해 주며, 적절한 보상을 제공함. 강화물은 칭찬과 같은 사회적 강화가 적절

㉱ 획득한 기술을 실제 삶에 적용할 수 있도록 기회를 제공함. 사례관리자는 클라이언트의 성공의 경험을 격려하고, 실제 적용의 어려움은 보완해야 함.

2) 간접 서비스 제공

(1) 연계(linking services)

① 연계란 클라이언트 지원 계획에 정해진 서비스를 전달할 최선의 기관이나 자원을 선택하는데 사례관리자가 관여하는 것.
→ 사례관리자는 클라이언트의 욕구에 부응하는 자원을 사정하여 자료화하거나 자원망을 조직하고 이를 활용하여 클라이언트로 하여금 최선의 선택을 할 수 있도록 지원

② 서비스 연계를 위해 사례관리자는 다음 과정을 수행
㉮ 자료분석과 정리
㉯ 자원목록에서 클라이언트가 선택하도록 돕기
㉰ 연계할 기관에 대한 조직화

〈사례 1〉 서비스 연계 사례 연습하기: 남편으로부터 지속적으로 폭력을 당하고 있는 부인 C씨 사례

C씨(42세)는 결혼후 지속적으로 가정폭력을 당해 왔다. 지금까지 아이(10세 여아)를 생각해 참아왔는데, 아이가 우울한 표정을 지으며, 학교에서도 친구들과 잘 사귀지 못해 이번 달에 집을 떠날 계획을 세우고 있다. 남편은 가부장적이며 난폭한 성격이라 아이와 함께 도망한다면, 반드시 보복할 가능성이 많다. 평소에도 "네가 도망가면, 반드시 찾아내어 가만두지 않겠다" 고 협박하여 몇 번 시도하다가 번번이 포기하곤 했다.

그러나 C씨는 남편이 절대 찾아낼 수 없는 가정폭력피해자쉼터가 가서 안전하게 초등학생 아이를 공부시키길 원하고 있다. 이에 월계우리가족상담소의 사례관리자는 외부 자원 및 서비스를 연계하고자 한다.

〈어떻게 서비스를 연계할 것인가?〉

① 사례관리자는 전국 가정폭력피해자쉼터 리스트를 작성하여 위치, 연락처, 서비스 이용성, 접근성에 관한 정보 등을 준비함.

② 사례관리자는 C씨의 욕구에 근거하여 다양한 정보(아동이 전학 갈 학교 등)와 그에 대한 장단점을 비교하여 제시함으로써 가정폭력피해자쉼터를 선택하도록 함.

③ 사례관리자는 C씨가 선호하는 가정폭력피해자쉼터에 연락하여 입소절차를 알아보고, 입소예정일을 결정함.

④ 사례관리자는 C씨가 집을 안전하게 떠날 수 있도록 미리 준비교육을 함.

(2) 옹호(advocacy)

① 옹호란 사례관리자가 힘이 약한 클라이언트의 입장을 대신 말하여 기관의 서비스 제공의지를 높여주고, 자원의 접근성과 활용성을 증진시키는 사례관리자의 활동을 의미

→ 사례관리자의 과업은 클라이언트의 욕구에 부응하지 않으려는 자원들의 경향을 조정하는 것

→ 옹호 활동은 대부분 클라이언트 개인의 옹호 활동이 대부분이지만 사안에 따라서는 개인수준의 클라이언트 옹호보다는 지역사회나 기관, 정책을 대상으로 옹호 활동을 전개하기도 함.

〈사례 2〉 옹호 사례 연습하기: 아르바이트임금 체불 사례

D군(17세)은 현재 고등학교 2학년 재학중인 학생으로 어려운 가정에 보탬이 되고자 웨딩홀에서 여름 방학동안 아르바이트를 했다. D군은 인력공급업체가 운영하는 인터넷사이트를 거쳐 웨딩홀에서 일했는데, 웨딩홀이나 인력공급업체 모두 근로계약을 체결하지 않은 채 일을 시켰다. D군은 식사시간이나 휴게시간 없이 하루 13시간 이상 일을 해, 너무 힘들어 3주 만에 일을 그만 두었다. 그런데 1달 계약을 지키지 않았다는 이유로 임금을 한 푼도 받지 못해, D군은 인력공급업체와 웨딩홀에 모두 임금 요청을 했으나, 서로 책임이 없다고 한다.

사례관리자는 D군 가족을 사례관리 대상자로 초기면접하는 과정 중에서 이러한 일을 알게 되었고, D군을 위해 옹호활동을 하였다.

〈어떻게 옹호할 것인가?〉

① 사례관리자는 D군으로부터 인력공급업체 및 웨딩홀 사업주의 부당노동행위 및 체불 임금에 대한 내용을 확인하고 증거자료를 확보함.

② 사례관리자는 D군이 인터넷 또는 관할 노동청에 진정서를 신고하도록 지원

③ 사례관리자는 D군이 진정서를 제출 후, 노동청 출두 명령을 받게 되면, 함께 근로감독관을 면접함.

④ 사례관리자와 D군은 사업주와 함께 근로 감독관 조사를 받기 전에 사전에 할 말과 자료를 준비함.

⑤ 사례관리자와 D군은 노동청 진정을 통해 사건이 원만하게 합의되면 취하서를 내도록 함.

(3) 조정

① 조정(coordination)이란 사례관리자가 클라이언트를 위한 서비스가 중복될 때 또는 자원망 간에 갈등이 일어날 때, 또는 자원망 간의 역할분담이 필요할 때, 사례관리자가 각 기관의 역량에 적합한 역할분담을 하도록 관여하는 활동

② 조정 시 유의사항

㉮ 자원 간의 조정 시 클라이언트의 욕구에 초점을 맞추어 논의

㉯ 조정의 이점을 공유

㉰ 사례관리자의 조정 노력을 통한 결과를 공유

㉱ 조정을 위한 시스템을 마련

〈사례 3〉 조정 사례 연습하기: 결혼이민여성 K씨의 서비스 중복 수혜 사례

결혼이민여성 K씨는 다문화가족지원센터의 지원으로 유치원생 아들 E군(6세)의 주 1회 미술치료를 시작함. E군이 유치원에서 과잉행동을 해 유치원 원장님으로부터 치료를 권유받았기 때문임.

그러나 K씨는 주1회의 미술치료만으로는 불안하게 느껴 종합사회복지관을 방문하여 E군이 주 1회 미술치료를 또 받도록 함. 종합사회복지관 사례관리팀은 K씨와 E군을 사례관리 대상자로 초기면접하는 가운데 E군이 미술치료를 중복으로 받고 있음을 알게 되어 조정하고자 함.

〈어떻게 조정할 것인가?〉

① 사례관리자는 K씨 및 다문화가족지원센터의 담당자와 종합사회복지관의 담당자에게 E군이 미술치료를 중복으로 받고 있음을 확인시킴.
② 사례관리자는 K씨와 E군을 상담하여 K씨의 욕구와 E군의 문제를 사정함. 필요시 E군의 심리검사를 실시함.
③ 사례관리자는 서비스계획 시 E군을 위해 가장 적절한 서비스를 계획함으로써 K씨 및 E군과 합의함. 미술치료가 포함되는 경우 한 기관의 서비스를 이용하도록 함.
④ 사례관리자는 서비스계획의 결과를 다문화가족지원센터의 담당자와 종합사회복지관의 담당자와 공유함.

3) 사례관리 과정 기록지 작성 : 〈서식-10〉 작성
① 일시 : 서비스가 제공된 일시를 기록
② 서비스명 : [서비스 계획표]에 있는 해당되는 서비스명을 기록
③ 서비스 구분 : 직접서비스/ 간접서비스로 구분하여 기록
④ 접촉방법 : □ 가정방문 □ 기관 내방 □ 전화 □ 온라인(메일, SNS 등) □ 기타 등의 방법을 기록
⑤ 접촉대상 : 사례관리자가 클라이언트 외 자원개발 활동, 이웃 만남까지 기록
⑥ 서비스 제공내용 : 제공한 서비스내용을 구체적으로 기록

3. 점검

1) 점검의 내용
① 점검(모니터링, monitoring)이란 전 단계인 [서비스계획 단계]에서 계획된 서비스와 자원이 잘 전달되고 있는지를 확인하는 사례관리자의 중간검토 활동
→ 사례관리자는 점검을 통하여 클라이언트와 서비스 제공자의 노력 및 적절성을 파악하고, 목표 달성에 영향을 미치는 장애요인을 발견하기도 하고, 새로운 욕구를 발견하여 재사정의 필요성을 제기하기도 함.
② 점검의 내용
㉮ 계획 이행도 점검 ㉯ 목표 성취 점검 ㉰ 새로운 욕구 발견

2) 점검의 영역 및 방법

(1) 점검의 영역
① 클라이언트 점검 : 사례관리자가 서비스 목표 달성을 위해 클라이언트의 노력정도 및 참여도 등을 점검하는 것
- 클라이언트 스스로 노력하고 있는가?
- 클라이언트가 적극적으로 참여하고 있는가?
- 클라이언트가 자신의 강점을 활용하고 있는가?
- 클라이언트가 목표달성 노력을 하고 있는가?
- 클라이언트의 외부 자원의 서비스 담당자와의 상호작용은 적절한가?
- 클라이언트에게 새로운 욕구가 발생하였는가?

② 서비스 점검: 사례관리자가 외부 서비스 담당자의 서비스 목표 달성을 위해 기여하고 있는 정도를 점검하는 것이다.
- 외부 서비스는 계획대로 적정하게 이행하고 있는가?
- 외부 서비스 담당자는 서비스 실행을 위해 노력하고 있는가?
- 외부 서비스의 질은 적절한가?
- 외부 서비스 담당자는 클라이언트와 적절한 상호작용을 하고 있는지?

(2) 점검의 방법
① 질적 점검방법
㉮ 클라이언트의 노력 : 클라이언트를 관찰, 가정방문, 대면 접촉, 전화 등을 통해 점검내용을 파악
㉯ 서비스 이행도 : 사례관리자의 서비스 및 외부 자원의 서비스를 기관방문, 대면 접촉, 전화 등을 통해 서비스 이행도를 파악

② 양적 점검방법
㉮ 서비스의 이행정도 및 클라이언트의 변화정도를 척도를 통해 파악
㉯ 외부 서비스 담당자의 기록지, 결과지 등 양적 자료와 실행결과를 기반으로 점검

3) 점검의 기록 : 〈서식-5〉 서비스 점검표, 〈서식-6〉 재사정 기록지 기록

제5장 평가 및 종결단계

1. 평가

1) 평가의 개념
① 평가란 서비스 대상자가 욕구와 변화목표에 부합된 서비스를 적절히 제공받고 원하는 변화를 성취하였는지를 확인하는 과정

㉮ 사례관리실천을 통해 클라이언트의 욕구가 충족되었는가?
㉯ 사례관리실천을 통해 클라이언트가 원하는 변화를 성취하였는가?
㉰ 사례관리실천을 통해 클라이언트에게 계획했던 서비스가 적절히 제공되었는가?

② 사례관리자는 사회복지전문직의 윤리와 가치를 지키면서, 클라이언트와 계약한 내용대로 서비스를 제공하고, 기관의 정책 및 지침에 적합한 서비스를 제공할 책무성이 있으므로, 평가활동이 강조됨.

③ 사례관리의 평가는 종결단계의 과업이지만, 평가활동은 초기단계부터 종결 시까지 지속적으로 이루어지는 과정

2) 평가의 유형

(1) 과정평가

① 사례관리에서 과정평가는 세가지로 분리됨.
㉮ 실천과정 평가
㉯ 서비스 및 자원 평가
㉰ 운영체계 평가
→ 대부분 실천과정 평가에서 서비스 및 자원 평가+운영체계 평가를 함께 하는 경향이 있어, ① 실천과정 평가만 진행함.

② 과정평가에서는 다음과 같이 다양한 자료를 활용하여 평가함.
㉮ 사례관리과정에 활용된 모든 기록지 평가
㉯ 연계된 서비스와 자원기관의 기록 분석
㉰ 클라이언트(및 가족) 또는 실무자의 인식 평가
→ 주로 실천단계별 기록지로 평가함.

(2) 성과평가(결과평가)

① 성과평가란 사례관리의 실천을 통해 클라이언트의 변화목표가 달성되었는지를 평가하는 것으로 변화(change), 성과(outcome), 결과(output)의 내용을 확인하는 활동

② 성과평가에는 목표달성도 평가와 서비스 만족도 평가가 포함됨.
→ 목표달성도 평가는 대상자와 사례관리자가 함께 주체가 되어 목표 달성여부를 평가하는 성과평가이며, 서비스 만족도 평가는 대상자가 주체가 되어 하는 평가임.

③ 성과평가의 종류
㉮ 목표달성도 평가
- 서비스 대상자와 사례관리자가 서비스 계획 시에 세운 장기목표 및 단기목표를 얼마나 잘 달성했는지 평가하는 것
  → [서비스 계획표] 및 [서비스 점검표]와 연계하여 목표달성의 정도 평가. 계량화되지 않은 목표라면 주관적 평정에 의존함.
- 단기목표의 목표달성도는 전혀 달성하지 못함(1점), 기대수준 이하로 달성(2점), 보통수준(3점), 기대한 정도의 목표 달성(4점), 기대 이상의 목표달성(5점) 등 5점 척도로 기록.

→ 더 세분화하면 1점(전혀 달성되지 않은 정도) ~ 10점(욕구나 문제상황이 완전히 해결된 상태)

- 장기목표는 단기목표를 합산하여 평균을 낸 점수를 통해 전반적인 목표달성의 정도를 파악할 수 있음.

㈏ 만족도 평가

- 사례관리 대상자가 사례관리에서 받은 서비스에 대해 얼마나 만족하는지를 평가하는 과업으로 서비스만족도를 평가하는 조사표는 사례 종결 시 대상자(및 가족)가 응답하도록 함.
  → 만일 사례관리자가 척도형 서비스만족도 만으로 대상자의 의견을 충분히 들을 수 없다고 판단하면, 개방형 질문을 추가하거나, 반구조화된 개방형 질문지를 추가하여 분석하는 것도 가능
- 만족도 평가는 서비스 공급자에 대한 이용자의 만족영역과 서비스 효과에 대한 이용자의 만족 등 두 영역으로 측정하는데, 본 서의 양식에서는 4점 척도의 5문항으로 구성함<표 10-2>.

3) 평가의 기록 : <서식-7> 사례관리 평가서 기록

2. 종결

1) 종결의 개념

① 종결은 사례관리를 통해 대상자의 욕구가 충족되거나 사례관리실천의 목표가 달성되어 더 이상 사례관리 서비스가 필요하지 않다고 합의적인 판단이 이루어진 마무리 과정

② 개입목표가 달성되었거나 거부 등의 사유로 사례관리 개입이 불가능할 경우 종결 여부를 사례회의를 통해 결정

→ 가장 바람직하게는 사례관리를 통해 대상자의 욕구가 충족되고 사례관리실천의 목표가 달성되어 더 이상 사례관리 서비스가 필요하지 않다고 합의적인 판단이 이루어진 경우

→ 그러나 클라이언트가 주거지 이전 또는 사망으로 더 이상 접촉이 불가능한 경우, 장기간의 연락두절, 클라이언트 본인이나 보호자의 의사반영 등의 사유로 사례관리를 종결할 수 있음.

③ 종결 원칙

㉮ 종결은 사례관리자와 클라이언트의 합의에 의해 결정함.

㉯ 사회복지사는 종결을 예상할 때 클라이언트의 역량이 향상되고 있음을 인식하도록 함.

㉰ 사례관리자는 '<서식-7> 사례관리 평가서' 내의 [평가결과 및 이유]의 결과에 따라 종결을 결정하는 것이 가장 바람직함. 그러나 기타 종결사유가 발생하였을 경우 이를 확인하고, 종결 여부와 시기를 클라이언트와 함께 의논함.

㉱ 사례관리자는 클라이언트가 사례관리과정에서 습득한 변화를 계속 유지하도록 지지함으로써 종결을 준비함.

㉲ 종결의 최종결정은 사례회의를 통해 결정하며, 사례회의 결과를 [종결심사 의견]에 기록함.

㉳ 종결시 사례관리자는 클라이언트에게 언제라도 연락을 취해도 되며, 기관의 서비스를 다시 이용할 수 있음을 알림.

㉴ 클라이언트와 함께 사후관리 계획을 세우고, 이를 종결보고서의 사후관리 계획 난에 명시함.

2) 종결 단계의 기록 : <서식-8> 사례관리 종결보고서 기록

① 종결사유 : 사례관리 서비스를 종결하게 된 궁극적인 사유를 표시한다. 복수로 표시해도 된다. □ 상황호전 / □ 거절이나 포기 / □ 자체종결 / □ 기타 등의 사유인 경우 좀 더 구체적으로 기록

② 클라이언트의 변화 : 사례관리 개입 전후의 상황을 욕구를 중심으로 비교 평가하여 기술한다. 이때 척도 등 평가도구를 활용하여 객관적인 평가를 할 수 있음.

③ 사후관리 계획 : 사후관리 기간, 방법 등을 기술

④ 사례관리자 의견: 사례관리를 담당한 실무자의 전문적 판단과 의견을 종합적으로 정리하여 기술

⑤ 종결심사 의견 : 사례회의를 통한 종결심사 의견을 기록

3. 사후관리

1) 사후관리의 개념

① 사후관리(follow-up service, after care)는 종결이후 일정기간 동안 종결이후의 변화상황의 안정화 여부를 모니터링하고 재개입의 필요성을 조기에 판단하기 위한 목적으로 수행.

→ 사후관리 과정에서 사례관리자는 지지적 상담과 정보를 제공하여 클라이언트의 심리적 안정과 함께 지역사회 적응을 지원

② 사후관리의 중요성

㉮ 사례관리의 영향을 평가하고,

㉯ 종결이후 변화상황의 안정화 여부를 확인하며,

㉰ 재개입의 적절성 판단

→ 상대적으로 사례관리자 전문적 기술과 시간이 많이 요구되지 않지만, 클라이언트의 안정화와 재개입의 판단을 하기 때문에 매우 중요한 과정

③ 종결 후 6개월의 사후관리를 하는 것을 원칙으로 하며 이는 개별 사례의 상황에 따라 조정가능함.

④ 사후관리의 방법과 기간에 관해 종결단계에서 클라이언트 또는 후견인에게 동의를 받음.

⑤ 종결기록 후 사후관리 과정은 사후관리 양식이나 과정기록지에 추가적으로 기록. 사후관리가 종료되면 사례관리 서비스가 전체적으로 종료됨.

2) 사후관리의 기록 : <서식-11> 사례관리 사후관리보고서 기록

① 1차 사후관리 : 사후관리 횟수에 따라 칸수 및 일련번호를 확장함.

- 날짜 : 사후관리 날짜
- 접촉방법 : □ 전화상담, □ 내방상담, □ 가정방문상담, □ 기타 등으로 구분해서 기록. 이메일 상담 또는 SNS 상담은 권장하지 않지만, 불가피한 경우 기타로 기록
- 접촉대상 : 접촉대상자 모두 기록
- 현 상황요약 : 가장 중요한 부분으로 클라이언트의 변화의 안정화 상황을 평가

② 사례관리자 의견: 사례관리를 담당한 실무자의 전문적 판단과 의견을 종합적으로 정리하여 기술.

③ 추후계획 : 사례회의를 통한 추후계획을 □ 최종 종결, □ 타기관 의뢰, □ 재개입, □ 기타 등으로 기록. 기타의 경우 자세한 설명을 덧붙임.

<자료-1> 개인정보 수집 및 활용 동의서 작성

<table>
<tr><td colspan="2">■ 기본 개인정보 수집 및 활용에 관한 동의</td></tr>
<tr><td>활용목적</td><td>○○○○기관의 사례관리 관련 지원 및 서비스 제공</td></tr>
<tr><td>수집하는 기본항목</td><td>성명, 성별, 생년월일, 연락처, 주소, 건강, 장애, 소득 등 사례관리 및 기타 서비스 연계 신청 관련 서류상의 개인정보</td></tr>
<tr><td>개인정보 보유 및 활용기간</td><td>개인정보 수집 및 활용에 대한 동의일로부터 서비스 종료일까지 보유·활용됩니다. 단, 서비스 종료 이후에는 민원 처리, 법령상 의무 이행, 분쟁해결만을 위해 보유·활용됩니다.</td></tr>
<tr><td colspan="2">귀하는 개인정보 제공 동의를 거부할 권리가 있음. 다만 동의하지 않으시는 경우 정상적인 서비스 이용에 불이익을 받으실 수 있습니다. 동의함 □ / 동의하지 않음 □</td></tr>
<tr><td colspan="2">■ 개인정보의 제3자 제공에 관한 동의</td></tr>
<tr><td>제공받는 자</td><td>공공기관 및 복지관련 기관 등</td></tr>
<tr><td>활용목적</td><td>개인정보 제공자의 서비스 이용 및 관리</td></tr>
<tr><td>활용항목</td><td>제3자가 업무수행에 필요한 최소한의 정보</td></tr>
<tr><td>보유 및 활용기간</td><td>동의일로부터 개인정보 조회 목적을 달성할 때까지</td></tr>
<tr><td colspan="2">귀하는 개인정보 재공 동의를 거부할 권리가 있음. 다만 동의하지 않으시는 경우 서비스 이용에 불이익을 받으실 수 있습니다. 동의함 □ / 동의하지 않음 □</td></tr>
<tr><td colspan="2">※ 개인정보 제공자가 동의한 내용 외의 다른 목적으로 활용하지 않으며, 제공된 개인정보의 이용을 거부하고자 할 때에는 개인정보 관리책임자를 통해 열람, 정정, 삭제를 요구할 수 있음. 단, 만 14세 미만 아동인 경우 반드시 법적 대리인의 동의가 필요함. 「개인정보보호법」 등 관련 법규에 의거하여 본인은 위와 같이 개인정보 수집 및 활용에 동의함.

2020년 ○○월 ○○일

이름(본인) : ㊞ / 이름(대리인) : ㊞ (관계 :)</td></tr>
</table>

<자료-2> 스크리닝 기준표 예시

○○종합사회복지관 재가복지센터 스크리닝(screening) 기준

본 기준은 우리 복지관 재가복지센터의 사례관리 서비스를 받기 위해 방문 또는 의뢰 된 클라이언트가 사례관리 서비스 대상자로 적합한지를 담당 사회복지사가 판단하는 것으로 다음과 같이 조치한다.

1. 잠재적 사례관리 대상자(인테이크가 필요한 대상자)
   ① 경제적 위기에 처해 있는 자(가구)
   ② 질병 및 외적요인에 의한 가족 구성원의 역할 상실이 진행되고 있는 자(가구)
   ③ 자녀 양육이 방치되어 있는 자(가구)
   ④ 문제해결을 위해 적극적으로 노력하고 참여하는 자(가구)
   ⑤ 기타 외부의 지원 없이 생계가 곤란한 자(가구)
   ⑥ 구청 및 동사무소에서 의뢰된 자(가구)로(수급권자 또는 결식아동)으로 서비스를 제공받기 원하는 자(가구)
   ⑦ ①~⑤까지의 조건을 종합 고려하여 판단 함.

2. Refer 대상자
   ① 클라이언트의 문제가 우리 기관의 자원과 시스템의 범위를 벗어날 경우
   ② 클라이언트의 주변환경(경제력 및 문제해결능력)의 여건이 성숙되어 있으나 문제 해결의 방법을 잘 알지 못하거나 적절한 기관을 찾지 못할 경우
   ③ 잠재적 사례관리 대상자에 포함이 되지만 지역적으로 우리 기관을 이용하기 어려운 지역에 거주할 경우(클라이언트 거주지의 인근 사회복지기관에 refer 함.)
   ④ 기타 Refer가 필요한 경우

3. 정보제공대상자
   ① 현재 우리 기관의 자원 및 시스템과 관련이 없는 문제에 대해 의뢰할 경우
   ② 클라이언트의 문제해결을 위해 다양한 정보를 파악하고 있을 경우
   ③ 기타 정보제공만으로 문제해결이 가능한 경우

4. 서비스제외대상자
   ① 의뢰된 클라이언트가 수혜거부, 가정방문거부, 상담거부 등의 이유로 인테이크가 불가능할 경우
   ② 의뢰된 클라이언트가 복지관과의 연결을 꺼리는 경우
   ③ 의뢰된 클라이언트가 잠재적 사례관리대상자로 적합하지 않은 경우
   ④ 기타 서비스를 거절하는 경우

〈자료-3〉 클라이언트의 능력이 강화된 징후(권진숙・전석균, 2001: 293)

▣ 욕구 충족 능력이 강화된 징후들

· 클라이언트가 이전에는 그렇게 하지 못했던 것을 이제는 자기 스스로 중요한 결정을 내린다.

· 클라이언트가 자신이 얼마나 잘 하였는지에 대해 진술한다.

· 사례관리자와 접촉하지 않고도 작은 문제들을 처리할 수 있는 능력을 보인다.

· 사례관리자로부터 격려 받지 않고도 혼자 힘으로 문제를 해결하는데 필요한 다음 단계를 밟는다.

· 자신감이 있고 자신을 통제하는 것처럼 보인다.

· 사례관리자의 격려 없이 클라이언트가 자발적으로 미래에 대한 계획을 세운다.

▣ 독립심이 강화된 징후들

· 사례관리자와 정규적인 만남을 갖는 대신 필요할 때에 사례관리자를 만나는 것을 선호하게 되거나, 혹은 주 단위 모임에서 월 단위 모임으로 옮겨간다.

· 클라이언트가 일이 잘 되어 가고 있을 때 약속에 오지 않는다.

· 사례관리자에게 전화하는 횟수가 줄어든다.

· 사례관리자와 연락하지 않고 몇 주 동안 혼자서 잘 지낸다.

· 사례관리자보다는 주요 원조자(key helpers) 중의 한사람과 더 가까운 관계를 발전시킨다.

▣ 효과적으로 원조망을 활용하는 징후들

· 클라이언트는 필요할 때 친구와 친척으로부터 지지를 얻는다.

· 사례관리자의 도움 없이 자발적으로 필요한 자원과 접촉한다.

· 혼자서 자원과의 접촉을 유지할 수 있다.

· 이용 가능한 자원에 대한 인식이 확대된 것으로 보인다.

〈자료-4〉 ADL과 IADL 척도를 통한 신체기능 현황표

ADL, IADL 척도

동작유형		상태
ADL 척도	1) 세수 · 양치질하기	□전혀 불편없음 □약간 불편 □매우 불편
	2) 목욕하기	□전혀 불편없음 □약간 불편 □매우 불편
	3) 식사하기	□전혀 불편없음 □약간 불편 □매우 불편
	4) 옷 갈아입기	□전혀 불편없음 □약간 불편 □매우 불편
	5) 눕거나앉았다일어나기	□전혀 불편없음 □약간 불편 □매우 불편
	6) 옥내이동	□전혀 불편없음 □약간 불편 □매우 불편
	7) 화장실 이용하기	□전혀 불편없음 □약간 불편 □매우 불편
	8) 용모손질	□전혀 불편없음 □약간 불편 □매우 불편
	9) 식사 준비	□전혀 불편없음 □약간 불편 □매우 불편
	10) 장보기	□전혀 불편없음 □약간 불편 □매우 불편
IADL 척도	11) 전화사용	□전혀 불편없음 □약간 불편 □매우 불편
	12) 청소/설거지/세탁	□전혀 불편없음 □약간 불편 □매우 불편
	13) 금전관리	□전혀 불편없음 □약간 불편 □매우 불편
	14) 교통수단이용	□전혀 불편없음 □약간 불편 □매우 불편
	15) 무거운짐들기	□전혀 불편없음 □약간 불편 □매우 불편
전체합계		□전혀 불편없음___개 □약간 불편___개 □매우 불편___개

○○종합사회복지관

〈서식-1〉 인테이크 기록지

인테이크 기록지

담 당	과 장	부 장	관 장

접 수 년 월 일: 년 월 일

담당 사회복지사: (인)

1. 가족 및 구성원

<table>
<tr><td>대상자명</td><td></td><td>종교</td><td></td><td>주민번호</td><td colspan="3"></td></tr>
<tr><td rowspan="3">대상자
분류</td><td colspan="7">아동 · 청소년( ), 노인( ), 장애인( ) 가족구성형태( )</td></tr>
<tr><td colspan="7">일반수급( ), 조건부수급( ), 자활특례( ), 차상위( ), 저소득( ), 일반( )</td></tr>
<tr><td>의료보장</td><td colspan="6">의료보호1종( ), 2종( ), 직장의료보험( ), 지역의료보험( )</td></tr>
<tr><td>주 소</td><td colspan="7"></td></tr>
<tr><td>전화번호</td><td colspan="2"></td><td>의뢰경위</td><td colspan="4"></td></tr>
<tr><td rowspan="5">가
족
사
항</td><td>관계</td><td>성명</td><td>생년월일</td><td>직업</td><td>종교</td><td>동거여부</td><td>비고</td></tr>
<tr><td></td><td></td><td></td><td></td><td></td><td></td><td></td></tr>
<tr><td></td><td></td><td></td><td></td><td></td><td></td><td></td></tr>
<tr><td></td><td></td><td></td><td></td><td></td><td></td><td></td></tr>
<tr><td></td><td></td><td></td><td></td><td></td><td></td><td></td></tr>
</table>

2. 스크리닝 판정 및 사유

판정결과	( )잠재적 대상, ( )의뢰 대상, ( )정보제공 대상, ( )서비스 거부, ( )종결
판정사유	

3. 가계도/ 생태도

가계도	생태도

4. 개인력/ 가족력

1)개인력

2)가족력

5. 가족 및 사회적 관계

6. 사회적 상황

경제상황	(수입/생활비/저축/부채 등)
건강상황	(장애/병력/진단 및 치료여부 등)
주거상황	(주거형태/방/화장실/난방종류/채광/환기 등)
사회심리적상황	(생활상태/사회적관계망/심리 · 정서적 상태 등)

7. 일상생활수행능력(ADL, IADL)(별도 서식 참고)

8. 대상자 욕구

9. 자원활용상황

공식적 자원	비공식적 자원

10. 클라이언트 태도와 반응 및 사회복지사의 의견

11. 서비스 계획

문제 및 욕구	서비스 계획

〈서식-2〉 사정도구틀

사정도구틀

대 상 자 명:
일 시:
담당사회복지사:

담 당	과 장	부 장	관 장

영역	내용	평가기준		배점기준	평가	비고
경제상황(40)	수입(10)	최저생계비 기준 이하		10		
		최저생계비의 120% 이하		8		
		최저생계비의 150% 이하		6		
	지출(10)	수입의 90% 이상		10		
		수입의 80% 이상		8		
		수입의 70% 이상		6		
	주거형태(10)	가건물(비닐하우스 등)		10		
		월세		8		
		무료임대		6		
		전세		4		
		자가		0		
	부채(5)	재산의 30% 이상		5		
		재산의 30% 이하		2		
	법정기준(5)	의료보호 1종		5		
		의료보호 2종		4		
		조건부, 특례		3		
		저소득		2		
의료 및 건강(40)	장애유무(10)	1급		10		
		2-3급		8		
		4-6급		6		
	질병정도(20)	만성질환(평생)		20		
		장기 치료가 필요한 질병		16		
		단기 치료가 가능한 질병		12		
	ADL(10)	하		10		
		중		5		
		상		0		
심리 · 사회영역(40)	생활상태(10)	독거		10		
		보호가 필요한 동거가족		8		
		동거가족		0		
	사회관계망(10)	전혀없음		10		
		비공식지원체계		6		
		공식지원체계		4		
		공식+비공식지원체계		0		
	지지체계(10	없음		10		
		있음	비정기	5		
			정기	0		
	심리 · 정서상태(10)	매우 불안		10		
		불안		5		
		안정		0		
사회복지사의 평가(40)		종합검토		0~40		
총점						

판정결과	□집중형(90%이상), □일반형(80%-89%), □단순형(70%-79%)
기타의견	

〈서식-3〉 서비스계획

서비스 계획

대 상 자 명:
일 시:
담당사회복지사:

담당	과장	부장	관장

CT의 문제 및 욕구	결과 목표	서비스목표	서비스실행방법

〈서식-4〉 서비스 동의서

서비스 동의서

담 당	과 장	부 장	관 장

1. 서비스 종류

서비스명	내 용	비고	서비스명	내 용	비고

2. 서비스 조정 및 중단

서비스조정	· 서비스 이용자에게 적절하지 않거나 서비스 제공 목적에 어긋날 때 · 서비스 이용자의 부적절한 서비스 요구가 있을 경우
서비스중단	· 서비스 이용자가 서비스를 중단의 의사가 있을 경우 · 다른 지역으로 이주를 하였을 경우 · 3개월 이상 연락이 끊겼을 경우 · 타 기관과 서비스가 중복되었을 경우

3. 서비스 이용자의 의무

서비스 이용자는 신상의 어려움이나 경제적인 변동이 있을 경우 복지관에 알려야 하며, 어려움을 해결하기 위해 같이 노력하여야 한다.

서비스 제공일 : 년 월 일 ~ 년 월 일

본 동의서는 ○○복지관에서 제공되는 서비스에 대하여 본 기관과 이○○ 님이 상호 협의한 내용이며, 매년 1월 재 작성을 원칙으로 한다. 또한 서비스 제공에 있어 문제 및 어려움이 있을 경우 서비스 이용자와 복지관과의 상호 협의를 통하여 조정이 가능하다.

(단, 생활에 큰 변화가 없을 시 다시 작성하지 않을 수 있다)

년 월 일

서비스이용자 : ○ ○ ○ (인) 담당 사회복지사 : ○ ○ ○ (인)

○○(종합)사회복지관

〈서식-5〉 서비스 점검표

서비스 점검표

담 당	과 장	부 장	관 장

대 상 자 명:

일 시:

담당 사회복지사: (인)

계획 목표	서비스 실행 내용	서비스 이행 및 목표 성취정도	사회복지사 의견
		1 2 3 4	
		1 2 3 4	
		1 2 3 4	
		1 2 3 4	
		1 2 3 4	

욕구변화		
환경변화		
사회복지사 의견		□ 재 사 정 □ 유 지

〈서식-6〉 재사정기록지

재사정 기록지

접 수 년 월 일: 년 월 일

담당 사회복지사: (인)

담 당	과 장	부 장	관 장

<table>
<tr><td colspan="8">클 라 이 언 트 개 인 사 항</td></tr>
<tr><td>관리번호</td><td></td><td>성명</td><td></td><td>종교</td><td></td><td>주민번호</td><td></td></tr>
<tr><td rowspan="3">대상자
분류</td><td colspan="7">아동 · 청소년( ), 노인( ), 장애인( ) 가족구성형태( )</td></tr>
<tr><td colspan="7">일반수급( ), 조건부수급( ), 자활특례( ), 차상위( ), 저소득( ), 일반( )</td></tr>
<tr><td>의료보장</td><td colspan="6">의료보호1종( ), 2종( ), 직장의료보험( ), 지역의료보험( )</td></tr>
<tr><td>주 소</td><td colspan="4"></td><td>전화번호</td><td colspan="2"></td></tr>
<tr><td rowspan="5"></td><td>관계</td><td>성명</td><td>생년월일</td><td>직업</td><td>종교</td><td>동거여부</td><td>비고</td></tr>
<tr><td></td><td></td><td></td><td></td><td></td><td></td><td></td></tr>
<tr><td></td><td></td><td></td><td></td><td></td><td></td><td></td></tr>
<tr><td></td><td></td><td></td><td></td><td></td><td></td><td></td></tr>
<tr><td></td><td></td><td></td><td></td><td></td><td></td><td></td></tr>
<tr><td>재사정
유형</td><td colspan="3">( ) 새로운 욕구가 발생
( ) 긴급한 상황이 발생
( ) 기 타</td><td>재사정
요인</td><td colspan="3">( ) 클라이언트에 의한 요인
( ) 기관과 사회복지사에 의한 요인
( )</td></tr>
<tr><td>Client
변화욕구</td><td colspan="7">(클라이언트의 재사정이 필요하게 된 욕구나 상황)</td></tr>
<tr><td>서비스
제고 및
문제</td><td colspan="7">(클라이언트에게 제공된 서비스와 문제)</td></tr>
<tr><td>wer'의
의견</td><td colspan="7"></td></tr>
<tr><td>재사정
결과</td><td colspan="7">( ) 종결 ( ) 서비스 재계획 ( ) 의뢰 ( ) 현 상태 유지</td></tr>
<tr><td>향후계획</td><td colspan="7"></td></tr>
</table>

<서식-7> 사례관리 평가서

사례관리 평가서

담 당	과 장	부 장	관 장

관리번호		성 명		주민번호	
주 소				등 록 일	

평가내용	서비스 내용	계획의적합성	결과목적달성	효 과 성	만 족 도
	서비스 1				
	서비스 2				
	서비스 3				
	서비스 4				

평가결과 및 이유	( ) 종결 ( ) 재사정 ( ) 의뢰 ( ) 유지

평 가 일		담당사회복지사	

〈서식-8〉 사례관리 종결보고서

사례관리 종결보고서

담 당	과 장	부 장	관 장

관리번호		성 명		주민번호	
주 소				연락처	
등 록 일			종결일		
종결 유형 및 사유	유 형		사 유		
	( ) 클라이언트에 의한 종결		사망( ), 시설입소( ), 이주( ), 목표달성( ), 상황호전( ), 타 기관 이용( ), 거절이나 포기( ), 약속불이행( ), 기 타( )		
	( ) 사회복지사에 의한 종결		사직 · 타업무희망( ), 본인과 부적합( ) 클라이언트의 소극적 참여( )		
	( ) 기타 이유에 의한 종결		기관의 업무 조정( ), 기관의 사례기한 제한( ), 기관 · 법인의 교체( ), 원칙변경( ) 기관의 자원 · 능력의 한계( )		
서 비 스 제공현황					
클라이언트 변화사항	초 기 상 황			종 결 상 황	
사 회 복지사 의 견					
종결 결정일			담당사회복지사		

〈서식-9〉 의뢰서

의 뢰 서

○○종합사회복지기관 담당자 :

성 명		성별		주민번호	
주 소				연락처	
의료보장			장애등급		
보 호 자			대상자와의 관계		
의뢰사유					
클라이언트 상 태					

상기인을 귀 기관에 의뢰하오니 적극 협조 부탁드립니다.

년 월 일

○○종합사회복지관

담당자:

연락처:

첨부서류 1. 요보호대상자 카드

2. 서비스 계획서

3. 서비스 제공 내역서

〈서식-10〉 사례관리 과정 기록지

사례 번호			클라이언트		사례 관리자	
일시	서비스명	서비스 (직접/간접)	접촉방법	접촉대상	서비스 재공 내용	비고

〈서식-11〉 사례관리 사후관리 보고서

<table>
<tr><td>사례번호</td><td></td><td>클라이언트</td><td></td><td>사례관리자</td><td></td></tr>
<tr><td>접 수 일</td><td colspan="2"></td><td>종결일</td><td colspan="2"></td></tr>
<tr><td>주 소</td><td colspan="2"></td><td>연락처</td><td colspan="2"></td></tr>
<tr><td rowspan="3">1차 사후관리</td><td>날짜</td><td></td><td>접촉방법</td><td colspan="2">☐ 전화상담 ☐ 내방상담
☐ 가정방문상담 ☐ 기타</td></tr>
<tr><td>접촉대상</td><td colspan="4"></td></tr>
<tr><td>현상황 요약</td><td colspan="4"></td></tr>
<tr><td rowspan="3">1차 사후관리</td><td>날짜</td><td></td><td>접촉방법</td><td colspan="2">☐ 전화상담 ☐ 내방상담
☐ 가정방문상담 ☐ 기타</td></tr>
<tr><td>접촉대상</td><td colspan="4"></td></tr>
<tr><td>현상황 요약</td><td colspan="4"></td></tr>
<tr><td>사례관리자 의견</td><td colspan="5"></td></tr>
<tr><td>추후 계획</td><td colspan="5">☐ 최종 종결 ☐ 타기관 의뢰
☐ 재개입 ☐ 기타( )</td></tr>
<tr><td colspan="6">사례관리자 : ㊞

(기관명)</td></tr>
</table>

[부 록 2]

사회복지실천현장에서의 사례관리 과정 진행 예시 (I)

- 서울시복지재단(2005)의 사례관리 실천방법(지역사회보호사업) 중 노인 사례를 중심으로

[사례 개요]

① 오○○씨(남)는 서울시 서초구에 거주하는 82세의 독거노인(수급권자)으로 1998년 8월부터 지금까지 ○○복지관의 사례관리 대상자로 서비스를 제공받고 있다. 오○○씨는 결혼 3년만에 이혼하고 현재까지 혼자 살고 있는 독거노인으로 2번의 암 수술로 그동안 축적해 놓은 재산을 모두 소진하였으며, 친척들이 있으나 거의 왕래를 하지 않고 있다.

② 본 사례는 재가복지센터에서 가장 많이 접할 수 있는 독거노인으로 커다란 갈등요인과 변화요인이 거의 없어 복지관에서 단순형으로 관리하면서 지속적인 보호가 가능한 사례이다.

③ 스크리닝 : 본 사례의 발견은 동사무소로부터 수급권자 명단을 협조 받았으며, 1998년 당시 생활보호대상자 중 자활지원대상자로 의료보호 2종이었다(2005년 현재 수급권자). 명단을 협조 받은 담당 사회복지사는 복지관의 스크리닝(screening)기준에 적합성을 확인하여 잠재적 사례관리 대상자로 분류하였으며, 클라이언트에게 전화하여 서비스 제공에 대한 의사를 확인하고 가정방문을 통하여 인테이크를 실시하였다. 인테이크는 클라이언트와이 상담과 이웃과의 면담, 주변환경에 대한 사회복지사의 조사 등으로 자료수집이 이루어졌다

〈서식-1〉 인테이크기록지

1. 가족 및 구성원

대상자명	오 ○ ○	종 교	무교	주민번호	241000-100000	
대상자 분 류	아동·청소년( ), 노인(●), 장애인( ), 가족구성형태(노인 단독세대)					
	일반수급(●), 조건부수급( ), 자활특례( ), 차상위( ), 저소득( ), 일반( )					
	의료보장	의료보호1종(●), 2종( ), 직장의료보험( ), 지역의료보험( )				
주 소	서울시 서초구 ○○동 ○○빌라 옥탑					
전화번호	02 - 598 - 0000			의뢰경위	동사무소의뢰-생보자명단	
가족사항	관계	성명	생년월일	직업	종교	동거여부	비고
	본인	오○○	24. 10. 00	취로사업	무교		

2. 스크리닝 판정 및 사유

판정결과	(●) 잠재적 대상, ( ) Refer 대상, ( ) 정보제공 대상, ( ) 서비스 거부, ( ) 종결
판정사유	본 대상자는 독거노인으로 현재 생활보호대상자 이며, 경제적인 어려움과 질병으로 인해 생활의 어려움이 예상되고 있음.

3. 가계도/생태도

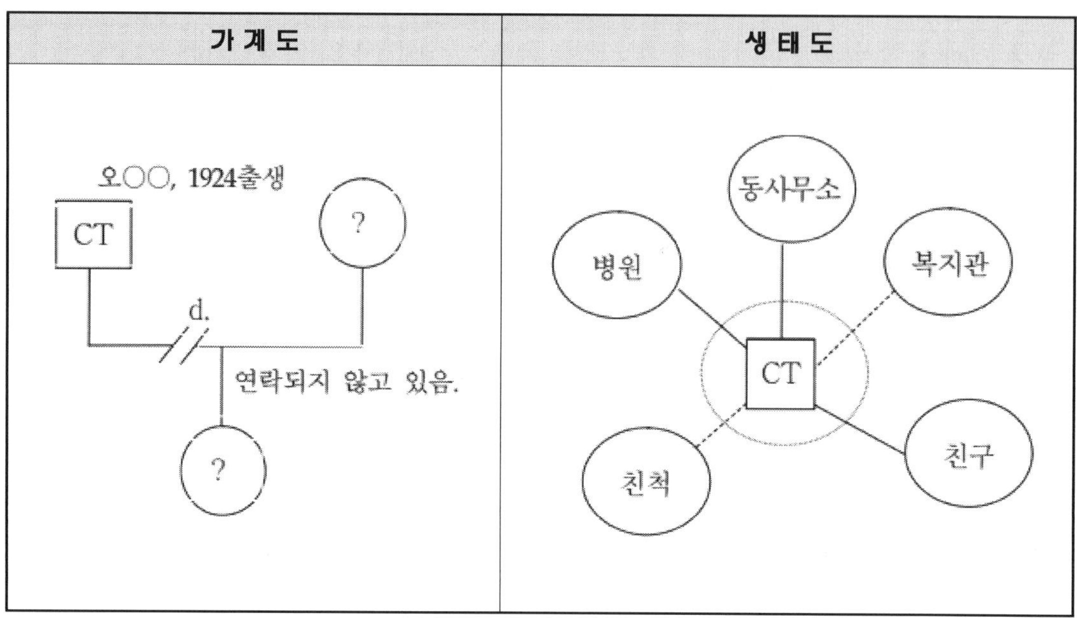

4. 개인력/가족력

1) 개인력
클라이언트는 어린 시절 사촌형을 따라 일본으로 건너가 일본에서 중학교를 졸업하였으며, 1950년 일본에서 결혼하여 슬하에 딸을 1명 두었으나 결혼 후 3년 만에 이혼을 하였으며 딸에 대한 양육권은 부인에게 양보하였으며, 이후 딸을 한 번도 본적이 없다고 함. 클라이언트는 일본에서 돈을 많이 벌었으며, 1955년 한국으로 귀국하였으나 어릴 적부터 배운 일본식의 생활 습관 때문에 한국생활에 적응하는데 많은 어려움을 겪었다고 함. 클라이언트는 귀국 후 다양한 사업을 시도하였으나 잘 풀리지 않아 계속 실패를 하였으며, 1985년 위암수술과 1992년 장암의 수술로 그 동안 모아둔 돈을 대부분 사용하였음. 클라이언트는 1995년 이후 생활보호대상자로 책정되어 취로사업 등으로 생계를 유지하고 있으며, 고속터미널 근처에서 가게를 운영하는 친구를 가끔 방문하여 일을 도와주고 용돈을 조금씩 받아 생활비에 보태고 있음. 클라이언트는 지속적으로 약을 복용하여야 하며 약값은 얼마 남지 않은 모아둔 돈으로 해결하고 있음.

2) 가족력
부인은 결혼 후 3년 만에 이혼하였으며, 딸 또한 부인이 양육하고 있어 이혼 후 딸과 연락한 적이 한 번도 없음.

5. 가족 및 사회적 관계

클라이언트는 이혼 후 재혼하지 않고 혼자 생활하였기 때문에 가족이 전혀 없으며, 친척들과 간간이 연락을 취하는 정도이며 긴밀한 왕래나 지원은 없으며, 친척들에 대한 자세한 정보를 파악하지 못하였음.

6. 사회적 상황

경제상황	(수입/생활비/저축/부채 /법정기준 등) 1) 수입 : 월 평균 20만원(취로사업 20만원) 2) 지출 : 월 평균 20만원(의료비 5만원, 주거비 6만원, 기타 생활비 9만원) 3) 부채 : 없음 4) 법정기준 : 생활보호대상자-자활지원대상자(초기 인테이크)
주거상황	(주택소유현황/주거형태/방/화장실/난방종류/채광/환기 등) 1) 주택소유현황 : 빌라4층 옥탑방 1개(1평), 월세(보증금 200만원, 월 6만원) 2) 주거환경 : 화장실 및 주방은 실내에 있으며, 기름보일러를 사용하고 있음. 채광과 환기는 양호하지만 집이 좁고 잘 정리정돈이 되어있지 않음
건강상황	(장애/병력/치료여부등) 1) 장애 없음 2) 1985년 위암 수술과 92년 장암 수술 등 2번의 암 수술로 많이 쇠약해져 있으나 그 후유증은 없는 상태임. 현재는 과거의 병력에 의한 것이 아닌 고령으로 인한 퇴행성관절염으로 사회활동에 어려움을 겪고 있음. 정기적으로 약을 복용하고 있음.
사회심리적 상황	(생활상태/사회적관계망/심리 · 정서적인상태 등) 1) 생활상태 : 53년 부인과 이혼 한후 지금까지 재혼하지 않고 혼자 살고 있으며, 전에 돈이 많이 있을 때에는 친척들이 많이 찾아왔으나 현재는 큰 일이 있을 때를 제외하고는 연락을 거의 하지 않고 있음. 2) 사회적관계망 : 공식지원체계로 생활보호대상자, 취로사업, 의료보호 2종의 서비스를 받고 있으며, 비공식지원체계로 가끔 친구의 일을 도와주고 용돈을 받고 있음. 친척이 있으나 집안의 큰일에만 연락을 하고 있으며 이웃의 친구들과는 잘 어울리지 않고 있음. 3) 심리 · 정서적상태 : 오랫동안 혼자 사는 익숙하지만 가끔 외로움을 느끼며, 경로당 등에서 새로운 친구들을 만나는 것을 좋아하지 않으며 전부터 만나던 친구들을 중심으로 관계를 형성함. 클라이언트는 모든 일에 적극적이지만 고령 및 지병으로 사회활동을 하지 못하고, 모아둔 돈도 의료비로 모두 지출하고 향후 약값의 충당에 대해 고민하고 있으며, 현재 자기 자신이 너무 어려워 주변의 친구들이 멀어질 것에 대해 두려워하고 있음.

7. 일상생활수행능력(ADL, IADL)

퇴행성관절염이 있음에도 독립보행과 의사소통이 양호하며, 교통수단 이용 및 관공서 등의 이용도 가능함. 전반적으로 일상생활 능력이 양호함.

8. 클라이언트와 가족의 욕구

1) 경제적 욕구 : 퇴행성 관절염에 대한 약값에 부담을 느끼고 있으며, 다른 경제적인 욕구는 보이지 않았음. 2) 의료·건강 욕구 : 2번의 암 수술로 쇠약해져 있으며 퇴행성관절염으로 고생하고 있으며, 원활한 식사를 할 수 있도록 식사지원이나 밑반찬 서비스에 대한 욕구를 보임. 3) 심리·사회적 욕구 : 가끔 외로움을 느끼고 있음

9. 자원활용 상황

공식적 자원	비공식적 자원
생활보호대상자로 취로사업을 하고 있으며 의료보호 2종으로 의료적 욕구를 해결하고 있음.	인근에 친구로부터 가끔 원조를 받고 있음.

10. 클라이언트 태도와 반응 및 사회복지사 의견

1) 클라이언트의 태도 및 반응 : 클라이언트는 상담에 적극적으로 임하였으나 가족과 친척에 관한 내용은 자세히 말하지 않았음. 2) 사회복지사의 의견 : 클라이언트는 혼자 생활하고 있어 반찬이 거의 없이 식사를 하고 있었으며, 정기적으로 약을 복용하는 것에 많은 부담을 느끼고 있어 적절한 서비스 제공이 요구 됨.

11. 서비스 계획

문제 및 욕구	서비스 계획
1) 의료비에 대한 욕구	결연후원을 연결
2) 퇴행성관절염에 대한 걱정	지속적으로 치료를 받을 수 있도록 개입
3) 외로움을 느낌	복지관의 정서지원 프로그램을 통해 정서적 안정 도모
4) 건강한 식생활 지원	복지관의 무료급식 또는 밑반찬서비스 지원

<서식-1> 사정도구틀

사정도구틀

대 상 자 명:
일 시:
담당사회복지사:

담 당	과 장	부 장	관 장

영역	내용	평가기준	배점기준	평가	비고
경제상황(40)	수입(10)	최저생계비 기준 이하	10	10	
		최저생계비의 120% 이하	8	-	
		최저생계비의 150% 이하	6	-	
	지출(10)	수입의 90% 이상	10	10	
		수입의 80% 이상	8	-	
		수입의 70% 이상	6	-	
	주거형태(10)	가건물(비닐하우스 등)	10	-	
		월세	8	8	
		무료임대	6	-	
		전세	4	-	
		자가	0	0	
	부채(5)	재산의 30% 이상	5	-	
		재산의 30% 이하	2	-	
	법정기준(5)	의료급여 1종	5	-	
		의료급여 2종	4	4	
		조건부, 특례	3	-	
		저소득	2	-	
	합 계			32	
의료 및 건강(40)	장애유무(10)	1급	10	-	
		2-3급	8	-	
		4-6급	6	-	
	질병정도(20)	만성질환(평생)	20	20	
		장기 치료가 필요한 질병	16	-	
		단기 치료가 가능한 질병	12	-	
	ADL(10)	하	10	-	
		중	5	5	
		상	0	-	
	합 계			25	
심리 · 사회영역(40)	생활상태(10)	독거	10	10	
		보호가 필요한 동거가족	8	-	
		동거가족	0	-	
	사회관계망(10)	전혀없음	10	-	
		비공식지원체계	6	-	
		공식지원체계	4	4	
		공식+비공식지원체계	0	-	
	지지체계(10	없음	10	10	
		있음 비정기	5	-	
		있음 정기	0	-	
	심리 · 정서상태(10)	매우 불안	10	-	
		불안	5	5	
		안정	0	-	
	합 계			29	
사회복지사의 평가(40)		종합검토	0~40	32	
총점				118	
판정결과	□집중형(90%이상), □일반형(80%-89%), ■단순형(70%-79%)				
기타의견	본 클라이언트는 경제적인 어려움과 질병으로 안정적인 생활의 어려움이 예상되고 독거노인으로 우리 복지관에서 제공되는 서비스를 중심으로 안정적인 생활 유지를 지원하고자 함.				

[참고] 사례회의 결과

사례회의에는 관장, 부장, 담당 사회복지사, 재가센터 사회복지사 3명이 참석하여 총 6명이 사례회의를 하였으며 다음과 같이 서비스 제공 및 개입수준을 결정하였다.

[사례회의 결과]

개입수준 결정	총점 118점으로 단순형 관리 대상자로 결정	
CT의 문제 및 욕구	**결과내용**	비고
의료비에 대한 욕구	매월 3만원의 후원금 지급(의료비)	
퇴행성관절염에 대한 걱정	무료진료를 통해 질병 관리 지원	
외로움을 느낌	복지관 정서 프로그램 연결	
건강한 식생활 지원	밑반찬 및 야쿠르트 지원	
기타	정기적인 상담과 가정방문 실시	

〈서식-4〉 서비스계획

서비스 계획

대 상 자 명:
일 시:
담당사회복지사:

담당	과장	부장	관장

CT의 문제 및 욕구	결과목표	서비스목표	서비스 실행방법
의료비에 대한 욕구	지속적으로 약을 구입할 수 있도록 한다.	매월 일정액의 의료비를 지원한다.	매월 의료비 3만원 지원
퇴행성관절염에 대한 걱정	현재 보다 더 악화되지 않도록 한다.	정기적인 검진 및 치료한다	무료진료 연계, 항상 질병의 변화 점검
외로움을 느낌	외로움을 덜 느끼도록 한다.	이웃들과 적극적으로 교류할 수 있도록 한다.	정기적인 나들이 프로그램 및 복지관 정서지원사업에 참여
건강한 식생활 지원	건전한 식생활로 건강을 유지하도록 한다.	가정에서 안정적으로 식사를 할 수 있도록 한다.	주 1회 밑반찬서비스 제공
			매일 야쿠르트 지원
기타	연속된 보호를 받을 수 있도록 한다.	필요한 서비스가 단절되지 않도록 한다.	정기적인 상담 및 안부전화
			정기적인 가정방문

〈서식-5〉 서비스 동의서

서비스 동의서

담 당	과 장	부 장	관 장

1. 서비스 종류

서비스명	내 용	비고	서비스명	내 용	비고
상담	월 1회 이상 실시		가정방문	월 1회 이상 실시	
결연후원	월 1회 3만원		야쿠르트 지원	매일 1개	
밑반찬 지원	주 1회(1주일치)		후원품 지원	명절 및 비정기 지원	
의료서비스	한방, 내과 진료		생신잔치	생일이 포함된 달	
나들이	연 2회				

2. 서비스 조정 및 중단

서비스조정	· 서비스 이용자에게 적절하지 않거나 서비스 제공 목적에 어긋날 때 · 서비스 이용자의 부적절한 서비스 요구가 있을 경우
서비스중단	· 서비스 이용자가 서비스를 중단의 의사가 있을 경우 · 다른 지역으로 이주를 하였을 경우 · 3개월 이상 연락이 끊겼을 경우 · 타 기관과 서비스가 중복되었을 경우

3. 서비스 이용자의 의무

서비스 이용자는 신상의 어려움이나 경제적인 변동이 있을 경우 복지관에 알려야 하며, 어려움을 해결하기 위해 같이 노력하여야 한다.

서비스 제공일 : 1998년 08월 01일 ~ 1998년 12월 31일

본 동의서는 ○○복지관에서 제공되는 서비스에 대하여 본 기관과 김○○님이 상호 협의한 내용이며, 매년 1월 재작성을 원칙으로 한다. 또한 서비스 제공에 있어 문제 및 어려움이 있을 경우 서비스 이용자와 복지관과의 상호 협의를 통하여 조정이 가능하다.

(단, 생활에 큰 변화가 없을 시 다시 작성하지 않을 수 있다)

1998년 08월 01일

서비스이용자 : 오 ○ ○ (인) 담당 사회복지사 : ○ ○ ○ (인)

○○(종합)사회복지관

[참고] 서비스 연결 및 개입

① 서비스 연결

- 의료비지원 : 우리 복지관의 후원자 중에서 클라이언트에게 매월 3만원씩 의료비를 후원할 후원자를 찾아 98년 9월부터 매월 의료비 3만원을 지원하였다.
- 퇴행성관절염 관련 : 우리 복지관에서 정기적으로 실시되는 한방서비스(월1회)와 내과무료진료(월1회)를 연계하여 지속적으로 건강 및 질병을 점검하고 치료할 수 있도록 하였다.
- 외로움에 대한 개입 : 클라이언트가 주변의 다른 사람들과 같이 어울릴 수 있도록 연 2회 재가 어르신 나들이에 참여하도록 하였으며, 생신을 혼자 보내지 않도록 생신잔치를 해 주었다.
- 건강한 식생활 지원 : 클라이언트의 건강한 식생활을 위해 주 1회 1주일치의 밑반찬을 제공하여 가정 내에서 안정적으로 식사를 할 수 있도록 하였다. 또한 항상 약을 복용하여야 하기 때문에 매일 야쿠르트를 배달하여 장의 건강을 도모하는 한편 야쿠르트 배달원으로 하여금 정기적으로 클라이언트에 대한 안부를 확인하도록 하였다.
- 상담 및 가정방문 : 제공되는 서비스가 클라이언트의 욕구에 맞는지 또는 클라이언트와 관련하여 주변 환경의 변화가 없는지?를 확인하기 위해 월 1회 이상 사회복지사가 가정방문과 상담을 실시하도록 하였다.

② 클라이언트

- 클라이언트는 제공된 서비스를 적극적으로 활용하였으며, 우리 기관에서 제공되는 서비스에도 적극적으로 참여하였다. 가끔 다리가 많이 아파 거동이 불평할 경우에는 우리 기관에서 차량을 지원하였다. 클라이언트는 본인의 질병 관리를 위해 한방진료 및 내과진료를 지속적으로 참여하였으며, 건강에 이상이 있을 경우 지역내 병의원을 찾아 점검을 받는 등 적극적인 활동을 하였다.
- 클라이언트는 2001년 6월 관절염으로 병원에 입원하였으며, 그 동안 큰 수술을 받았던 경험이 있어 병원 진료 및 입원에 대한 거부반응이나 정서적 동요는 거의 없었다.
- 2002년 1월 갑자기 배가 아파 소방서 안심전화로 응급서비스를 받았다.

③ 사회복지사

- 사회복지사는 클라이언트에게 필요한 자원을 연결해 주고 연결된 자원들이 클라이언트에게 잘 전달 되도록 하였다. 또한 제공되는 자원들이 클라이언트의 욕구와 문제해결에 적합한지를 점검하였으며, 정서적으로 안정될 수 있도록 정기적인 방문과 상담을 실시하였다.
- 인근의 다른 복지관과의 중복서비스에 대해 점검하고 서비스를 조정하였다.
- 클라이언트가 2001년 6월 관절염으로 병원치료를 받았을 때 병원을 방문하여 심리적인 안정을 취할 수 있도록 지지하였다. 아울러 클라이언트에 응급상황이 발생할 때 도움을 받을 수 있도록 소방서의 안심전화를 설치하도록 조치를 취하였다.
- 2002년 생활보호대상자 거택보호대상자가 될 수 있도록 클라이언트에게 관련 정보를 제공하였으며, 동

사무소 담당자에게 클라이언트의 현재의 상황을 정확히 전달하였다

② 복지관

- 복지관에서는 사회복지사가 클라이언트의 문제 및 욕구를 적절하게 해결할 수 있도록 지원하였으며, 타 기관과의 협조를 통해 클라이언트의 욕구와 문제를 해결할 수 있도록 지원하였다.

〈서식-6〉 서비스 점검표

서비스 점검표

대 상 자 명:

일 시:

담당사회복지사: (인)

담 당	과 장	부 장	관 장

<table>
<tr><th>계획 목표</th><th>서비스 실행내용</th><th>서비스 이행 및 목표성취정도</th><th colspan="2">사회복지사 의견</th></tr>
<tr><td>의료비에 대한 욕구</td><td>월 3만원 의료비 지원</td><td>1 2 3 ❹</td><td colspan="2">1998년 7월부터 매월 3만원씩 의료비로 지원되어 클라이언트가 매월 약값으로 지출하여 경제적인 부담을 경감 시켰음</td></tr>
<tr><td>퇴행성관절염에 대한 걱정</td><td>한방진료, 내과 진료 연계</td><td>1 2 ❸ 4</td><td colspan="2">1998년 7월부터 매월 1회 한방진료와 내과진료를 받아 지속적인 건강관리를 할 수 있었으며 외부의 병의원을 적극 활용하였음</td></tr>
<tr><td>외로움을 느낌</td><td>나들이, 생신 잔치</td><td>1 2 ❸ 4</td><td colspan="2">매년 2회 나들이에 참여하였으며, 매년 1회 생신잔치에 참여 정서적인 안정과 다른 이웃과의 교류를 가졌음</td></tr>
<tr><td>건강한 식생활 지원</td><td>밑반찬 지원, 야쿠르트 지원</td><td>1 2 3 ❹</td><td colspan="2">매주 1회 밑반찬 지원과 매일 야쿠르트를 지원하여 건강한 식생활을 영위할 수 있었으며, 2002년부터 무료중식 서비스를 이용하고 있음.</td></tr>
<tr><td>기타</td><td>상담, 가정방문, 후원품 지원</td><td>1 2 3 ❹</td><td colspan="2">클라이언트와의 상담은 총 80여회와 70여회의 가정방문을 통하여 서비스의 조정 및 클라이언트의 근황을 확인하였으며 연 4-5회정도 후원물품을 직접 제공하여 안정적인 생활 영위에 지원하였음.</td></tr>
<tr><td>욕구 변화</td><td colspan="2">클라이언트의 욕구는 변화된 것이 없이 초기 인테이크 당시의 욕구를 그대로 유지하고 있음.</td><td colspan="2">본 클라이언트가 고령의 노인이고 만성적인 질병을 가지고 있어 주의 깊게 관찰할 필요가 있으며 위기사항 발생시 즉각적으로 대처할 수 있도록 지속적인 개입을 실시하고자 함.</td></tr>
<tr><td>환경 변화</td><td colspan="2">클라이언트의 주거지에서 누수가 발생되어 이에 대해 적절한 서비스가 제공되어져할 필요가 있음.</td><td colspan="2">지역내 자원을 개발, 연계하여 주거지의 누수를 해결할 수 있도록 개입할 계획임.</td></tr>
<tr><td>사회복지사 의견</td><td colspan="3">본 클라이언트는 고령으로 인한 경제적 어려움 및 퇴행성관절염을 제외하고는 큰 변화요인 없어 현재 제공되고 있는 서비스이외 추가로 서비스를 제공할 필요는 없을 것으로 판단되나 주거지 누수에 대한 개입을 위해 재사정이 필요함.</td><td>■ 재사정
□ 유 지</td></tr>
</table>

<서식-7> 재사정기록지

재사정 기록지

접 수 년 월 일: 년 월 일

담당 사회복지사: (인)

담 당	과 장	부 장	관 장

<table>
<tr><th colspan="8">클라이언트 개인 상황</th></tr>
<tr><td>관리번호</td><td>1998-000</td><td>성명</td><td colspan="2">오 ○ ○</td><td>주민번호</td><td colspan="2">241000-1000000</td></tr>
<tr><td rowspan="3">대상자 분 류</td><td colspan="7">아동 · 청소년( ), 노인(●), 장애인( ) / 가족구성형태(노인 단독세대)</td></tr>
<tr><td colspan="7">일반수급(●), 조건부수급( ), 자활특례( ), 차상위( ), 저소득( ), 일반( )</td></tr>
<tr><td>의료보장</td><td colspan="6">의료보호 1종(●), 2종( ), 직장의료보험( ), 지역의료보험( )</td></tr>
<tr><td>주 소</td><td colspan="4">서울 서초구 ○○동 ○○빌라 옥탑</td><td>전화번호</td><td colspan="2">02-598-0000</td></tr>
<tr><td rowspan="4">가족사항</td><td>관계</td><td>성명</td><td>생년월일</td><td>직업</td><td>종교</td><td>동거여부</td><td>비고</td></tr>
<tr><td>본인</td><td>오○○</td><td>24. 10. 00</td><td>취로사업</td><td>무교</td><td></td><td></td></tr>
<tr><td></td><td></td><td></td><td></td><td></td><td></td><td></td></tr>
<tr><td></td><td></td><td></td><td></td><td></td><td></td><td></td></tr>
<tr><td>재사정유형</td><td colspan="3">(●) 새로운 욕구의 발생
( ) 긴급한 상황의 발생
( ) 기 타</td><td>재사정 요 인</td><td colspan="3">( ) 클라이언트에 의한 요인
( ) 기관과 사회복지사에 의한 요인
(●) 자원과 환경에 의한 요인</td></tr>
<tr><td>클라이언트 변화 욕구</td><td colspan="7">(클라이언트의 재사정이 필요하게 된 욕구나 상황)
○현재 클라이언트의 주거지에 누수가 발생하고 있어 긴급한 조치를 취하지 않을 경우 생활에 많은 어려움이 예상됨.</td></tr>
<tr><td>서비스 제공 및 문제</td><td colspan="7">(클라이언트에게 제공된 서비스와 문제)
○제공되는 서비스에는 문제가 없으며, 주거지의 누수 문제를 해결하기 위해 일시적으로 개입하고자 함.</td></tr>
<tr><td>사회복지사 의견</td><td colspan="7">외부자원을 활용하여 누수문제를 해결하고자 함.</td></tr>
<tr><td>재사정 결과</td><td colspan="7">( ) 종 결 / ( ) 서비스 재계획 / ( ) 의 뢰 / (●) 해당문제에 개입</td></tr>
<tr><td>향후계획</td><td colspan="7">○사회복지공동모금회의 사랑의 집고치기 사업에 의뢰하여 누수문제를 해결하고자 함.</td></tr>
</table>

※ 재사정의 결과에 따라 클라이언트의 누수문제 해결을 위해 서비스계획을 다시 수립하고, 사회복지공동모금회 "사랑의 집 고치기" 사업에 신청하여 누수공사를 완료하였음

<서식-8> 사례관리 평가서

사례관리 평가서

담 당	과 장	부 장	관 장

관리번호	1998-000	성명	오 ○ ○	주민번호	241000-1000000
주 소	서울 서초구 ○○동 ○○빌라 옥탑			등록일	1998. 08. 01
평가 내용	서비스 내용	계획의적합성	결과목적달성	효 과 성	만 족 도
	월 3만원 의료비 지원	약값 사용으로 현금지원이 적절하였음.	매월 3만원씩 제공하여 목적을 달성하였음	정기적으로 약을 구입하여 복용하였음.	클라이언트의 만족도가 매우 높음.
	한방진료, 내과진료 연계	제공된 서비스에 대한 신뢰도가 약간 떨어졌음.	적극적으로 참여하지 않아 80% 정도 달성	참여가 적극적으로 이루어지지 않아 효과성이 약간 떨어짐.	제공된 서비스에 대해 만족을 하고 있으나, 제공된 서비스보다 시장내 서비스를 더 신뢰하고 있음.
	나들이, 생신잔치	클라이언트의 외로움을 해소할 수 있어 적절했음.	제공서비스에 모두 참여하였음.	적극적인 참여로 효과성이 높았음.	제공된 서비스에 만족하고 있음.
	밑반찬지원 야쿠르트 지원	건강한 식생활을 위해 적절한 서비스임.	계획에 따라 서비스가 제공되었음.	건강한 식사를 유지하고 건강을 유지하여 효과성이 높았음.	제공된 서비스에 만족하고 있음.
	상담, 가정방문, 후원품 지원	심리적인 안정과 정서적인 근황 파악을 위해 적절하였음.	계획에 따라 서비스가 제공되었음.	클라이언트의 근황과 변화에 적극 대처하여 높은 효과성을 보였음.	제공된 서비스에 만족하고 있음.
평가결과 및 이유	( ) 종 결 ( ) 재사정 ( ) 의 뢰 (●) 유 지 클라이언트는 개입초기부터 현재까지 욕구 및 문제의 변화는 거의 없으나 우리 기관에서 제공되고 있는 서비스로 인해 생활이 더 이상 악화되지 않고 안정적인 생활을 유지하고 있으므로 지속적인 서비스 제공을 통해 연속된 보호를 제공하고자 함.				
평가일	2004. 12. 00	담당사회복지사	○ ○ ○		

※ 본 사례는 앞으로도 지속적으로 우리 기관에의 사례관리를 통해 안정적인 생활을 유지할 수 있도록 할 계획임.

[부 록 3]

사회복지실천현장에서의 사례관리 과정 진행 예시 (II)

- 서울시복지재단(2005)의 사례관리 실천방법(지역사회보호사업) 중 장애인 사례를 중심으로

[사례 개요]

① 이○○씨(남)는 서울시 마포구에 거주하는 45세의 장애인(수급권자)으로 2002년 3월부터 지금까지 ○○복지관의 사례관리 대상자로 서비스를 제공받고 있다. 본 사례는 재가복지센터에서 관리하는 대상자 중 위기요인도 많고 아이들도 있어 주로 집중형 사례대상자로 포함하여 지속적인 관심과 보호가 요구되는 사례이다.

② 본 사례는 타 구에서 거주하다가 ○○복지관 관할 지역으로 이주하면서 개입하게 된 케이스이다. 의료급여 1종인 수급가정으로 복지관이 있다는 것을 알고 스스로 방문하여 서비스를 요청한 사례이다. 복지관에서의 1차 상담후 가정방문을 통하여 인테이크를 실시하였고 집중형 사례로 분리하여 서비스를 제공하였다. 인테이크는 클라이언트와의 상담과 동 주민자치센터 사회복지전담공무원, 이주 전 복지관 사회복지사의 협조로 이루어졌다.

<서식-1> 인테이크기록지

1. 가족 및 구성원

대상자명	이 ○ ○	종 교	무교	주민번호	601000-1000000		
대상자 분류	아동·청소년( ), 노인( ), 장애인(●) 가족구성형태(한부모(편부) 세대)						
	일반수급(●), 조건부수급( ), 자활특례( ), 차상위( ), 저소득( ), 일반( )						
	의료보장	의료급여 1종(●), 2종( ), 직장의료보험( ), 지역의료보험( )					
주 소	서울시 마포구 ○○동 ○○아파트 100동 000호						
전화번호	02-374-0000			의뢰경위	복지관 방문		
가족사항	관계	성명	생년월일	직업	종교	동거여부	비고
	자	이○○	90. 02. 25	중 2	무	동거	
	자	이○○	92. 06. 24	초 6	무	동거	

2. 스크리닝 판정 및 사유

판정결과	(●) 잠재적 대상, ( ) Refer 대상, ( ) 정보제공 대상, ( ) 서비스 거부, ( ) 종결
판정사유	본 대상자는 한부모 세대로 지체장애 1급으로 일상생활의 어려움과 경제적 어려움, 그리고 아이들에 대한 양육의 문제로 인해 생활의 어려움이 예상되고 있음.

3. 가계도 및 생태도

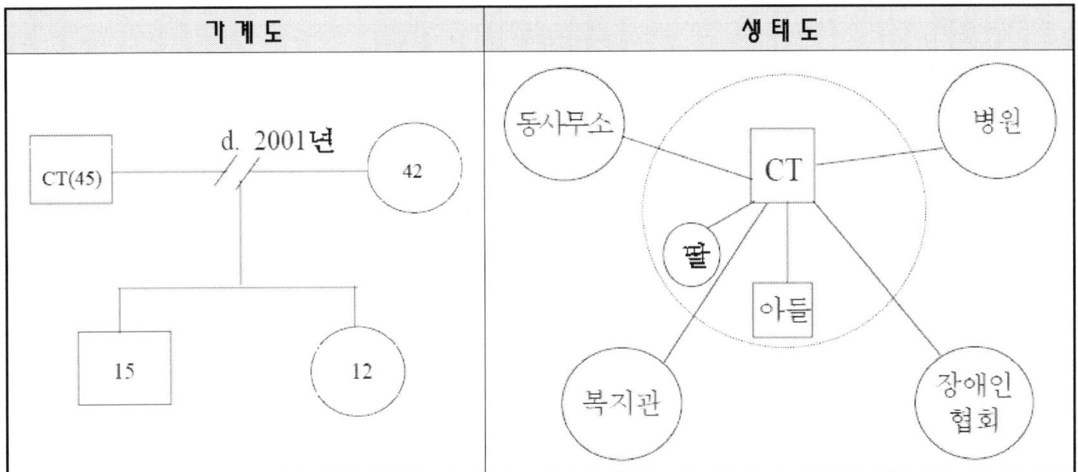

4. 개인력 및 가족력

1) 가족력
클라이언트는 결혼하여 조그만 중소기업에서 일하며 행복하게 가정을 꾸리고 살았다. 그러나 둘째를 낳은 이후 부인의 태도가 약간씩 변하여 자주 부부싸움을 하였다.
월 수입 150만원 정도 월급을 받았고 집안살림을 하는데는 크게 어려움은 없었다. 그러나 점점 부부관계가 나빠지면서 술도 자주 마시고 집안에 소홀히 하는 경우가 많았다. 2000년 여름 일하던 도중 프레스기를 잘못 조작하는 사고로 인하여 왼쪽 팔이 절단되고 오른쪽 팔 일부가 절단되는 사고를 당했다.
이후 병원에서 1년 가까이 치료를 받으며 접합 수술을 하였으나 팔의 기능은 회복할 수 없는 상황이었다. 회사로부터 병원비와 위로금으로 5천만원을 지급받았다.
하지만 부인은 부부관계도 좋지 않았는데 클라이언트 마저 다치고 병원에 있자 다른 남자와 위로금 5천만원을 가지고 도주하였다. 병원 퇴원후 부인을 찾아가 아이들은 한명씩 나누어 키우기로 하고 합의 이혼하였다.
그러나 부인측이 아이를 키우는 것에 소홀하고 학대하자 자신이 아이들 두 명을 모두 키우기로 하고 부인에게서 아이를 데려와서 키우고 있다.
클라이언트는 조금의 희망을 가지고 매일 병원에 다니며 치료를 하고 있으며 지병인 당뇨가 악화되어 시력감퇴와 치아가 빠지는 등 심각한 합병증에 시달리고 있다.

2) 가족력
클라이언트는 서울 출신으로 고등학교를 졸업후 부인을 만나 90년 결혼하였다. 넉넉한 살림은 아니었지만 두 아이를 키우기에는 부족하지 않은 월급이었으나 부인의 사치로 인해 부부싸움이 잦았다. 사고를 당하자 부인은 그동안 만나던 내연남과 위로금을 가지고 도주하였다. 이혼 후 둘째딸를 데리고 가서 키웠으나 소홀히 하고 학대하여 딸 마저 데리고 온 이후에 지금까지 연락은 전혀 없다.

5. 가족 및 사회적 관계

클라이언트는 이혼 후 두 아이를 키우며 생활하고 있으며 먼 친척은 있으나 전혀 연락하지 않고 지낸다. 팔을 마음대로 쓸 수 없어 도저히 혼자서는 생활하기 어렵지만 남들에게 도움을 요청하거나 하지는 않는다. 사회적 활동으로 전에 살던 동네의 지체장애인 협회에 자주 나가서 활동하고 있다. 그러나 점점 건강상황이 악화되면서 이마저 잘 하지 못하고 병원에 다니며 치료하는 시간이 더 많다.

6. 사회적 상황

경제상황	(수입/생활비/저축/부채/법정기준 등) 1) 수입 : 월 평균 65만원(기초생계비) 2) 지출 : 월 평균 65만원(생활비 35만원, 의료비 20만원, 교육비 등 10만원) 3) 부채 : 없음 4) 법정 기준 : 국민기초생활보장 수급자
주거상황	(주택소유현황/주거형태/방/화장실/난방종류/채광/환기 등) 1) 주택소유현황 : 없음(영구임대아파트 거주) 2) 주거환경 : 영구임대아파트라 주변 환경을 깨끗한 편이지만 장애로 인해 집안 환경은 잘 정돈되어 있지 못하다. 가구는 낡아서 문이 떨어져 있다.
건강상황	(장애/병력/치료여부 등) 1) 장애 : 지체장애 1급 2) 병력/ 치료여부 : 2000년 사고로 인해 왼쪽 손목 접합 수술을 받았으며 오른손도 자유롭게 사용하지 못한다. 병원에 1년 가까이 입원하여 치료를 받았으며 현재도 물리치료를 꾸준히 하고 있고, 당뇨로 인해 인슐린을 투여하고 있다.
사회심리적 상황	(생활상태/사회적 관계망/심리·정서적 상태 등) 1) 생활상태 : 오전에 병원에 가서 오후 3시경 치료를 끝내고 장애인 협회에서 들러 활동하고 있다. 2) 사회적 관계망 : 공식 지원체계로 수급자로 책정되어 생계비를 지원받고 있으며 비공식 지원체계는 장애인 협회에서 약간의 지원이 있다. 3) 심리 · 정서적 상태 : 사고와 질병으로 인해 자존감이 매우 낮고 본인 스스로 할 수 있는 일이 없다는 것에 대해 많이 위축되어 있다. 또한 앞으로 아이들을 어떻게 키울 것인가에 대한 두려움도 있다.

7. 일상생활수행능력(ADL, IADL)

오르쪽 팔은 약간 사용가능하여 식사, 옷갈아입기, 대중교통 이용 등은 불편하지만 가능하다. 짐을 나르거나 목욕, 설거지 등 손을 많이 사용하는 일은 잘 하지 못한다.

8. 대상자 욕구

1) **경제적 욕구** : 생계비에 의존하며 병원비, 생활비가 많이 들고 아이들로 인한 비용에 부담을 많이 느낌. 또한 딸은 아버지에 대한 정서적 의존성이 높아 방과 후에 클라이언트와 떨어지기 싫어하나 클라이언트는 방과 후에 본인의 치료 등을 위해 학원에 보내고 싶어함. 2) **의료건강적 욕구** : 접합 수술을 2번 받았으나 현재도 병원에서 이야기하는 약간의 가능성으로 인해 접합 수술을 더 받고 싶어함. 또한 당뇨의 치료를 위해서 병원에서 입원 치료를 하기를 원함. 3) **심리·사회적 욕구** : 경제적인 어려움으로 인해 아이들 키우는 것에 대한 부담을 많이 느끼고 있으며 소일거리라도 찾고 싶어함.

9. 자원활용상황

공식적 자원	비공식적 자원
국민기초생활보장 수급자로 의료보호 1종의 혜택을 받고 있음	주변에서 특별히 도와주는 곳은 없으며 장애인 협회에서 약간의 지원이 있어 보임

10. 클라이언트 태도와 반응 및 사회복지사 의견

1) 클라이언트의 태도 및 반응 : 클라이언트는 복지관을 내방하여 적극적으로 도움을 요청하였으며 모든 부분에 대해 세세하게 이야기 함. 2) 사회복지사의 의견 : 클라이언트는 현재 손을 자유롭게 사용하지 못하여 식생활의 어려움과 경제적인 부분에 많은 부담을 느끼고 있어 적절한 서비스 제공이 요구됨.

11. 서비스계획

문제 및 욕구	서비스 계획
1) 의료·질병치료에 관한 욕구	접합 수술 지원, 질병(당뇨병) 상담, 관리
2) 아이들 방과후 활동에 대한 욕구	학원을 보낼 수 있도록 결연후원금 지원
3) 아이들의 정서적 문제	복지관의 정서지원 프로그램을 통해 정서적 안정 도모
4) 건강한 식생활 지원	아이들을 위한 도시락 지원과 밑반찬 지원

〈서식-2〉 사정도구틀

사정도구틀

대 상 자 명:
일 시:
담당사회복지사:

담 당	과 장	부 장	관 장

영역	내용	평가기준		배점기준	평가	비고
경제상황(40)	수입(10)	최저생계비 기준 이하		10	10	
		최저생계비의 120% 이하		8	-	
		최저생계비의 150% 이하		6	-	
	지출(10)	수입의 90% 이상		10	10	
		수입의 80% 이상		8	-	
		수입의 70% 이상		6	-	
	주거형태(10)	가건물(비닐하우스 등)		10	-	
		월세		8	8	
		무료임대		6	-	
		전세		4	-	
		자가		0	-	
	부채(5)	재산의 30% 이상		5	-	
		재산의 30% 이하		2	-	
	법정기준(5)	의료급여 1종		5	5	
		의료급여 2종		4	-	
		조건부, 특례		3	-	
		저소득		2	-	
	합 계				33	
의료 및 건강(40)	장애유무(10)	1급		10	10	
		2-3급		8	-	
		4-6급		6	-	
	질병정도(20)	만성질환(평생)		20	20	
		장기 치료가 필요한 질병		16	-	
		단기 치료가 가능한 질병		12	-	
	ADL(10)	하		10	-	
		중		5	5	
		상		0	-	
	합 계				35	
심리 · 사회영역(40)	생활상태(10)	독거		10	-	
		보호가 필요한 동거가족		8	8	
		동거가족		0	-	
	사회관계망(10)	전혀없음		10	-	
		비공식지원체계		6	6	
		공식지원체계		4	-	
		공식+비공식지원체계		0	-	
	지지체계(10	없음		10	10	
		있음	비정기	5	-	
			정기	0	-	
	심리 · 정서상태(10)	매우 불안		10	10	
		불안		5	-	
		안정		0	-	
	합 계				34	
사회복지사의 평가(40)		종합검토		0~40	38	
총점					140	
판정결과	■집중형(90%이상), □일반형(80%-89%), □단순형(70%-79%)					
기타의견	본 클라이언트는 경제저 어려움과 장애로 인해 일상생활능력이 어렵고 만성질병까지 있어 적극적 서비스 개입이 요구됨. 평점으로는 일반형 대상자에 속하나 집중형 사례관리 대상자로 관리하는 것이 적당하다고 판단됨.					

[참고] 사례회의 결과

사례회의에는 사무국장, 부장, 재가센터 사회복지사 2명, 간호사가 참석하여 총 5명이 사례회의를 하였으며 다음과 같이 서비스 제공 및 개입수준을 결정하였음.

개입수준 결정	총점 140점이나 대상자의 상황이 너무 열악하여 집중형 사례관리 대상자로 결정함.	
CT의 문제 및 욕구	**결과내용**	**비고**
의료, 질병에 관한 욕구	수술 가능성 검토, 지원방안 마련, 간호사의 정기적인 질병관리, 투약관리	가정방문
아이들 방과후 활동에 대한 욕구	매월 10만원의 결연 후원금 지급	방과 후 학원비로 사용토록 함.
아이들의 정서적 문제	복지관 아동 집단 프로그램 연결	
식생활 지원	매일 도시락 2개 지급, 반찬 지원	석식/주 2회
일상생활 문제	정기적인 상담과 가정방문 실시, 가사도우미 파견	주 1회

〈서식-4〉 서비스계획

서비스 계획

대 상 자 명:
일 시:
담당사회복지사:

담당	과장	부장	관장

CT의 문제 및 욕구	결과 목표	서비스목표	서비스실행방법
손목 접합 수술에 관한 욕구	수술을 받을 수 있도록 지원한다.	병원에서 검진과 물리치료를 원활히 할 수 있도록 지원한다.	병원 접촉, 수술비 마련을 위한 자원개발
당뇨병 관련 욕구	건강증진으로 일상생활능력을 향상한다.	정기적인 검진 및 인슐린 투약관리를 한다.	질병의 변화 점검, 투약관리
아이들의 방과후 활동에 대한 욕구	학원비 지원으로 학습능력을 높인다.	학원과 연계하여 정기적으로 아이들을 관리한다.	매월 결연 후원금 지원
아이들의 정서적 문제	아이들의 정서적 안정을 돕는다.	복지관 아동 청소년 프로그램에 참여시킨다.	정기적인 나들이 프로그램 및 복지관 집단 프로그램에 참여시킨다.
식생활 지원	규칙적인 식생활로 건강을 유지한다.	가정에서 안정적으로 식사를 할 수 있도록 반찬을 지원한다.	매일 도시락 2개 제공, 주 2회 반찬 제공과 비정기적 부식 제공
기타	쾌적한 환경을 유지한다.	필요한 서비스가 단절되지 않도록 하고 도우미를 파견한다.	정기적인 상담 및 안부전화, 가사도우미 파견

〈서식-5〉 서비스 동의서

서비스 동의서

담 당	과 장	부 장	관 장

1. 서비스 종류

서비스명	내 용	비고	서비스명	내 용	비고
상담	월 1회 이상 지원		가정방문	월 1회 이상 실시	
결연 후원	월 1회 10만원 지원		후원품 지원	명절 및 비정기 지원	
도시락 지원	매일 점심시간		가사 지원	가사도우미 파견	
의료서비스	의료기관 연계 질병 관리				

2. 서비스 조정 및 중단

서비스조정	· 서비스 이용자에게 적절하지 않거나 서비스 제공 목적에 어긋날 때 · 서비스 이용자의 부적절한 서비스 요구가 있을 경우
서비스중단	· 서비스 이용자가 서비스를 중단의 의사가 있을 경우 · 다른 지역으로 이주를 하였을 경우 · 3개월 이상 연락이 끊겼을 경우 · 타 기관과 서비스가 중복되었을 경우

3. 서비스 이용자의 의무

서비스 이용자는 신상의 어려움이나 경제적인 변동이 있을 경우 복지관에 알려야 하며, 어려움을 해결하기 위해 같이 노력하여야 한다.

서비스 제공일 : 2002년 03월 01일 ~ 2002년 12월 31일

본 동의서는 ○○복지관에서 제공되는 서비스에 대하여 본 기관과 이○○님이 상호 협의한 내용이며, 매년 1월 재작성을 원칙으로 한다. 또한 서비스 제공에 있어 문제 및 어려움이 있을 경우 서비스 이용자와 복지관과의 상호 협의를 통하여 조정이 가능하다.

(단, 생활에 큰 변화가 없을 시 다시 작성하지 않을 수 있다)

2002년 03월 01일

서비스이용자 : 이 ○ ○ (인) 담당 사회복지사 : ○ ○ ○ (인)

○○(종합)사회복지관

[참고] 서비스 연결 및 개입

1. 서비스 연결

1) 클라이언트와 관련된 서비스
① 상담 및 가정방문 : 제공되는 서비스가 클라이언트의 욕구에 맞는지 또는 클라이언트와 관련하여 주변환경의 변화가 없는지?를 확인하기 위해 월 1회 이상 사회복지사가 가정방문과 상담을 실시하도록 하였다.
② 질병관리 : 당뇨 조절을 위한 교육, 투약관리를 실시하였다.
③ 반찬서비스 : 식생활의 안정을 위한 주 2회 반찬서비스를 제공하였다.
④ 가사도우미 파견 : 집안 정리를 위하여 가사도우미를 정기적으로 파견하여 집안 정리, 청소, 설거지 등을 실시하였다.
⑤ 후원 물품 지급 : 비정기적으로 부식, 특식을 제공하였다.

2) 클라이언트의 아이들을 위한 서비스
① 학원비 지원 : 기업후원자를 연결하여 매월 10만원을 아이들의 학원비로 연결하였다.
② 도시락 서비스 제공 : 클라이언트가 식사준비를 할 수 없는 상태라 석식도시락 2개를 지급하였다.
③ 학습지도 봉사자 연결 : 둘째 딸이 어머니와 살때의 기억으로 인해 남자들에 대한 두려움과 말도 하지 않고 친구도 거의 없는 학교 생활을 하고 있었다. 심리검사 의뢰결과 '선택적 함묵' 이란 진단을 받았고 이러한 심리적인 문제가 있어 여자 봉사자를 연결하여 정서적 지지에 노력하였다.

2. 클라이언트
① 클라이언트는 복지관에서 제공되는 서비스에 만족하였으며 특히 둘째 딸이 아버지와 떨어지기 싫어하여 병원 다니는 데 어려움을 겪던 중 방과후 학원에 다닐 수 있게 된 것에 대해 매우 만족해 하였다. 또한 복지관에서 진행하는 한부모 프로그램에도 적극적으로 참여하는 모습을 보였다.
② 클라이언트는 본인의 질병을 극복하려는 의지를 강하게 보였다. 매일 병원에 다니면서 물리치료를 하였고 당뇨의 치료를 위해 식사조절과 함께 매일 인슐린 투여를 잊지 않았다.
③ 전에 살던 곳의 장애인 협회에 나가 차량을 이용하여 거동이 불편한 장애인을 위한 봉사를 하기도 하며 자신보다 어려운 장애인을 돕고 있다. 당뇨로 인한 시력 감퇴가 심해지면서 2004년 가을 그만두었다.

3. 사회복지사
① 사회복지사는 클라이언트의 욕구에 맞는 자원과 서비스 연결에 노력하였다. 또한 제공되는 서비스가 클라이언트의 욕구와 문제해결에 적합한지를 점검하였으며, 정서적으로 안정될 수 있도록 정기적인 방문과 상담을 실시하였다.
② 자원동원에 적극 노력하였으며 한국복지재단에 의뢰하여 아이들에게 후원금을 연결하여 생활에 도움이 되도록 하였다. 또한 인근의 장애인 복지관과 연계하여 서비스 중복이 되지 않도록 조정하였다.
③ 클라이언트의 의료적 욕구를 해결하기 위해 병원과 연계하여 치료의 가능성을 묻고 공동모금회나 의료재단에 의뢰하여 접합 수술을 다시 할 수 있는지를 의뢰하였으나 가능성은 별로 없다는 판단과 함께 너무나 많은 수술비를 감당할 수 없어 수술에 대한 접근은 더 이상 하지 않았다.
④ 인근 학원과 연계, 아이들의 학원비 감면을 통하여 방과후 아이들이 학원에서 공부할 수 있도록 하였다.

4. 복지관
복지관에서는 클라이언트의 문제가 조금이라도 해결될 수 있도록 적극 지원하고 있다.

〈서식-6〉 서비스 점검표

서비스 점검표

대 상 자 명:

일 시:

담당 사회복지사: (인)

담 당	과 장	부 장	관 장

계획 목표	서비스 실행 내용	서비스 이행 및 목표 성취정도	사회복지사 의견
손목 접합수술에 관한 욕구	병원 접촉, 수술비 마련을 위한 자원 개발	**1** 2 3 4	병원에서 접합 수술을 하더라도 거의 가능성이 없으며 또한 막대한 수술비로 인해 현실적으로 수술을 받기에는 어려움 존재함.
당뇨병 관련 욕구	질병의 변화 점검, 투약관리	1 **2** 3 4	클라이언트가 스스로 적극적으로 질병 극복 의지가 있어 관리를 많이 하지 않아도 되었음. 그러나 워낙 당뇨가 심각하여 개입할 수 있는 여지가 많지 않았고 병원 입원을 권유하고 있음
아이들의 방과후 활동에 대한 욕구	매월 결연 후원금 지원	1 2 3 **4**	후원금 지급과 학원의 협조로 아이들이 방과후에 학원에서 3시간씩 공부할 수 있도록 하였음.
아이들의 정서적 문제	정기적인 나들이 프로그램 및 복지관 집단 프로그램에 참여	1 2 3 **4**	정기적인 나들이 프로그램 참여와 자원봉사자를 연결하여 아이들의 정서상태가 많이 안정됨. 딸의 경우 대화도 많이 하게 되었고 친구도 몇 명 사귀고 있음.

식생활 지원	매일 도시락 2개 제공, 주 2회 반찬 제공과 비정기적 부식 제공	1 2 3 ■4	석식 도시락 제공으로 안정된 식사를 할수 있게 되었으며 반찬 제공으로 식생활에 도움을 많이 주고 있음
기타	정기적인 상담 및 안부전화, 가사도우미 파견	1 2 ■3 4	정기적인 도우미 파견으로 집안 환경이 깨끗해졌으나 도우미를 꾸준히 연결하지 못하는 아쉬움이 있음.
욕구변화	클라이언트의 욕구는 변화된 것이 없이 초기 인테이크 당시의 욕구를 그대로 유지하고 있음.		아이들에 대한 부분은 많이 해결이 되고 있으나 의료적인 부분에 있어서는 비용과 질병의 정도가 심하여 거의 변화가 없는 상황임.
환경변화	도우미 파견으로 집안환경이 깨끗해졌으며 아이들이 커가면서 집안일도 조금씩 하여 집안 청결은 유지가 되고 있음		아직 아이들이 어려서 정기적인 도우미의 파견을 필요로 함.
사회복지사 의견	•본 클라이언트는 질병으로 인해 경제적 비용이 많이 발생하고 있으며 아이들도 점차 상급학교로 진학하는 등 추가 학비의 발생이 많을 것으로 판단되며 사례 수준을 그대로 유지하는 것이 바람직할 것으로 보임. •클라이언트에 대한 점검은 매년 실시하고 있으며 이 사례의 경우 초기의 문제 욕구와 달라진 것이 거의 없어 사례의 개입 수준은 그대로 유지하였음.		□ 재사정 ■ 유 지

〈서식-7〉 재사정기록지

재사정 기록지

접 수 년 월 일:　　　　　　년　　　월　　　일

담당 사회복지사:　　　　　　　　(인)

담 당	과 장	부 장	관 장

<table>
<tr><td colspan="8">클라이언트 개인 상황</td></tr>
<tr><td>관리번호</td><td colspan="2">2002-00</td><td>성명</td><td>이 ○○</td><td>주민번호</td><td colspan="2">601000-1000000</td></tr>
<tr><td rowspan="3">대상자 분 류</td><td colspan="7">아동·청소년( ), 노인( ), 장애인(●) 가족구성형태(한부모(편부) 세대)</td></tr>
<tr><td colspan="7">일반수급(●), 조건부수급( ), 자활특례( ), 차상위( ), 저소득( ), 일반( )</td></tr>
<tr><td>의료보장</td><td colspan="6">의료보호1종(●), 2종( ), 직장의료보험( ), 지역의료보험( )</td></tr>
<tr><td>주 소</td><td colspan="4">서울시 마포구 ○○동 ○○아파트 100동 000호</td><td>전화번호</td><td colspan="2">02-374-0000</td></tr>
<tr><td rowspan="3">가족사항</td><td>관계</td><td>성명</td><td>생년월일</td><td>직업</td><td>종교</td><td>동거 여부</td><td>비고</td></tr>
<tr><td>자</td><td>이○○</td><td>90. 02. 25</td><td>중 2</td><td>무</td><td>동거</td><td></td></tr>
<tr><td>자</td><td>이○○</td><td>92. 06. 24</td><td>초 6</td><td>무</td><td>동거</td><td></td></tr>
<tr><td>재사정유형</td><td colspan="3">( ) 새로운 욕구의 발생
( ) 긴급한 상황의 발생
(●) 기 타</td><td>재사정 요 인</td><td colspan="3">( ) 클라이언트에 의한 요인
( ) 기관과 사회복지사에 의한 요인
(●) 자원과 환경에 의한 요인</td></tr>
<tr><td>클라이언트 변화 욕구</td><td colspan="7">(클라이언트의 재사정이 필요하게 된 욕구나 상황)
• 클라이언트의 변화된 욕구는 없음.</td></tr>
<tr><td>서비스 제공 및 문제</td><td colspan="7">(클라이언트에게 제공된 서비스와 문제)
그동안 기업 후원금을 연결하여 아이들을 위한 결연후원금으로 지급하였으나 기업 후원이 중단되어 더 이상 후원금을 지급할 수 없게 되었다. 때문에 후원금 중단으로 학원에 아이들을 보낼 수 없게 되었다. 클라이언트는 아이들을 학원에 보내야 자신이 편하게 병원이용이나 활동을 할 수 있어 복지관에 대안을 호소하였다.</td></tr>
</table>

사회복지사 의견	후원금을 당장 중단하는 것은 생활하는데나 아이들에게 좋지 않을듯하여 복지관 일반 후원금 대상자로 지정하여 월 일정액을 지원하는 방향으로 사례관리를 진행하였으면 함.(월 3만원 정도를 두명의 아이들에게 후원)
재사정 결과	( ) 종 결 / ( ) 서비스 재계획 / ( ) 의 뢰 / (●) 해당문제에 개입
향후계획	• 아이들에게 매월 3만원씩 후원금 지급하여 학원에 계속 다닐수 있도록 함. • 나머지 부족한 학원비는 클라이언트에게 부담할 수 있도록 유도하고 지속적인 사례관리 실시 계획임. • 점검 결과, 초기 개입상태와 변화된 것이 별로 없어 개입의 수준을 그대로 유지하기로 하였다. 그러나 아이들의 학원비로 후원되던 기업 후원금이 중단되어 후원의 수준을 다시 결정하기 위하여 2004년 말 재사정을 실시하였음.

〈서식-8〉 사례관리 평가서

사례관리 평가서

담 당	과 장	부 장	관 장

관리번호	2002-00	**성 명**	이 ○○	**주민번호**	601000-1000000
주 소	서울시 마포구 ○○동 ○○아파트 100동 000호			**등록일**	2002. 03. 20
평가 내용	서비스 내용	계획의적합성	결과목적달성	효 과 성	만 족 도
	질병의 치료를 위한 개입과 아이들을 위한 후원금 지급과 식생활 지원	클라이언트의 주된 호소 욕구를 바탕으로 서비스 계획함.	의료적인 부분의 접근은 한계로 인해 문제해결을 하지 못하였으며 아이들의 문제는 적극적 개입으로 좋은 성과를 봄.	직접적으로 도움이 된 후원금과 도시락 등의 지원을 통해 클라이언트는 병원 치료와 사회활동을 하는데 지장이 없었음.	클라이언트의 만족도가 질병적인 부분은 어쩔 수 없는 부분임을 인정하고 있고 아이들에 대한 개입에 대해서는 만족도 대단히 높음
평가결과 및 이유	( ) 종 결 ( ) 재사정 ( ) 의 뢰 (●) 유 지 • 클라이언트의 의료적 문제는 여전히 해결되지 않고 있으며 심한 당뇨로 인해 치아가 빠지고 시력이 감퇴되는 후유증에 시달리고 있다. 아이들은 점점 자라서 상급 학교로 진학해야 하는 등 앞으로 더욱 많은 문제들이 발생할 수 있는 대상자이다. 때문에 더욱 적극적으로 관심을 가지고 개입을 할 필요가 있다고 판단된다. • 클라이언트가 가장 걱정하는 부분중의 하나인 아이들에 대해 좀 더 많은 개입을 할 필요가 있다. • 현재의 사정도 크게 달라진 것은 없으나 아이들의 경우, 특히 둘째 딸의 경우 자신감이 많이 향상되었으며 친구들도 많이 사귀고 있고 학교생활에도 잘 적응하고 있다. 여전히 많은 서비스가 제공되고 있는 사례이다.				
평가일	2004. 12. 00.	**담당사회복지사**	○ ○ ○		

[부 록 4]

사회복지실천현장에서의 사례관리 과정 진행 예시 (Ⅲ)

- 서울시복지재단(2005)의 사례관리 실천방법(지역사회보호사업) 중 아동·청소년 사례를 중심으로

[사례 개요]

① 김○○군은 서울시 양천구에 거주하는 19세의 정신장애 2급 청소년으로 2003년 4월부터 현재까지 ○○복지관의 일반형 사례관리 대상자로 서비스를 제공받고 있다. 본 사례는 조부모, 모(부 사망)와 중학교를 중퇴한 동생의 5인으로 구성된 확대가족으로 사례관리 대상자로 선정되었을 때 클라이언트는 병원에 입원중이어서 먼저 동생과 다른 가족에 대한 서비스를 제공하였고, 클라이언트는 2003년 12월 병원에서 퇴원하면서 서비스가 제공되었다.

② 그리고 2004년 6월 서비스 제공과정에서 클라이언트 가족의 상황변화에 의해 동생과 조부모에 관련된 욕구는 잠정 보류하였고, 이후 클라이언트를 중심으로 서비스가 제공되고 있는 사례이다.

③ 스크리닝 : 본 사례의 발견은 ○○복지관에서 강서, 양천, 영등포, 동작구 지역의 사회복지관과 동사무소 사회담당, 그룹홈, 보건센터의 직원들을 대상으로 상담센터의 사업을 소개하고 나서 ○○복음병원 의료사회사업가로부터 의뢰 받았다. 담당 사회복지사는 복지관의 스크리닝(screening)기준의 적합을 확인하여 잠재적 사례관리 대상자로 분류하였으며, 클라이언트의 모와 연락하여 서비스 제공에 대한 의사를 확인하고 가정방문을 통하여 인테이크를 실시하였다. 인테이크는 ○○복음병원 의료사회사업가의 의뢰 내용을 중심으로 클라이언트 모와의 면담을 통해 가정과 주변환경에 대한 확인 등으로 자료를 수집하였다.

〈서식-1〉 인테이크기록지

1. 가족 및 구성원

대상자명	김 ○ ○	**종 교**	개신교	**주민번호**	870900-1000000	
대상자 분 류	아동·청소년(●), 노인( ), 장애인( ) 가족구성형태(한부모 확대가족)					
	일반수급( ), 조건부수급( ), 자활특례( ), 차상위( ), 저소득(●), 일반( )					
	의료보장	의료보호1종( ), 2종( ), 직장의료보험( ), 지역의료보험(●)				
주 소	서울시 양천구 ○○동 ○○연립 ○○○호					
전화번호	02 - 2693 - 0000			의뢰경위	○○복음병원 의료사회사업가	
가족사항	관계	성명	생년월일	직업	종교	동거여부	비고
	모	신○○	65. 10. 00	취로사업	개신교	동거	
	제	김○○	89. 05. 00	중1중퇴	개신교	동거	
	조부	김○○	29. 03. 00			동거	중식대상자
	조모	이○○	29. 10. 00			동거	수전증

2. 스크리닝 판정 및 사유

판정결과	(●) 잠재적 대상, ( ) Refer 대상, ( ) 정보제공 대상, ( ) 서비스 거부, ( ) 종결
판정사유	본 대상자는 정신장애2급 청소년으로 한부모 확대가족이며, 저소득으로 인한 경제적 어려움과 자녀양육에 어려움이 있다고 판단됨.

3. 가계도/생태도

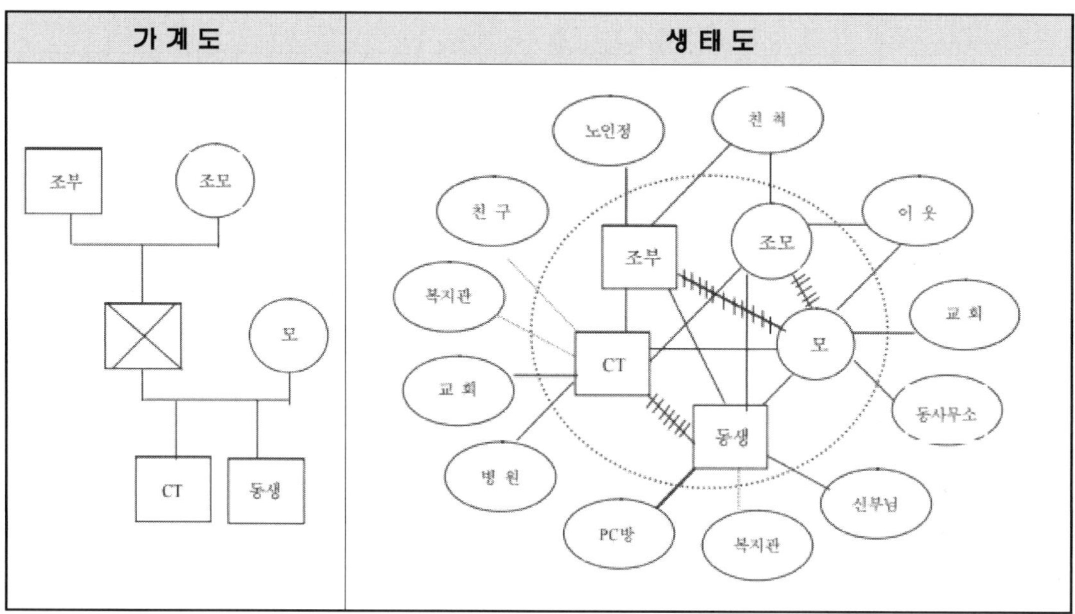

4. 개인력/가족력

1) 개인력

클라이언트는 초등학교 졸업 후 2001년 중학교 2학년 때 정신분열병이 발병하여 학교를 중퇴함. 초등학교시절 성적은 하위권이었고, 친구 사귀는 방법을 몰라서 친구들을 귀찮게 하여 친구가 없고 친구들이 클라이언트를 싫어했음.

특히, 중학교 때 클라이언트의 도시락이나 옷차림으로 인해 친구들에게 왕따를 당했고, 집을 나가면 들어오지 않고 한밤중에 전화를 걸어 택시를 타고 집에 오는 경우가 많았으며, 식당에서 돈을 훔치려고 유리창을 깨뜨리는 등의 행동을 하였음. 정신분열 발병이후 김포의 병원에서 치료를 받던 중 법원에서 소환장이 발부되어 청소년 보호관찰소에서 1개월 정도 있었던 경험이 있고, 관찰소를 나온 후 한달 정도 약을 복용하가다 중단하고 식사도 안하며 집에 누워만 있어 ○○복음병원에 입원치료를 받았음.

이후 병세의 호전에 따라 병원 입 · 퇴원을 반복하면서 하루 종일 집에서 텔레비전만 보고, 동생을 괴롭히는 행동을 함. 클라이언트를 의뢰 받았을 때 병원에 입원중 이었음.

2) 가족력
클라이언트의 모는 전라도 순창 출생으로 고등학교 졸업후 회사원이던 클라이언트의 부를 만나 1985년에 결혼하였음.
결혼후 클라이언트와 동생을 출산하여 자녀를 양육하던 중 1990년 남편이 위암 판정을 받아 남편과 함께 과일장사를 하면서 생계를 유지하였으나 1993년 남편이 사망하였음. 남편 사망후 심리적으로 위축된 상태에서 1994년 교통사고를 당했고, 이 과정에서 자녀들의 양육문제로 당진에 계시던 시부모님이 상경하셔서 지금까지 함께 생활하고 있음.
현재 클라이언트의 모는 교통사고 이후 특별한 기술이 없어 취로사업과 가정내 부업(리본제작)을 하고 있음. 조부는 가족에 대해 무관심하시며 음주후 주정을 심하게 하고, 조모는 말씀이 없고 애정표현을 거의 안하며, 손주들에게 밥도 챙겨주지 않음. 조부모님이 함께 생활하고 있으나 생활비도 따로 쓰고, 심지어 냉장고의 공간을 나누어 사용하는 정도임.
클라이언트의 동생은 중학교 입학 후 학교생활에 적응하지 못하여 학교에 가기 싫다고 자퇴하고, 집에서 텔레비전을 시청하거나 PC방을 다니고 있으면서 비용 마련을 위한 도벽이 심한 상태임.

5. 가족 및 사회적 관계

클라이언트 모와 조부모님은 경제적인 문제와 자녀양육에 무관심과 섭섭함 등으로 한지붕 두가족의 형태로 생활하고 있고, 클라이언트와 동생의 학교중퇴 후 자녀 양육의 어려움으로 심리적인 갈등관계에 있음. 그리고, 클라이언트의 가족은 친가 및 외가와 거의 교류가 없으며 가끔씩 집에 오는 큰아버지는 모의 교통사고 합의금을 혼자서 합의하여 받은 후 전혀 도와주지 않고 오히려 음주 후 주정을 하여 매우 나쁜 관계로 있음.

6. 사회적 상황

경제상황	(수입/생활비/저축/부채 /법정기준 등) 1) 수입 : 월 평균 50만원(클라이언트 모 - 취로사업 30만원, 부업 20만원) 2) 지출 : 월 평균 50만원(생활비 41만원, 자녀용돈 5만원, 의료비 3만원) 3) 부채 : 없음 4) 법정기준 : 저소득 가정
주거상황	(주택소유현황/주거형태/방/화장실/난방종류/채광/환기 등) 1) 주택소유현황 : 24평 연립 1층(자가), 방 3개, 화장실 1개, 주방 1개 2) 주거환경 : 낡고 노후된 24평 연립으로 집이 어둡고 정리정돈이 되어 있지 않으며, 오래되고 고장난 가구들이 많음. 난방은 도시가스이나 가계비 지출 절감을 위해 거의 사용하지 않고, 침대위에 전기장판을 깔고 난방을 하여 식구들이 추위에 익숙한 반응을 나타냄.

건강상황	(장애/병력/치료여부 등) 1) 장애 : 정신장애 2급 2) 병력/ 치료여부 : 2001년 정신분열병이 발병하여 김포소재 병원에서 6개월, 2003년 병세의 악화로 남양주 소재 ○○병원 6개월 입원한 경력이 있음. 병원에 입원할 당시에는 환청과 망상이 심했지만 퇴원 후에는 거의 없어졌고, 거리상의 문제로 자원봉사자가 약을 타다 전해주고 있음.
사회심리적 상황	(생활상태/사회적 관계망/심리·정서적 상태 등) 1) 생활상태 : 퇴원 후 아무것도 하지 않고 하루 종일 집에서 텔레비전을 시청하고 동생을 괴롭히는 행동을 반복하면서 생활하고 있음. 2) 사회적 관계망 : 공식지원체계로 병원과 모의 취로사업이 전부이며 비공식 지원체계로 교회와 가족 및 가끔 만나는 친구정도가 있음 3) 심리 · 정서적 상태 : 학교 자퇴이후 병원에 입원한 경우를 제외하고는 대부분 집에서 지내는 시간이 많아 자신의 신변처리에도 관심이 없고 의욕 상실로 아무것도 하지 않으려 함. 외부활동에 대한 두려움이 있고, 타인과의 관계형성에 어려움이 많음.

7. 일상생활수행능력(ADL, IADL)

일상생활을 수행할 수 있는 능력이 있으나 정신장애에 따른 불안정한 심리상태로 인해 자발적인 활동은 거의 이루어지지 않고 있음. 특히, 외부와 관련된 교통수단 이용과 병원 이용 등의 행동수행에 대한 두려움을 가지고 있음.

8. 클라이언트와 가족의 욕구

<u>1) 경제적 욕구</u>

가족의 소득이 월 50만원 정도로 최저생계비 이하의 수입인 상황에서 경제적 수입에 대한 욕구는 크지 않음. 클라이언트의 모는 자신 명의는 아니지만 가지고 있는 돈이 조금 있고, 특별히 지출할 필요를 느끼지 않아 수입에 맞게 생활하고 있다고 함.

<u>2) 의료건강적 욕구</u>

클라이언트가 정신분열증 발병이후 의욕상실과 사회성이 떨어지는 문제를 갖고 있어 클라이언트의 회복을 위한 의료욕구를 강하게 원하고 있음.

<u>3) 심리 · 사회적 욕구</u>

클라이언트 동생의 과도한 컴퓨터 중독과 도벽의 비행문제를 해결하고 싶어 하며, 자녀들이 중단한 학업의 지속에 대한 욕구가 있음.

<u>4) 기타 욕구</u>

조부모와 함께 거주하면서 도움이 되지 못하여 모와 갈등이 발생하고 있으며, 조부모가 다른 친척집으로의 이주 욕구를 보임.

9. 자원활용 상황

공식적 자원	비공식적 자원
클라이언트 모의 취로사업 참여를 통해 소득활동을 하고 있으며 지역의료보험으로 의료적 욕구를 해결하고 있음.	교회와 이웃으로부터 생활정보나 비정기적인 원조를 받고 있음.

10. 클라이언트 태도와 반응 및 사회복지사 의견

1) 클라이언트의 태도 및 반응 : 클라이언트는 약을 복용하고 있는 상태에서 감정의 기복이 심했으며 상담에 소극적이었고 타인에 대해 기피하는 태도를 보였음.
2) 사회복지사의 의견 : 클라이언트가 감정조절을 위해서 진료를 통한 약물 투여가 필요한 상태이나 병원과의 거리상의 문제로 진찰없이 자원봉사자가 갔다 주는 약을 복용하고 있어 인근 지역의 병원과 연계가 필요하며, 자신의 신변처리와 사회 적응을 위한 서비스 제공이 필요함.

11. 서비스 계획

문제 및 욕구	서비스 계획
클라이언트의 무기력	의료기관과의 연계
동생의 컴퓨터 중독과 도벽	일대일 상담과 복지관 컴퓨터 활동을 통한 개입
클라이언트와 동생의 학업	상담과 집단활동을 통해 학업의 동기부여 후 학교연계
조부모와의 갈등	'관계개선을 위한 상담과 가족프로그램 진행

〈서식-1〉 사정도구틀

사정도구틀

대 상 자 명:
일 시:
담당사회복지사:

담 당	과 장	부 장	관 장

영역	내용	평가기준	배점기준	평가	비고
경제상황(40)	수입(10)	최저생계비 기준 이하	10	10	
		최저생계비의 120% 이하	8	-	
		최저생계비의 150% 이하	6	-	
	지출(10)	수입의 90% 이상	10	10	
		수입의 80% 이상	8	-	
		수입의 70% 이상	6	-	
	주거형태(10)	가건물(비닐하우스 등)	10	-	
		월세	8	-	
		무료임대	6	-	
		전세	4	-	
		자가	0	0	
	부채(5)	재산의 30% 이상	5	-	
		재산의 30% 이하	2	-	
	법정기준(5)	의료급여 1종	5	-	
		의료급여 2종	4	-	
		조건부, 특례	3	-	
		저소득	2	2	
		합 계		22	
의료 및 건강(40)	장애유무(10)	1급	10	-	
		2-3급	8	8	
		4-6급	6	-	
	질병정도(20)	만성질환(평생)	20	20	
		장기 치료가 필요한 질병	16	-	
		단기 치료가 가능한 질병	12	-	
	ADL(10)	하	10	-	
		중	5	5	
		상	0	-	
		합 계		33	
심리 · 사회영역(40)	생활상태(10)	독거	10	-	
		보호가 필요한 동거가족	8	8	
		동거가족	0	-	
	사회관계망(10)	전혀없음	10	-	
		비공식지원체계	6	6	
		공식지원체계	4	-	
		공식+비공식지원체계	0	-	
	지지체계(10	없음	10	10	
		있음 - 비정기	5	-	
		있음 - 정기	0	-	
	심리 · 정서상태(10)	매우 불안	10	10	
		불안	5	-	
		안정	0	-	
		합 계		34	
사회복지사의 평가(40)		종합검토	0~40	39	
총점				128	
판정결과	□집중형(90%이상), ■일반형(80%-89%), □단순형(70%-79%)				
기타의견	본 클라이언트는 경제저 어려움과 장애로 인해 일상생활능력이 어렵고 만성질병까지 있어 적극적 서비스 개입이 요구됨. 평점으로는 일반형 대상자에 속하나 집중형 사례관리 대상자로 관리하는 것이 적당하다고 판단됨.				

[참고] 사례회의 결과

인테이크 자료를 바탕으로 사정도구틀에 의해 사정을 위한 사례회의를 실시하였음. 복지관 사례관리 대상자 선정을 위한 사례회의에는 관장, 부장, 과장 3명, 담당 사회복지사, 상담센터 사회복지사의 총 7명이 참여하였고, 다음과 같이 서비스 제공 및 개입수준을 결정하였음.

[사례회의 결과]

개입수준 결정	총점 128점으로 일반형 관리 대상자로 결정	
CT의 문제 및 욕구	**결과내용**	비고
클라이언트의 무기력	지역정신보건센터와 연계하여 지역내 신경정신과 병원 및 보건소 의료 지원	
동생의 컴퓨터 중독과 도벽	주1회 상담과 복지관 컴퓨터교육실을 이용하도록 연결, 컴퓨터 후원받아 지원	
클라이언트와 동생의 학업	학업에 대한 동기부여를 위한 분기별 1회 사회적응 프로그램 진행과 주1회 상담실시 및 대안학교 연결	
조부모와의 갈등	가족상담과 가족행사 지원	

〈서식-4〉 서비스계획

서비스 계획

대 상 자 명:

일 시:

담당사회복지사:

담당	과장	부장	관장

<table>
<tr><th>CT의 문제 및 욕구</th><th>결과목표</th><th>서비스목표</th><th>서비스 실행방법</th></tr>
<tr><td rowspan="2">클라이언트의 무기력</td><td rowspan="2">본인 스스로 무엇인가를 하려는 자발적인 의욕이 증가한다.</td><td rowspan="2">정기적인 검진을 통한 무기력과 사회성을 향상시킨다.</td><td>신경정신과나 보건소의 월 1회 진료연계</td></tr>
<tr><td>주 1회 내방상담 진행</td></tr>
<tr><td rowspan="2">동생의 컴퓨터 중독과 도벽</td><td rowspan="2">컴퓨터 사용시간과 도벽이 감소한다.</td><td rowspan="2">컴퓨터 이용시간을 조절한다.</td><td>복지관 컴퓨터를 정해진 시간 동안 사용</td></tr>
<tr><td>컴퓨터를 후원받아 지원</td></tr>
<tr><td rowspan="2">클라이언트와 동생의 학업</td><td rowspan="2">학업에 대한 거부감이 감소한다.</td><td rowspan="2">학교에 대한 관심과 동기를 부여한다.</td><td>분기별 1회 사회적응 프로그램 진행</td></tr>
<tr><td>주 1회 상담과 대안학교 연계</td></tr>
<tr><td rowspan="2">조부모와의 갈등</td><td rowspan="2">조부모와 긍정적인 관계가 형성된다.</td><td rowspan="2">조부모와 관계개선을 위한 시간을 갖도록 한다.</td><td>월 1회 모와 조부모 상담 실시</td></tr>
<tr><td>조부모와 가족여행이나 식사의 기회 제공</td></tr>
</table>

〈서식-5〉 서비스 동의서

서비스 동의서

담 당	과 장	부 장	관 장

1. 서비스 종류

서비스명	내 용	비고	서비스명	내 용	비고
병원진료	월 1회 이상 실시		컴퓨터 이용	주 6회 실시	
상담	주 1회 내방, 실시		가정방문	월 2회 이상 실시	
사회적응Pg	분기별 1회 이상 실시		후원품 지원	명절 및 비정기 지원	

2. 서비스 조정 및 중단

서비스조정	· 서비스 이용자에게 적절하지 않거나 서비스 제공 목적에 어긋날 때 · 서비스 이용자의 부적절한 서비스 요구가 있을 경우
서비스중단	· 서비스 이용자가 서비스를 중단의 의사가 있을 경우 · 다른 지역으로 이주를 하였을 경우 · 3개월 이상 연락이 끊겼을 경우 · 타 기관과 서비스가 중복되었을 경우

3. 서비스 이용자의 의무

서비스 이용자는 신상의 어려움이나 경제적인 변동이 있을 경우 복지관에 알려야 하며, 어려움을 해결하기 위해 같이 노력하여야 한다.

서비스 제공일 : 2003년 04월 01일 ~ 2003년 12월 31일

본 동의서는 ○○복지관에서 제공되는 서비스에 대하여 본 기관과 김○○님이 상호 협의한 내용이며, 매년 1월 재작성을 원칙으로 한다. 또한 서비스 제공에 있어 문제 및 어려움이 있을 경우 서비스 이용자와 복지관과의 상호 협의를 통하여 조정이 가능하다.

(단, 생활에 큰 변화가 없을 시 다시 작성하지 않을 수 있다)

2003년 04월 01일

서비스이용자 : 김 ○ ○ (인) 담당 사회복지사 : ○ ○ ○ (인)

○○(종합)사회복지관

[참고] 서비스 연결 및 개입

① 서비스 연결

가) 클라이언트와 관련된 서비스

- 진료지원 : 2003년 12월부터 지역내 신경정신과 병원을 처음 연계하여 2주 1회 진료를 받고 약을 복용하도록 지원하였다.
- 재활프로그램 연결 : 2004년 7월부터 보건소에서 진행하는 정신장애인을 위한 프로그램을 연결하여 주 2회(화,목) 참여하면서 재활을 지원하고 있다.
- 무기력에 대한 개입 : 2003년 12월부터 클라이언트가 주 1회 복지관에 내방하여 상담을 통해 무기력에서 벗어나도록 동기를 부여하고 있다. 이 과정에 서 본인이 가장 싫어하던 칫솔질을 복지관에 내방하여 실시하는 변화가 나타났다.
- 사회적응 프로그램 진행 : 분기별 1회 이상 영화감상, 문화탐방과 클라이언트가 좋아하는 야구, 축구, 농구 등 스포츠 경기 관람 등 사회적응프로그램을 실시하여 클라이언트가 흥미 있는 것이 무엇인지를 찾도록 진행하였다.
- 학교 연결 : 중학교 중퇴이후 학교를 다니지 않아서 직업을 구하거나 직업훈련에 참여하는데 어려움이 많아 대안학교 "○○ "을 연결하여 학교 교육에 참여하도록 유도하였다. 그러나, 클라이언트가 1회 참여하고 거부감이 너무 심해 중단하였다.

나) 클라이언트 동생과 관련된 서비스

- 복지관 컴퓨터실 이용: 본인은 PC방에 가고 싶지만, 용돈이 없을 때 PC방 비용 마련을 위해 도벽증세가 나타나, 복지관 컴퓨터 교육이 진행되지 않는 시간에 컴퓨터실과 쉼터의 컴퓨터를 이용하여 게임을 할 수 있도록 하였다.
- 사회적응 프로그램 진행 : 컴퓨터외에는 관심이 없어 다른 것에 관심을 유도하기 위해 영화감상과 문화탐방, 스포츠 경기관람 등의 사회적응 프로그램을 준비하였으나 영화감상이후 약속을 지키지 않아 더 이상 진행하지 못했다.
- 컴퓨터 지원 : 한국정보문화진흥원에서 실시하고 있는 "사랑의 PC나누기" 대상 자로 선정하여 가정에서 컴퓨터를 사용할 수 있도록 지원하였다.
- 상담 및 가정방문 : 2003년 4월부터 재사정이 이루어지기 전인 2004년 6월까지 주1회 정도로 복지관 내방 및 사회복지사의 가정방문을 통한 상담을 실시하였다.

다) 조부모와 관련된 서비스

- 가정방문 상담 : 모와 조부모님이 서로 가지고 있는 불만을 해소하기 위한 방법을 알아보기 위해 각각 별도로 가정방문을 통한 상담을 실시하였다.

② 클라이언트

- 클라이언트는 처음에 병원에 가는 것을 싫어했지만, 2004년 10월부터는 클라이언트 혼자서(처음에는 사회복지사가 동해하였다.) 병원에 갔다가 올 정도로 좋아졌고, 약 조절이 잘되어 우울 증상과 무기력 증상이 많이 호전되었다.
- 상담을 통해 점차 자신 스스로 이야기를 먼저 하게 되었다. 복지관에 내방하는 것을 좋아하며, 복지관 직원들과도 인사하고 이야기하며 자신이 돕겠다는 의사를 적극적으로 표현하는 상황까지 발전되었다.
- 사회적응 프로그램에 참여하는 것을 매우 좋아하며, 프로그램을 통해 매우 밝아지고 있다. 그리고, 신체청결의 정도도 시간이 지나고 사회복지사와의 긍정적인 관계형성이 되면서 머리감기와 이닦기 등의 신변처리를 스스로 하려고 한다.

③ 사회복지사

- 클라이언트가 관심있는 것이 무엇인가?를 항상 관찰하고 필요하다면 다양한 경험을 할 수 있도록 지원하고 있다. 현재 제공되고 있는 서비스가 적합한지 점검하며 타 기관에 의뢰되어 서비스를 지원받고 있어 타 기관 관계자들과도 연락하여 클라이언트의 상태를 점검하고 있다.

④ 복지관

- 클라이언트의 문제해결을 위해 지원하고 있으며, 타 기관과의 협조를 통해 클라이언트의 욕구와 문제를 해결할 수 있도록 지원하였다.

〈서식-6〉 서비스 점검표

서비스 점검표

대 상 자 명:

일 시:

담당사회복지사: (인)

담 당	과 장	부 장	관 장

계획 목표	서비스 실행내용	서비스 이행 및 목표성취정도	사회복지사 의견
클라이언트의 무기력	병원 연결 보건소 연결	① ② ③ ❹	약을 바꾸고 조절하여 우울증과 무기력증이 호전되었고, 보건소(정신장애인을 위한 프로그램)에 주 2회 참여하면서 삶에 활기를 보여주고 있다
동생의컴퓨터 중독과 도벽	컴퓨터실 이용	① ② ❸ ④	컴퓨터실 이용을 통하여 PC방보다는 복지관을 이용하는 횟수가 증가하였으나 PC방의 컴퓨터보다 사양이 낮아 점차 컴퓨터실 이용이 감소하였다.
	상담과 가정방문	① ② ③ ❹	도벽의 원인을 파악하게 되었고 도벽의 횟수를 감소시키기 위해 상담 및 가정방문을 실시하였다.
클라이언트와 동생의 학업	상담과 사회적응프로그램	① ❷ ③ ④	무기력하여 집에만 있던 클라이언트가 주1회 외부로 나와 상담도하고 사회적응 프로그램을 통해 무기력증에서 벗어날 수 있었고, 주1회 세면과 이닦기가 이루어졌다. 그러나, 학업에 대한 연계는 클라이언트의 경우 1회에 그쳤고, 동생은 컴퓨터 사용에 대한감소가 이루어지지 않은 상태로 개입하지 못했다.
조부모와의 갈등	상담, 가정방문	❶ ② ③ ④	모와 조부모와의 상담을 통해 서로의 입장을 이해할 수 있도록 도왔으나 큰 변화는 없었다.
기 타	후원금품 지원	① ② ❸ ④	2003년 10월 공동모금회 생계지원비를 신청하여 지원하였고, 한국정보문화진흥원 사랑의 PC나누기 대상자로 선정하여 컴퓨터를 지원하였다.
욕구 변화	클라이언트의 욕구는 변화된 것이 없이 초기 인테이크 당시의 욕구를 그대로 유지하고 있음.		현재 진행중인 서비스는 지속적으로 제공하고 클라이언트의 감정조절을 위한 병원과의 협조와 개입이 필요함.
환경 변화	환경변화 집단적응프로그램으로 클라이언트 스스로의 활동범위가 넓어지고 있음.		취미생활을 위한 타 기관 담당자들과의 사례회의를 지속적으로 실시할 계획임.
사회복지사 의견	- 정신장애로 무기력하여 집에만 있던 클라이언트가 복지관과 타 기관에서 지원하는 다양한 프로그램에 참여하면서 무기력함에서 벗어나고 있음. - 동생의 도벽문제 해결을 위해 컴퓨터실 이용, 컴퓨터 지원 등을 하였지만 근본적인 문제해결에는 어려움이 있어 좀 더 전문적인 개입이 필요함. - 조부모와의 관계개선을 위한 가족상담을 실시하였지만, 좋지 않은 관계가 오랫동안 지속되었기에 시간이 필요함.		□ 재사정 ■ 유 지

<서식-7> 재사정기록지

재사정 기록지

접 수 년 월 일: 년 월 일

담당 사회복지사: (인)

담 당	과 장	부 장	관 장

<table>
<tr><th colspan="7">클라이언트 개인 상황</th></tr>
<tr><td>관리번호</td><td>2003-00</td><td>성명</td><td>김 ○ ○</td><td colspan="2">주민번호</td><td>870900-1000000</td></tr>
<tr><td rowspan="3">대상자
분 류</td><td colspan="6">아동 · 청소년(●), 노인( ), 장애인( ) / 가족구성형태(한부모 확대가족)</td></tr>
<tr><td colspan="6">일반수급( ), 조건부수급( ), 자활특례( ), 차상위( ), 저소득(●), 일반( )</td></tr>
<tr><td>의료보장</td><td colspan="5">의료보호 1종( ), 2종( ), 직장의료보험( ), 지역의료보험(●)</td></tr>
<tr><td>주 소</td><td colspan="3">서울 양천구 ○○동 ○○연립 ○○○호</td><td colspan="2">전화번호</td><td>02-2693-0000</td></tr>
<tr><td rowspan="5">가족사항</td><td>관계</td><td>성명</td><td>생년월일</td><td>직업</td><td>종교</td><td>동거여부</td><td>비고</td></tr>
<tr><td>모</td><td>신○○</td><td>65. 10. 00</td><td>취로사업</td><td>개신교</td><td>동거</td><td></td></tr>
<tr><td>제</td><td>김○○</td><td>89. 05. 00</td><td>중1중퇴</td><td>개신교</td><td>동거</td><td></td></tr>
<tr><td>조부</td><td>김○○</td><td>29. 03. 00</td><td></td><td></td><td>동거</td><td>중식대상자</td></tr>
<tr><td>조모</td><td>이○○</td><td>29. 10. 00</td><td></td><td></td><td>동거</td><td>수전증</td></tr>
<tr><td>재사정유형</td><td colspan="3">( ) 새로운 욕구의 발생
(●) 긴급한 상황의 발생
( ) 기 타</td><td>재사정
요 인</td><td colspan="3">(●) 클라이언트에 의한 요인
( ) 기관과 사회복지사에 의한 요인
( ) 자원과 환경에 의한 요인</td></tr>
<tr><td>클라이언트
변화 욕구</td><td colspan="7">(클라이언트의 재사정이 필요하게 된 욕구나 상황)
○클라이언트의 치아상태가 매우 불량하여 치과진료에 대한 욕구 나타남.
○클라이언트 동생이 복지관 컴퓨터의 밤새 이용을 위해 몰래 숨어있거나 PC방 이용을 위한 절도사건이 발생함.</td></tr>
<tr><td>서비스 제공
및
문제</td><td colspan="7">(클라이언트에게 제공된 서비스와 문제)
○클라이언트와 가족에게 제공된 서비스에는 별 문제가 없었으나, 동생이 복지관 컴퓨터 이용에 대한 의존이 높아지면서 사회복지사와 약속한 시간이상으로 게임을 하기 위해 관리자 몰래 숨어 있으면서 지하 주방을 사용하였다는 오해가 발생하였음. 특히, 컴퓨터를 이용하면서 쉼터 관리자의 지갑을 훔치다가 적발되었음.</td></tr>
</table>

사회복지사 의견	상담을 통해 재발 방지의 약속을 계획하였으나 클라이언트 동생이 복지관과의 관계를 거절하였고, 이 사실을 모와 조부모가 알게 되면서 어른들간의 심리적인 갈등이 발생하였음 ⇒ 클라이언트 동생에 대한 개입과 조부모와의 갈등에 대한 개입을 잠정 보류하고자 함.
재사정 결과	( ) 종 결 / (●) 서비스 재계획 / ( ) 의 뢰 / ( ) 해당문제에 개입
향후계획	○클라이언트의 치아상태의 치료를 위해 복지관 치과진료 서비스 대상자로 의뢰하여 발치와 치료를 받도록 할 계획임. ○동생과 조부모와 관련된 서비스 제공과 개입은 일시 보류하고 클라이언트의 병세 호전과 사회적응 프로그램 서비스는 지속할 계획임.

※ 본 사례의 경우 2003년 4월 일반형 사례관리 대상자로 선정되었고, 2003년말 연말 평가를 통해 클라이언트 가족과는 어느 정도 관계형성 및 서비스가 제공되었으나 클라이언트와는 동해년도 12월에 처음 서비스가 제공되는 상황에서 2004년도에 서비스 계획의 수정이 없이 관리하기로 결정하였다. 그런데, 2004년 6월 클라이언트 가족, 특히 동생과 관련한 상황이 발생하면서 재사정이 필요하게 되었다.

<서식-8> 사례관리 평가서

사례관리 평가서

담 당	과 장	부 장	관 장

관리번호	2003-00	성명	김 ○ ○	주민번호	870900-1000000
주 소	서울 양천구 ○○동 ○○연립 ○○○호			등록일	2003. 4. 1
평가 내용	서비스 내용	계획의적합성	결과목적달성	효 과 성	만 족 도
	정기적인 검진을 통한 무기력과 사회성을 향상시킨다	신경정신과와 보건소 프로그램의 참여는 적정하였음	정신과 2주 1회 진료와 보건소 주2회 참여로 목적을 달성하였음	약 조절의 성공으로 감정 조절이 이루어졌고, 보건소 재활프로그램에 결석하지 않을 정도로 사회성이 좋아지고 있음	클라이언트의 만족도가 매우 높은 상태임
	치과의원과 연계하여 발치와 치료를 통해 치아상태를 개선한다.	복지관 치과 진료서비스가 필요한 시기에 연결되었음	충지를 모두 발치하였으나 틀니는 제공하지 못했음	발치과정까지 적극적으로 참여했으나 이후 소극적인 참여로 효과성이 약간 떨어짐	스스로 내방하여 이닦기를 하면서 면족하고 있음
평가결과 및 이유	( ) 종 결, ( ) 재사정, ( ) 의 뢰, (●) 유 지 클라이언트는 아직까지 현재 제공되고 있는 서비스를 받고 참석하는 것 이상은 되지 못하고 있고, 새로운 것을 배우는 것에 대한 거부감이 있음. 그러나 클라이언트가 자발적으로 자신의 삶을 계획하고 살 수 잇도록 현재의 서비스 제공은 물론이고 클라이언트에게 사회문화적인 자극이 될 수 있는 다양한 프로그램과 서비스 제공이 필요함. 그리고 가족의 여러 문제의 해결을 위해 지속적인 상담과 시간을 갖고 다양한 서비스를 제공하고자 함.				
평가일	2004. 12. 00.	담당사회복지사	○ ○ ○		

※ 본 사례의 경우 2003년 4월 처음 사례관리 대상자로 선정하여 서비스 계획을 수립하여 개입과 점검 및 평가의 과정이 진행되었다. 그러나 2004년 6월 클라이언트의 동생과 관련된 재사정이 이루진 후의 욕구를 중심으로 2004년 연말평가를 평가양식에 맞추어 기술하였음.

사례를 통해 알기 쉽게 이해하는

사회복지 사례관리의 이해와 실제

2025년 3월 3일 초판 1쇄 인쇄
2025년 3월 7일 초판 1쇄 발행

저 자 | **최 성 혁** 지음

출 판 사 | 도서출판 에듀컨텐츠휴피아
등록번호 | 제2017-000042호 (2002년 1월 9일 신고등록)
주 소 | 서울 광진구 자양로 28길 98, 동양빌딩
전 화 | (02) 443-6366
팩 스 | (02) 443-6376
e-mail | iknowledge@naver.com
web | http://cafe.naver.com/eduhuepia
만든사람들 | 기획 · 김수아 / 책임편집 · 이진훈 하지수 정민경 박정현 정보연
디자인 · 유충현 / 영업 · 이순우

ISBN | 978-89-6356-492-0 (93330)
정 가 | 16,000원